FOUCAULT

TRAMA E COESÃO DE SUA FILOSOFIA

Diogo Sardinha

FOUCAULT

TRAMA E COESÃO DE SUA FILOSOFIA

discurso editorial

EDITORA IDEIAS & LETRAS

Diretor Editorial
Márcio Fabri

Conselho Editorial
Bruno Alves Coelho
Edvaldo M. Araújo
Marco Lucas Tomaz
Orlando A. Silva Cassiano

Coordenação Editorial
Valério Alves de Castro

Preparação
Andresa Mariana

Revisão
Daniel de Vasconcelos Andrade

Diagramação e Capa
Airton Felix Silva Souza

Tradução
João C. S. Duarte

Título original: *Ordre et temps dans la philosophie de Foucault* (editora L'Harmattan).

1ª impressão

Editora Ideias & Letras
Rua Oliveira Alves, 164
Ipiranga – São Paulo/SP
Cep: 04210-060
Televendas: 0800 777 6004
Editorial: (11) 3862-4831
vendas@ideiaseletras.com.br
www.ideiaseletras.com.br

discurso editorial
Diretor Editorial
Milton Meira do Nascimento

Dados Internacionais de Catalogação na Publicação (CIP) de acordo com o ISBD

S244f Foucault: trama e coesão de sua filosofia /
Diogo Sardinha ; traduzido por João C.S. Duarte. –
São Paulo : Ideias & Letras ; Discurso Editorial, 2025.
296 p. ; 16cm x 23cm.
Tradução de: *Ordre et temps dans la philosophie de Foucault*
Inclui índice e bibliografia.
ISBN: 978-65-87295-82-4
1. Filosofia. 2. Foucault. 3. Moral. 4. Ordem. 5. Tempo.
I. Duarte, João C.S. II. Título.

2024-3732 CDD 100
CDU 1

Elaborado por Odilio Hilario Moreira Junior - CRB-8/9949

Índices para catálogo sistemático:
1. Filosofia 100
2. Filosofia 1

SUMÁRIO

PREFÁCIO

Como se uma filosofia houvesse nascido

Quando o editor me deu a honra de pedir um prefácio para o livro que Diogo Sardinha extraiu da sua tese de doutoramento – tese defendida por ele, como se diz, "sob minha orientação",[1] a coisa me pareceu (visto que prolongava, agora sem constrangimentos acadêmicos, o diálogo esboçado entre nós durante os anos de sua preparação) simultaneamente natural, agradável e excitante – logo, relativamente fácil. Não estava eu já familiarizado com o conteúdo do livro e convencido de sua importância? Bastaria sublinhar seus aspectos principais, tendo o cuidado de não usurpar indevidamente o direito do autor de enunciar o seu próprio projeto e as suas hipóteses. No entanto, não demorei até perceber que, na realidade, a tarefa de prefaciar apresentava aqui uma dificuldade singular.

Isso por duas razões. Peço desculpas ao leitor por lhe fazer tais confidências, como se ele devesse suportar o relato de meus humores, e como se, no fundo, eu não conseguisse esquecê-los. A primeira razão é que o livro de Diogo Sardinha comporta uma pretensão exorbitante, enunciada desde o início e reiterada no final: a de dar *pela primeira vez* uma exposição da filosofia de Foucault, ou melhor: do projeto de Foucault filósofo e de sua realização por meio do conjunto da obra do autor da *História da loucura*, de *As Palavras e as coisas* e de *O Cuidado de si*. Ora, eu defendo esta pretensão. Mas dizer isto, sem entrar em uma longa dissertação, nos tempos que correm, tempos em que a ambição "teórica" não tem boa reputação, é expor o autor ao ceticismo, se não mesmo ao escárnio, e assustar os leitores em vez de incentivá-los a julgar por eles mesmos. E não dizer isto é dar a impressão de recuar diante do problema suscitado, enfraquecer o texto em lugar de fortalecê-lo. A segunda razão é que o ensaio de Diogo Sardinha é um livro de surpresas, se não mesmo um livro de "suspense". Ele não vai para onde, em suas

---

1 Ou melhor, de uma parte dela; uma outra fica em reserva e conduzirá, espero, a um segundo livro.

primeiras páginas e suas primeiras análises, se poderia pensar que vai, mesmo que seu ponto de partida seja essencial e condicione todos os desenvolvimentos. Em certo sentido, dizer isso já é falar demais, se é verdade que uma surpresa anunciada já não é exatamente uma surpresa. Temos, contudo, de ver nisso o essencial, o efeito de complicação, de deslocamento e, finalmente, de reviravolta, que afeta, durante o percurso, a hipótese (*a priori* um pouco formal) de uma ordem estruturando a composição e a escrita dos livros de Foucault, ordem que teria nas metáforas do fundo e da superfície os seus indícios, e cujo cerne seria o conflito das temporalidades, que marca internamente a disposição dos saberes, os dispositivos de poder ou a transformação dos princípios éticos. Profundamente dialético neste ponto, o método de Diogo Sardinha só libera aquilo que, no final, suplantará esta representação primeira, depois de tê-la levado a sério integralmente e de haver exposto completamente suas justificações e contradições. Por isso, este método requer um percurso, e não pode ser curto-circuitado, enunciando previamente as consequências ou os problemas que sugere, sem que isto a desnature.

As duas razões, é claro, estão ligadas. Quando finalmente a ideia de "relação fundamental" for transformada na ideia de "sistematicidade sem fim" (expressão que simultaneamente imita Kant e se desvia sutilmente em relação a ele), a pretensão do autor terá encontrado sua justificação – em todo o caso, ela já não poderá deixar de ser levada a sério. Eu deveria então parar por aqui, e contentar-me com apenas uma exortação, cuja eficácia dependeria da minha eventual boa reputação, mas que ficaria irremediavelmente enfraquecida pelo juízo (que me pode ser justamente imputado) de eu ser de antemão favorável ao meu antigo aluno: *legere aude!* Entre no livro! Leia e releia graças a ele esta obra grandiosa, hoje invocada por toda parte, e que provavelmente você crê conhecer! Julgue por si mesmo!

Não me conformo, porém, com essa economia radical, que seria rigorosa no momento, mas que me conduziria também a privar-me da minha função; e, lidando astuciosamente com os constrangimentos que acabo de enunciar, tentarei desempenhá-la, esboçando um quadro para o livro que vamos ler (sem no entanto "enquadrá-lo"), através de duas séries de observações. Ambas dizem respeito ao que me parece, no momento da releitura, ser seu objeto último: não tanto o lugar de categorias como ordem e tempo – e todas aquelas que, como veremos, derivam delas ou se inserem nelas: fundo e superfície, (não) fundamento, historicidade e visibilidade, topologia, sistematicidade, infinitude e regularidade do jogo – na filosofia de Foucault – que poderíamos assim supor constituída, ou dada no final de seu percurso de escritor, quando na verdade este foi prematuramente interrompido, não sem ter dado lugar, da parte dele, a várias reflexões recapitulativas e liberatórias – quanto o gênero de filosofia praticado por Foucault, e que estas categorias permitem situar em relação a todas as outras. E, conseguintemente, a equivocidade intrínseca, a indeterminação ainda por vir do nome de "filosofia" que a obra de Foucault revela, num esforço permanente de polêmica e de ascese.

A minha primeira observação é que a interpretação do gesto filosófico de Foucault, a despeito dos comentários contínuos de que ele mesmo o acompanhou (ou talvez por causa deles), tem ainda hoje dificuldade em desenvencilhar-se de um dilema, no fundo clássico, entre interpretações e usos empiristas – ou, se preferirmos, pragmáticos – e recuperações dogmáticas, talvez mesmo metafísicas (e também, crescentemente, moralizadoras). As primeiras, ainda que muitas vezes talentosas, no fundo, repousam sobre a denegação ou o afastamento da dimensão filosófica da obra de Foucault. Elas apoiam-se notadamente na publicação dos grandes cursos dos anos 1970, mas procuram também realizar a proeza de convocar narrativas e modelos extraídos tanto da historicidade trágica do primeiro Foucault quanto da filologia de inspiração greco-latina do último, passando pelo imenso estaleiro genealógico da "governamentalidade", que ele próprio – paradoxal e provocadoramente – descrevera como sendo do domínio de um novo positivismo (feliz). De forma prudente ou agressiva, elas fazem dele um antifilósofo, ou um pós-filósofo. As segundas, que se apoiam em particular sobre a enigmática formulação de uma ontologia crítica de nós mesmos, repetida por Foucault em seus comentários sucessivos do opúsculo de Kant, *Was ist Aufklärung?*, não deixam de aproximá-la de uma temática heideggeriana da temporalidade como experiência originária do "ser com". Assim, elas estão tentadas a reintegrar Foucault numa linhagem fenomenológica e transcendental. Fazem dele um filósofo, ou mesmo um sábio, que teria deferido indefinidamente a apresentação de sua ideia em benefício de trabalhos de historiador; ou teria encontrado a maneira de apresentar-se mascarado, não respondendo às solicitações da atualidade senão aparentemente. Seu verdadeiro lugar seria num dos degraus da escola de Atenas (ou da Universidade de Freiburg).

Sem dúvida, essa oscilação não é obra do acaso. No ponto de cruzamento dos interesses divergentes dos leitores e do próprio Foucault, ela permite liberar duas grandes linhas de força no trabalho deste último – ou no modo como ele escreveu alguns de seus livros: por um lado, o fato de que este trabalho, apesar de incidir sobre objetos (acerca dos quais poderia dizer-se em geral que pertencem ao campo da cultura),[2] orienta-se sobretudo em função de problemas, ou expõe-se como problematização dos objetos da epistemologia, da política ou da moral, e de suas pertenças a domínios determinados que ela pode reconstituir, mas que não cria; por outro lado, o fato de que este trabalho constitui de uma ponta à outra, e sempre de forma muito consciente, uma reflexão sobre aquilo que comanda a historicidade da própria história, isto é, o acontecimento ou a "acontecimentalidade", uma historicidade a respeito da qual se tem de admitir que ela escapa às alternativas clássicas da metafísica do tempo (em particular porque o acontecimento de que trata deve também sempre, e em primeiro lugar, ser localizado num certo lugar ou espaço, seja ele homo ou heterotópico).[3] Falta compreender, porém, como podem manter-se unidos, filosoficamente, os imperativos da problematização e os da "acontecimentalidade". Para tal, e com Diogo Sardinha, direi que é preciso fazer um desvio, de fato, um longo desvio: passando pela reconstrução das relações entre temporalidade e espacialidade (em particular a espacialidade que autoriza socialmente a partilha do visível e do invisível), e da variação contínua

---

2 No mundo anglo-saxão e pós-colonial, que lhe reserva uma posteridade extraordinariamente ativa, o lugar de Foucault é decididamente no seio dos *cultural studies*.

3 Mesmo a referência a Nietzsche, tão insistente em Foucault de uma ponta à outra (voltarei a este assunto já em seguida), deve aqui ser manuseada com precaução – como o faz Diogo Sardinha –, posto que ela não conduz a qualquer retomada explícita dos temas metafísicos de Nietzsche (como a seleção ou o eterno retorno), diferentemente do que sucede em Deleuze, mas desemboca numa surpreendente tentativa de praticar a crítica simultaneamente no sentido kantiano e no sentido nietzscheano.

de ambas, até o momento em que tais relações coincidirão finalmente com o problema da relação consigo. Mas essa errância, ou o que pode parecer tal, é o próprio movimento que, na obra do sujeito-Foucault – em uma experiência sobre si, entregando-se não ao interior, mas ao exterior (isto é, em um "pensamento do fora"), que por conseguinte não é tanto da ordem da meditação quanto da ordem da intervenção –, muda a filosofia (o que de forma nenhuma é o mesmo que "mudar de filosofia", mas que tampouco tem a ver com "destruir" ou "desconstruir" a filosofia). Reconhecemos então que a alternativa entre o pragmatismo e o dogmatismo, ou, se quisermos, entre a história e a ontologia, era enganadora. O próprio Foucault a ultrapassou criticamente. Se Diogo Sardinha conseguiu verdadeiramente dar consistência e sentido a esta ultrapassagem, então ganhou sua aposta e justificou sua pretensão. E, ao mesmo tempo, fica plenamente justificado o privilégio que concedeu ao confronto doutrinal entre o filosofar de Foucault e o de Kant, assim como ao exame das afinidades estruturais entre eles.

Nesta base, gostaria agora de sugerir que, à medida que seguimos as formalizações (os contrastes revelados por Diogo Sardinha na obra de Foucault), prestemos uma atenção particular à insistência de problemas que põem precisamente em questão a modalidade do discurso filosófico. Darei três exemplos, sem, contudo, afirmar que são os únicos possíveis: eles refletem os interesses, as expectativas do filósofo que busco ser, instalado por uma experiência a que Foucault não era alheio, mas que bebia primeiro em outras fontes, precisamente em um intermédio entre a antifilosofia e o regresso à filosofia, para o qual a única saída possível consiste em descobrir um outro modo de filosofar. Como sempre, sugiro ainda que sejamos sensíveis à estreita interdependência entre as questões especulativas (no sentido em que o especulativo conota a elaboração das categorias do pensamento por elas mesmas) e as questões políticas (no sentido em que a política não é apenas do domínio do poder, embora sua materialidade lhe seja atribuída por ele, mas que ela se encontra também envolvida na problematização dos saberes e das condutas morais que trazem à luz a conflitualidade destes e seus efeitos intrínsecos de subjetivação). Evidentemente, não faço mais do que indicá-las, no desejo de ilustrar o tipo de questões que somos levados a fazer ao lermos o livro de Diogo Sardinha, ou no prolongamento de sua leitura, e que fazem desta uma experiência de ebulição intelectual, mas de modo nenhum almejo que elas venham sobrepor-se a sua própria progressão argumentativa.

Um primeiro exemplo concerne à transformação foucaultiana da categoria do transcendental. Na mesma obra-chave, *As Palavras e as coisas*, acerca da qual vemos bem o quanto ela constituiu uma referência privilegiada para Diogo Sardinha (ainda que para ele se trate, *à la Foucault*, de libertar-se dela gradualmente), Foucault jogou de modo complexo com a tradição – kantiana e pós-kantiana, husserliana e heideggeriana – que este termo evoca e com os significados opostos que se lhe pode conferir.[4] Foucault reposicionara esse acontecimento filosófico que é a revolução coperniciana no quadro de uma transformação, dos discursos clássicos que incidiam sobre a "natureza humana", em "ciências do homem", e isso lhe permite criticar o impensado da crítica que ele chama de "duplo empírico-transcendental", isto é, o sistema dos pressupostos antropológicos subjacentes à promoção kantiana de uma subjetividade constituinte, ontologicamente e epistemologicamente subtraída às condições nas quais ela inscreve a experiência possível. Mas esta forma de proceder também conduzira Foucault, por outro lado, a identificar os universais antropológicos (a vida, o trabalho, a linguagem) que permitem, de modo reflexivo, que se reconheça no campo da objetividade (ou em suas bordas) aquilo que impõe a cada sujeito que ele se perceba como

4 A figura do momento teórico representado pela obra de 1966, que propulsou Foucault instantaneamente para o primeiro plano do debate filosófico, fazendo dele o líder dos "coveiros do sujeito" e o príncipe do anti-humanismo, está mudando claramente. Mas, também aí, podemos temer um efeito de simples balança. Lembro-me de ter ouvido ainda há dez anos um dos mais autorizados intérpretes de Foucault (visto ter sido seu assistente) recusar peremptoriamente a referência às *Palavras e as coisas* a propósito de um trabalho de tese de doutoramento, relatando esta confidência: Foucault disse-me: "escrevi este livro para agradar a Canguilhem" (seria aliás uma razão assim tão má?). Hoje, a publicação, tanto tempo diferida, da "tese secundária" de Foucault sobre a antropologia de Kant vem, ao contrário, alimentar a ideia de um "projeto secreto", como tal essencialmente invariante, que seria o derrubamento do juízo heideggeriano acerca da analítica da finitude, enquanto transposição da pergunta "o que é o homem?" para o horizonte da morte.

um representante particular da espécie humana. É com este propósito que Foucault utiliza voluntariamente (e do seu próprio jeito), a expressão quase-transcendental, insistindo não apenas no carácter histórico (contingente, neste sentido) dos *a priori*, que dependem da formação de uma figura determinada do ser humano como sujeito-objeto do conhecimento, mas também na transgressão da fronteira entre o campo do *a priori* e o da empiricidade, que faz com que o sujeito (o ser humano) se torne visível, e acessível como objeto de intervenção, no seio do domínio em que sua singularidade (e mesmo sua centralidade) constitui, no entanto, a condição de possibilidade.

O que temos aqui não se confunde em nada com um relativismo, ou um culturalismo, mas é também algo inteiramente diferente de uma elaboração da ideia de campo transcendental sem sujeito que diversas filosofias saídas da fenomenologia ou do estruturalismo se esforçaram, de forma concorrente, por formalizar ao longo do século XX.[5] O quase-transcendental é um conceito (ou um "quase-conceito", com propósitos de interrogação, de problematização) que não recusa a ideia de condicionamento da experiência, mas obriga, por um lado, a postular a impureza das condições de possibilidade (e levanta

---

5 Não entro aqui em discussões sobre a prioridade com respeito à expressão quase-transcendental de que se serviram, em sentidos diferentes, vários filósofos da segunda metade do século XX (Foucault, Derrida, Habermas etc.). A preocupação de Foucault – em *As Palavras e as coisas* e mais além – com a problemática do "sujeito-objeto" concebido não em termos de identidade dialética, mas de "pressuposição recíproca" ou de interferência entre os campos "incompatíveis" do constituinte e do constituído, só é quase de certeza inteiramente compreensível no quadro de uma confrontação com uma série de outros discursos: o de Merleau-Ponty, seguramente, mais também o de Lukács em *História e consciência de classe* (como sublinhava de modo sugestivo Massimo R. Leonelli, em uma outra tese defendida em 2007 na Universidade de Paris Ouest – Nanterre – La Défense). O que aqui se indica é a relação íntima e desfasada de Foucault com uma problemática pós-kantiana que não parou de contestar a separação entre a ordem do fenômeno (*Erscheinung*) e a da ilusão (*Schein*), na qual o que está em jogo é precisamente a pureza do sujeito constituinte. Tal como observa Diogo Sardinha, para Foucault "a aparência não é uma ilusão", e essa tese basta para perturbar toda a problemática do "fundamento".

muito particularmente o problema das relações de poder que sobredeterminam a formação das disciplinas, e até a das *épistémès* ou dos "matemas"), embora permitindo, por outro lado, inscrever de modo originário, nesse condicionamento, um jogo ou uma liberdade que fazem com que a condição (ou o sistema, o código) não seja uma realidade absoluta, mas sim uma realidade modal, na qual a sua própria realização é o que se encontra em jogo. As análises que Diogo Sardinha alcança na conclusão permitem assim, retroativamente, uma nova leitura do esquema conceitual de que ele se serviu de início. E, talvez de forma mais substancial, elas projetam uma luz intensa sobre as razões profundas do movimento constante de identificação e de distanciação, com relação aos temas kantianos, que polariza toda esta leitura: sobretudo com relação aos da terceira *Crítica*, cujas redescoberta e interpretação terão verdadeiramente ocupado todo o último meio século (talvez na França mais particularmente), vista a multiplicidade de funções (estética, ética, mas também lógica) que ela confere à liberdade.[6]

Então, um segundo problema, aparentemente mais especializado, apresenta-se a nosso cuidado: o da articulação, na própria concepção de liberdade, entre os esquemas do conflito e do jogo. Está claro que ela não se separa da relação que Foucault possui com a fonte nietzscheana do seu pensamento, que não é tanto do domínio, como sabemos, da herança ou do comentário, quanto da inspiração e da atualização. O fato de que Diogo Sardinha privilegie, em sua reconstituição da sistemática foucaultiana, um modelo arquitetônico vindo de Kant, mesmo se é para desestabilizar seu fundamento, não implica de modo algum que ele desconheça ou minimize esta inspiração. Ao invés disso, ele nos incita a relançar a pergunta de como Foucault pôde filosofar ao mesmo tempo – e cada vez mais – com Kant e com Nietzsche (logo, com cada um deles também contra o outro), ao combinar suas respectivas questões (questão de direito, questão de fato) numa mesma empresa crítica. E como

---

6 Lembremos aqui a proximidade de Foucault não apenas com Deleuze, mas com Gérard Lebrun, cujo grande livro *Kant e o fim da metafísica: ensaio sobre a Crítica da faculdade de julgar*, defendido como tese de doutoramento sob a orientação de Canguilhem vários anos antes de haver sido publicado (1970), marcou toda uma geração.

esta dupla inspiração pôde traduzir-se em um "regresso aos gregos", sob o qual jaz constantemente um cuidado com a atualidade – mas com uma atualidade, se podemos dizer assim, "intempestiva" ou "inatual" (*unzeitgemäss*). Que não exista aqui nada de simples nem, por razão maior, natural é algo assinalado por vários leitores que não podem ser facilmente descartados: por exemplo, Deleuze perguntando em que sentido ainda há um grego em Foucault, para o qual uma certa confiança em uma problematização dos prazeres é mais forte que as formas modernas do governo de si. Este grego reencontraria a ideia de uma relação de forças [que passa] por uma rivalidade entre homens livres.[7] Não tanto, por conseguinte, o pré-socrático ideal, inspirado particularmente por Heráclito, para quem a guerra entre os homens refletiria de modo quase-mítico o jogo do mundo, mesmo se esta figura arqui-estética nietzscheana (e, não esqueçamos, também heideggeriana) puder ser lida nas entrelinhas de numerosas análises de Foucault (não tanto, é quase certo, aquelas que incidem diretamente sobre os gregos, quanto as que evocam os ressurgimentos de uma ética do assujeitamento a si na modernidade); nem tampouco o sábio de tipo estoico, morando já em um espaço outro, que não é mais o da cidade dos homens, com suas instituições e conflitos; mas sim o cidadão da *polis*, ou melhor (como mostra Diogo Sardinha numa belíssima releitura da *Hermenêutica do sujeito*),[8] o sujeito cuja escolha de vida ou o modo público de existência comporta ao mesmo tempo um afastamento, e até uma autoexclusão relativamente ao comum, seja ele definido como interesse, como lei ou como estilo de conduta (sexual ou outra). Logo, geralmente, como norma.[9]

---

7 DELEUZE, G. *Foucault*. Paris: Éditions de Minuit, 1986, p. 121-122. Diogo Sardinha cita o início deste raciocínio de Deleuze, e eu retomo seu final.

8 Ver mais abaixo, capítulo VIII, § 23.

9 Sobre todo o problema da lógica e da política das "normas" em Foucault, devemos recomendar o trabalho magistral de Stéphane Legrand, *Les Normes chez Foucault* (Paris, PUF, 2007), cujo método é inteiramente diferente, mas que me parece, em diversos aspectos, ser complementar do presente livro. O sujeito ético que assume a escolha radical entre a pertença e a exclusão e reencontra assim um modo grego de participação agonística ou conflitual na esfera pública não é, propriamente falando, um *dissidente* ou um *revoltado*; ele seria mais o inventor de

Pressentimos que o momento grego é menos um retorno do que um recurso – e, portanto, não vem contradizer o princípio de método histórico no qual Diogo Sardinha havia concentrado a oposição entre Foucault e as filosofias dialéticas da história: enquanto estas, na esteira de Hegel, proíbem de saltar por cima de seu tempo rumo ao futuro, é rumo ao passado que Foucault formula esta possibilidade ontológica. Resta que a eternidade dos gregos, afirmada com pujança pelo último Foucault (mas, vendo melhor, latente em sua filiação nietzscheana), parece oscilar entre duas modalidades de existência histórica, de que dependerão altamente a identificação e a configuração concreta desse nós, para quem o problema da liberdade sempre se formula também em termos de conflito: uma modalidade que faria um modelo de exceção (um protótipo da autoexclusão ou da ascese como conduta individual de libertação em relação ao império das normas); outra que – inspirada na fórmula de *Vigiar e punir* na qual Diogo Sardinha vê, com razão, o condensado das análises de relações de forças, ou de enfrentamento, entre os poderes e as resistências – atualizaria o modelo ao reinscrevê-lo em uma batalha perpétua.[10] Ora, ninguém se exclui de uma batalha, no máximo pode-se inverter as frentes de batalha: também neste sentido, o *polemos* é eterno. Como escolher entre a ascese e o combate? Mas será mesmo necessário escolher? Não apenas não incumbe ao comentador resolver as dificuldades no lugar do filósofo (o que Diogo Sardinha nunca pretende fazer), mas a modalidade filosófica de que falamos aqui tem precisamente como efeito, se não como objetivo, revelar as incertezas no coração dos domínios que ela

uma contra-conduta, mesmo que Foucault, quando tenta elaborar esta categoria como um tipo trans-histórico suscetível de múltiplas variações, se volte antes de mais nada para modelos extraídos da espiritualidade e da ascese medieval (ver *Segurança, território, população. Curso dado no Collège de France, 1977-1978*, trad. de E. Brandão e C. Berliner, São Paulo, Martins Fontes, 2008, em particular a lição de 1 de março de 1978). Mas o modelo grego estudado por Diogo Sardinha tem a vantagem de colocar em uma reciprocidade polêmica e, escusado dizê-lo, altamente problemática, o problema da exclusão de si e da exclusão dos outros. Por isso ela é, paradoxalmente, mais intensamente política.

10 Ver mais abaixo, capítulo VII, § 21-B.

descreve ou cartografa. Sua finalidade não é edificar, mas sim inquietar. Uma vez mais, não estou certo de que os usos atuais de Foucault (acadêmicos ou não) vão sempre exatamente neste sentido.

Seria tentador ficar por aqui (no que me diz respeito, claro), ressaltando que a questão que trata da "eternidade do modelo grego", subjacente ao regresso de um certo nietzscheanismo no campo de uma confrontação com Kant, é também um modo de especificar o que está em jogo na questão anterior, que trata da emergência do quase-transcendental: poderia acontecer que a transgressão das fronteiras que delimitam o sujeito e o objeto, o surgimento das condições de possibilidade da experiência em seu próprio campo de realização, ou a mescla impura do empírico e do *a priori*, não tenham outro conteúdo típico que não seja esta anfibologia permanente dos esquemas do conflito e do jogo (ou esta possibilidade permanente de abrir o campo do conflito pelo jogo, e de mudar as regras do jogo pelo conflito, presente sob a análise dos jogos finitos e infinitos retomada e aplicada por Diogo Sardinha a Foucault). Mas esta lição, por mais interessante que seja na vertente especulativa, parece-me esquivar em demasia a dificuldade política que ela dissimula em si mesma. E, para terminar, é sobre este ponto que gostaria de insistir. Foucault não foi um democrata, é o mínimo que se pode dizer. E, no entanto, sua filosofia[11] é de uma importância central para a democracia. Inspirando-me em nossa atualidade, na ontologia daquilo em que nos tornamos hoje, direi que ela é importante para a desdemocratização da democracia, que em um momento de crise aguda de todas as instituições de soberania e de poder, constitui provavelmente a única forma de resistir à democratização.[12] Não se trata então

---

11 Da qual considero que suas intervenções e ações políticas, em conjunturas determinadas, são, bem entendido, uma parte integrante: não é que derivem dela, mas elas a qualificam, ou a sobredeterminam; uma vez mais, a figura epistemológica pertinente é a da *complicação*.

12 Retomo a expressão "desdemocratização" de Wendy Brown (que ela própria retomou de Charles Tilly), em um ensaio crítico do neoliberalismo que se reclama explicitamente de Foucault (*Les Habits neufs de la politique mondiale*, Paris, Les Prairies ordinaires, 2007). Eu mesmo, depois de vários outros, falei de "democratização da democracia" no ensaio introdutório de minha coletânea *La Proposition de l'égaliberté: écrits politiques, 1989-2009* (Paris, PUF, 2010).

de colocar Foucault (do ponto de vista de suas teses, ou das aplicações que se fazem delas e que são muito distintas umas das outras, para não dizer opostas entre si) no campo da antidemocracia.[13] Mas de assumir, primeiro, a equivocidade do nome "democracia", o fato de que o que ele designa é o campo movediço de uma batalha, mais do que a figura estável de um regime ou o programa determinado de um partido. Na acepção que muito tempo foi dominante entre nós, democracia buscou combinar de modo tão estreito quanto possível uma referência ao poder da maioria (e logo, no limite, da multidão ou da massa), uma referência à igualdade (dos direitos ou das condições) e, finalmente, uma referência à ordem da lei (ela mesma hesitando permanentemente entre decisionismo e constitucionalismo). Sobre estes três pontos, Foucault está em total oposição ao discurso democrático e não parou de combater seus fundamentos empírico-transcendentais, começando pela ideia de *povo*, que ele substituiu sistematicamente pelo fenômeno biopolítico da *população*. Diogo Sardinha relembra, na altura certa, a hostilidade de Foucault à noção de *cidadania*, porquanto ela se funda sobre um procedimento de legitimação idealmente contratualista: não – como na tradição conservadora que vai de Montesquieu a Hegel, passando por Hume e Burke – por causa dos efeitos desagregadores exercidos sobre as comunidades históricas pela ideia de contrato, mas, ao contrário, na medida em que visa reconstituir, por via da ficção jurídica, uma pertença ao corpo político. O assujeitamento a si, que ele apresenta como o ângulo mais agudo da ética foucaultiana, em tensão entre o modelo grego de estetização das condutas e a noção kantiana de heautonomia (que ilustra a inversão tendencial dos esquemas da moralidade na *Crítica do juízo*), aparece então não apenas como um modo de contestar o império da lei, mas como o luxo de uma minoria.[14] Mas, queira-se ou não, tal fórmula soa como um desafio ao discurso democrático, ainda que, num primeiro momento, ela pareça concernir unicamente a uma ética da vida privada. Pois esta última, como Diogo Sardinha também

---

13 No qual se encontram hoje, como sabemos, não somente teóricos ou ideólogos que se reclamam da extrema direita ou do conservadorismo, mas também da extrema esquerda, e até do comunismo.

14 Ver mais abaixo, capítulo VIII, § 23.

enfatiza, não assume a forma de uma subordinação ou de uma hierarquia de esferas, mas sim a de uma retirada ou de uma cisão no próprio seio da comunidade dos iguais. E, a partir daí, o que ela põe em risco é a própria possibilidade, para os cidadãos-sujeitos, de se incorporarem num povo unificado, segundo este outro duplo, teorizado em particular por Rousseau: o da participação numa soberania indivisível, acompanhada por uma obediência individual à vontade geral.

Será preciso assegurar, no entanto, que esta atitude ética – que é objeto de uma escolha e não se dirige igualmente a todos, visto nem todos serem igualmente suscetíveis de instalar suas vidas em um plano superior, isto é, não nos equivoquemos, de submetê-la livremente a um constrangimento maior – é do domínio do elitismo ou de uma atitude aristocrática? Poderia parecer difícil contestá-lo (e, de fato, isso parece bem difícil a muitos leitores de Foucault), mesmo à custa de distinções entre vários aristocratismos ou elitismos, que não são todos oligárquicos, precisamente porque nem todos são do domínio da distribuição ou da apropriação do poder, se não se notasse de imediato até que ponto a ideia foucaultiana da exceção individual (suscetível, ao longo da vida, de comunicar ora com os modelos da transgressão, ora com os da resistência, que talvez seja antes de mais nada uma resistência à assimilação) permanece sempre inseparável de uma busca da invisibilidade, ou do anonimato. O que testemunharia ainda o valor simbólico que ela atribui aos "homens infames", no sentido etimológico da palavra. Quanto a saber se ele mesmo lá chegou, isso é outro assunto. Mas o certo é que – na imbricação de relações transindividuais que (sigo ainda Diogo Sardinha) combinam sempre uma relação de si com os outros e uma relação de si consigo mesmo – a estratégia de Foucault visa mais dotar certos indivíduos de uma capacidade igualitária superior (no sentido em que ela não seria objeto de nenhum reconhecimento ou distinção) do que elevá-los acima da comunidade dos iguais. Ela possui de alguma forma as propriedades oximóricas (ou místicas) de uma elevação pela parte de baixo. Em outras palavras, ela tende a subverter radicalmente a lógica e a topologia das relações sociais que conferem sua historicidade aos *conatus* da emancipação individual, de tal forma que a reunião ou a conspiração destes não possa nunca voltar a eles sob a forma de um conformismo de massa ou de classe.

Ao propor estas variações, que têm o duplo inconveniente de refletir demasiado a minha leitura subjetiva e de preceder o tema que lhes dá sentido, não acabei afinal transgredindo a regra que tinha querido impor a mim mesmo, a de não falar pelo autor de *Foucault: trama e coesão de sua filosofia*, a de não substituir sua voz pela minha? Não acabei, em particular, por propor uma chave de leitura para aquilo que forma, de um extremo ao outro, o enigma com que ele se defronta: como conjuntar (ou entrelaçar) praticamente, ao nível da subjetividade ativa, o que epistemologicamente é disjunto, ao nível dos objetos representáveis e analisáveis? Sim, com certeza. E não me arrependo. Pois, a esse custo, espero ter dado voz ao que é minha convicção: ao reconstruir uma arquitetônica interna do pensamento de Foucault, como se com ele uma filosofia houvesse nascido, é a sua própria que Diogo Sardinha começou construindo. Chegou agora a vez de ele revelar o que ela promete.

Étienne Balibar
Professor emérito da
Universidade de Paris-Ouest-Nanterre-La Défense

LISTA DAS ABREVIATURAS UTILIZADAS PARA OS ESCRITOS DE MICHEL FOUCAULT (COM A SUA DATA DE EDIÇÃO ORIGINAL)[1]

HF: *História da loucura*, 1961.

MC: *As palavras e as coisas: Uma arqueologia das ciências humanas*, 1966.

AS: *A arqueologia do saber*, 1969.

OD: *A ordem do discurso*, 1971.

SP: *Vigiar e punir. Nascimento da prisão*, 1975.

VS: *A vontade de saber*, 1976.

UP: *O uso dos prazeres*, 1984.

SS: *O cuidado de si*, 1984.

DE: *Ditos e escritos [Dits et écrits]*, I-IV, 1994.

DS: *É preciso defender a sociedade [Il faut défendre la société]*, 1997.

An: *Os anormais*, 1999.

HS: *A hermenêutica do sujeito*, 2001.

STP: *Segurança, território, população*, 2004.

NBP: *Nascimento da biopolítica*, 2004.

IAK: *Gênese e estrutura da* Antropologia *de Kant*, 2008.

1 Para a referência exata das edições utilizadas, ver a bibliografia no fim do volume.

INTRODUÇÃO

Ainda não compreendemos inteiramente o sentido fundamental da obra de Foucault. Decerto, essa obra não procura estabelecer novas normas para a vida e para o pensamento. Ela é acusada de ter como único fio condutor uma destruição contínua das figuras clássicas do sujeito e da razão.[1] Pensa-se que não tem outro objetivo além da subversão da forma presente da sociedade.[2] Ela aparece, apresenta-se por vezes a si mesma, como uma sucessão de análises concretas e de estudos dispersos, mais do que como um sistema abstrato e um todo coerente. São razões suficientemente fortes para que se duvide do próprio caráter de *obra* que constituiria o conjunto desses trabalhos. Com maioria de razão, esses textos agrupados não poderiam formar uma *obra filosófica*. Não seriam mais do que traços de um simples – apesar de impressionante – percurso intelectual.

Mas uma obra pode ser descritiva em lugar de normativa: pode procurar mostrar como são as coisas, sem por isso pretender dizer como elas deveriam ser. Pode despedaçar as evidências e lançar o convite para que outros, na sua esteira, lancem as bases de novas formas de existência e de conhecimento. Além disso, podemos considerar que as investigações sobre temas e domínios circunscritos (a loucura, o crime, a sexualidade), muitas vezes marginais em relação às preocupações tradicionais, têm um recurso sutil a esquemas especulativos e abstratos que são também do domínio da filosofia.

Se conseguirmos compreender que essas realidades estão intimamente associadas no percurso de Foucault e se, por outro lado, demonstrarmos que elas não são características transitórias, mas sim traços constantes do seu trabalho, então já não teremos razões para recusar a este último estatuto de obra, nem para hesitar em reconhecer o seu valor filosófico.

---

1 HABERMAS. *Le Discours philosophique da de la modernité*. Bouchindhomme; Rochlitz (trad.). Paris: Gallimard, 1988 (Ale: 1985), p. 327.

2 HONNETH. "Foucault und die Humanwissenschaften". *In*: Honneth e Saar (dir.), *Michel Foucault: Zwischenbilanz einer Rezeption*. Frankfurt am Main: Suhrkamp, 2003, p. 15-26: p. 26.

Todavia, ainda é preciso que esse sentido fundamental nos seja acessível. Só que a tarefa de o procurar depende menos do objeto da investigação do que dos princípios que a orientam. Se o nosso método é também filosófico é porque aborda essa obra pondo-lhe a pergunta do que é que a constitui radicalmente, a saber, os esquemas de pensamento a que ela recorre quando considera os seus próprios problemas.

Tarefa difícil a tal ponto que Foucault quis explicitamente emancipar-se de toda e qualquer ideia metafísica, escolha que explica a ausência, nos seus estudos, de teorias abstratas sobre problemas globais. No entanto, são esses próprios estudos que oferecem indícios suscetíveis de conduzir a esses esquemas, quer dizer, a essas representações que permitem organizar racionalmente acontecimentos e conhecimentos múltiplos em narrativas tão extraordinárias. Por isso mesmo, são esses indícios que eles nos convidam a seguir. Tomemos três exemplos.

Ao olhar a história das ciências, poderia acreditar-se num progresso dos conhecimentos. Mas isso não é mais do que uma imagem de superfície. No nível profundo do que tornou arqueologicamente possível o saber ocidental há rupturas radicais que impedem toda e qualquer consideração de uma continuidade. Quem não reconhece nessas frases o alicerce sobre o qual foi edificada a arqueologia das ciências humanas? E quem não encontra, na ideia seguinte, a mola mais íntima de *Vigiar e punir*? O século XVIII, indubitavelmente, inventou as liberdades. Mas deu-lhes um subsolo profundo e sólido, a sociedade disciplinar que ainda é a nossa. Por fim, as palavras que se seguem não resumem o que há de mais original nos dois últimos volumes da *História da sexualidade*? As morais grega clássica, latina imperial e cristã partilham por vezes os mesmos códigos e os mesmos interditos. Porém, mais radicalmente, permitem a constituição de relações consigo mesmo que não se podem confundir. Pelo menos durante vinte anos, Foucault raciocinou segundo esse esquema geral que distingue, para pensá-los em conjunto, um fundo e uma superfície. Decerto, não há nessa constatação nenhuma novidade, e os leitores habituaram-se a ver em ação essa bipartição. Mas esse hábito é precisamente o que faz com que esse esquema pareça evidente e já não retenha a atenção que lhe é devida.

Poderíamos interrogar-nos: não se encontra uma estrutura equivalente num bom número de obras filosóficas de envergadura? Quantos pensadores não opõem o lugar das evidências não interrogadas a um fundo descoberto no termo de uma reflexão crítica, para em seguida constituir esse fundo em fundamento do que aparece espontaneamente ao olhar? Não corresponderia isso, sob a sua forma estrutural, ao gesto filosófico por excelência? Talvez. Mas se é assim, ninguém foi capaz de dizer até agora como isso se passa em Foucault. E é justamente por isso que nunca se conseguiu compreender totalmente o sentido fundamental da sua obra.

Em contrapartida, trazendo esse esquema para o primeiro plano, revela-se a fonte de uma coerência insuspeitada. Para lá chegar basta apenas levar a sério passagens explícitas que, há muito tempo consideradas como um procedimento retórico, abrem na realidade o caminho para o que há de mais especulativo nesses textos, o que lhes permite existir e – em breve o compreenderemos – para o que eles nos legam de capital para o futuro do pensar. Levar a sério essas passagens significa segui-las até as suas últimas consequências.

Todavia, é compreensível que este aspecto tenha permanecido na penumbra. É que, se é verdade que é fundamental, não é primeiro: não salta aos olhos. Nos seus primeiros passos, a presente investigação também não escapou desse destino, porque foi originalmente suscitada por outro problema, o da relação de Foucault com o tempo, com a maneira como ele concebe as metamorfoses históricas. Nos nossos dias, ainda, os seus livros espantam pela maneira, quase inexplicável no começo, como suspendem as evidências adquiridas a propósito da história de uma noção ou de uma instituição. Interrogando primeiro esse ponto, nos damos conta de que o que se transforma são objetos precisos, eles próprios analisados em quadros limitados. Por exemplo, o estudo das ciências humanas em *As palavras e as coisas* tem lugar no horizonte do saber. Por seu turno, em *Vigiar e punir*, o nascimento da prisão é contado a partir do campo do poder-saber. Por fim, o trabalho sobre o comportamento sexual na Antiguidade, em *O Uso dos prazeres* e *O Cuidado de si*, é realizado no interior de um espaço ético. De súbito, a interrogação que tem por objeto as metamorfoses *em geral* vê-se desviada para questões restritas, respeitando a três domínios singulares.

Por outro lado, acresce a esta tripartição um desdobramento, porque cada domínio é atravessado por duas temporalidades distintas.

A primeira, superficial, é contínua; a segunda, fundamental, é descontínua. A partir do problema do tempo, chega-se à distinção entre o fundo e a superfície. Simultaneamente, os três domínios aparecem como todos igualmente pensados segundo um mesmo esquema, ou segundo uma mesma bipartição constitutiva. Daí, uma consequência: torna-se possível pôr ao mesmo nível o saber, o poder e a ética, ou considerá-los numa mesma perspectiva. Vê-se assim como se enganam os que acreditam que Foucault permanece no elemento da dispersão. De fato, vemo-lo concentrado em três regiões da experiência, cuja estrutura comum nos instala a meio caminho de dois extremos que seriam ou um sistema de pensamentos, ou a dispersão de assuntos empíricos abordados detalhadamente, mas de que seria impossível capturar as relações que os unem.

Simultaneamente, apresenta-se um problema inesperado, que é de uma natureza diferente da natureza do tempo e que, com toda a verossimilhança, deve precedê-lo na economia da investigação. Porque, ao fazer dos três domínios outros tantos campos de estudo, será preciso explicar primeiramente o que eles são. Se se compõem de um fundo e de uma superfície, serão estas as *partes* que os constituem? No caso afirmativo, como é que essas partes se definem? E que laços criam entre si? Ao pôr estas questões, já não nos encontramos no contexto do tempo, mas antes no da *ordem*.

Entende-se por *ordem* a determinação das relações de subordinação entre as partes de um conjunto, ou mesmo de um todo, determinação pela qual certas partes adquirem preeminência relativamente a outras. Assim, inverter a ordem das coisas e rearrumar inteiramente as relações entre elas é redistribuir as preponderâncias e as dependências que as ligam. Se desejarmos penetrar a lógica temporal associada à bipartição entre o fundo e a superfície, convém primeiramente explicar o que são estes últimos e como, a partir deles, se estruturam os domínios.

Todavia, é preciso ainda assinalar que do saber ao poder e à ética, Foucault mudou tanto na maneira como pensa as suas estruturas como a propósito das relações que eles mantêm entre si. São assim afetados por uma temporalidade que é não somente histórica (transformam-se na história do mundo), mas também metodológica (renovam-se no decorrer do trabalho do pensador). Deste ponto de vista, as obras principais de Foucault podem ser agrupadas em três conjuntos: de uma maneira esquemática, os livros dos anos 1960 são escritos a partir da região do saber, os dos anos 1970 do poder e os dos anos 1980 a partir da ética. Esta repartição, sugerida num dos seus últimos grandes textos filosóficos (a Introdução ao *Uso dos prazeres*), é retomada por Deleuze no seu livro intitulado *Foucault*, e é também a que serve de base ao presente estudo. Torna-se imediatamente indispensável acompanhar o movimento que leva de um domínio a outro.

Não se pode ignorar, de resto, a par com esse deslizamento, o esforço para pôr de acordo cada nova região com a que a precede. Se em *As Palavras e as coisas* o saber funciona em plena autarcia, já em *Vigiar e punir* e *A Vontade de saber* os problemas são tratados no quadro de um saber que já não é inteiramente separável do poder. Além disso, nos livros sobre a ética, o governo de si não é inteiramente independente do dos outros, mas os dois interagem, num cruzamento da ética com a política.

A última palavra de Foucault a respeito disto é peremptória: é necessário prolongar o movimento até uma exigência de sistematicidade. É no ano da sua morte, em 1984, que o ensaio "O que são as Luzes?" incita a um pensamento que seja, ao mesmo tempo, epistemológico, político e ético. Este pensamento já não se colocará simplesmente no horizonte de um domínio preciso, nem de uma conjunção de dois domínios, mas no horizonte da imbricação do que a partir daqui ele chama *três eixos*.

Que sentido pode ter essa sistematicidade quando se sabe que a sua obra foi construída contra os sistemas englobantes que assentam em si mesmos e cuja maior preocupação é chegar à harmonia de tudo numa coerência sem falhas? Para responder à questão geral de onde parte este livro, submete-se uma hipótese à prova da leitura: se Foucault pôde formular a exigência de um pensamento sistemático nesses termos, é porque a sua reflexão era já atravessada por uma coesão essencial, a coesão que decorre da presença constante da relação entre o fundo e a superfície.

Resumida em tão poucas palavras, a visão do que constitui nada menos do que o âmago da obra de Foucault, e a sua profunda originalidade, só pode permanecer incompreendida. Ela reclama, como em qualquer introdução a uma investigação filosófica, a benevolência inicial do leitor. Mas não dispensa, só por isso, a enumeração das etapas que tornarão possível o seu estabelecimento definitivo.

Três teses principais pontuam este percurso. A primeira é a da *relação fundamental*. O saber, o poder e a ética são as regiões no interior das quais são tratadas diferentemente a loucura, a ciência, a punição, a sexualidade, o sujeito. Ora, há um esquema comum às ordens de arrumação interna dessas regiões: é a bipartição fundo-superfície, que permanece não somente constante, mas ainda dominante. Com efeito, ela não é uma figura passageira nem de estilo, mas antes o ponto de apoio último a que Foucault recorre cada vez que se vê obrigado a justificar os seus princípios e os seus métodos. Assim, considera-se essa relação como fundamental, num duplo sentido: dado que, ao mesmo tempo, dá a razão do resto e é relançada com a maior firmeza.

Depois de ter respondido às questões da ordem dos três domínios, me ocuparei das metamorfoses históricas. O saber, o poder, a ética nunca são vistos fora do tempo, mas aparecem sempre no contexto das arqueologias e das genealogias. São os solos cujas falhas se trata de exibir, os territórios de que é preciso descrever as grandes rearrumações, até a plena consciência de quanto aquilo que parece solidamente adquirido é, na realidade, o resultado de contingências, um resultado a todo momento suscetível de se desequilibrar e de se desfazer. Os três domínios, convém então que nos perguntemos, são pensados segundo um único regime histórico? Obedecem à mesma descontinuidade?

Tanto quanto essa questão é incontornável, assim se sabe que Foucault rebaixa a dimensão temporal da história, associada, segundo ele, à ideia de uma duração única e persistente. A esta, Foucault prefere uma dimensão espacial em que se jogam os aparecimentos e os desaparecimentos, as sombras e as luzes, os lugares, os não-lugares, os outros lugares. No limite, a espacialidade está inscrita no âmago de toda a sua concepção dos três domínios, a partir do momento em que eles são enformados pela relação fundamental. Eis-nos de novo empurrados para longe da temporalidade e reconduzidos, desta vez, a uma outra vertente da ordem, a de uma razão espacial que comanda a inteligência das metamorfoses.

É então que se suspeita que, da maneira como o princípio de espacialidade se vê utilizado, a passagem do tempo para segundo plano tem uma consequência precisa: torna impossível toda a mudança de época a partir de uma intervenção voluntária sobre o fundo de um domínio. Observa-se, tanto no reino do saber como no reino do poder-saber, que a ação voluntária é incapaz de tocar o fundo que determina o modo de ser do todo: ela lhe é estranha. Também nenhuma intervenção deliberada, quer seja singular ou mesmo coletiva, pode desencadear uma metamorfose fundamental. Daí a nossa segunda tese, a da *impotência radical da ação*.

A ética escapa, no entanto, deste destino. Talvez seja considerada mais sob o princípio da ação do que sob o do espaço, dado que a ação a constitui radicalmente. O fundo da ética é a ação humana, ação de um sujeito sobre si mesmo, dobra de uma força capaz de estabelecer uma relação de si consigo. Enigmática terceira região. Como justificar que, nela, a ação livre já não seja impotente para determinar a existência? Então, revela-se um paradoxo: o fundo da ética é essa ação livre do sujeito e, todavia, essa liberdade apenas é exercida como um novo assujeitamento, desta vez a si mesmo. Toma a forma de um heauto-assujeitamento, ou de um assujeitamento *heautou* (simultaneamente de si e a si), pela qual o sujeito, modulando os códigos morais, fixa para si os princípios e as regras que lhe permitirão moldar-se, subtraindo-se tanto quanto possível aos constrangimentos exteriores. Assim, a segunda tese sobre a impotência radical da ação só é aceitável na condição de acrescentar-lhe uma terceira, que é, relativamente a ela, simultaneamente inversa e complementar: a tese da *emancipação pelo assujeitamento a si*.

Do choque entre elas nasce a conclusão deste livro. Deve haver um modelo abstrato que ajude a capturar o sentido da última proposição filosófica de Foucault, a de realizar um programa simultaneamente ontológico, crítico e histórico de nós mesmos. Daí em diante, a imbricação dos três *eixos* – saber, poder, ética – adquire uma lógica distinta da lógica dos três *domínios*. Esta última era dominada pela relação fundamental, que remetia o sujeito ora para uma disposição linguística, ora para dispositivos políticos, ou então tornava possível esse sujeito de maneira precária como resultado de um assujeitamento de si a si (que, com todo o rigor, é outra forma de destruir a essência do sujeito). Ao mesmo tempo, a presença de uma relação fundamental proscrevia toda e qualquer figura coletiva capaz de pensar e moldar a si mesma. Excluía toda a figura da humanidade. Doravante, na lógica dos três eixos, a humanidade regressa, não sob a forma do ser humano nem sob a forma da humanidade, mas antes com o nome de *nós mesmos*: "quem somos nós hoje?". É essa a questão.

Um requisito de sistematicidade acompanha essa alteração. Essa sistematicidade inédita, a que não convém nada o nome de sistema, é atravessada pela liberdade. Para lá de uma lógica de determinação da superfície pelo fundo, a abertura dos domínios os faz participar de um jogo livre, em que disputam entre si a primazia e constituem a totalidade da experiência. É precisamente a conclusão a que se chega, a de um sistema de liberdade.

Apresentadas dessa forma tão abstrata, as linhas condutoras da investigação permanecem obscuras: nelas, formulam-se ideias que ainda não estão inteiramente desenvolvidas. Dois aspectos, em particular, podem parecer problemáticos, o da sistematicidade e o da coerência. No entanto, se admitirmos que Foucault, no fim da sua vida, pôs a questão de uma totalidade da experiência, dando-lhe por sentido o cruzamento dos três domínios previamente explicitados, como não levar também em conta a resposta que ele próprio propôs para esta questão? Tomada como uma imbricação de eixos, a experiência na sua envergadura epistemológica-política-ética não se confunde com o real como totalidade a restituir,[3] é antes o espaço em que se desenrola um jogo com múltiplas variáveis. Nesse sentido, o testamento de Foucault traz consigo uma sistematicidade que põe em causa os conceitos clássicos de sistema e, simultaneamente, convida a repensá-los.

O percurso que o mostrará será pontuado pelas três teses enunciadas acima. A primeira parte será consagrada ao estabelecimento da tese da relação fundamental. A segunda parte explicitará a tese da impotência da ação nos campos do saber e do poder-saber. Por fim, a terceira parte abordará a mudança de Foucault no estudo da ética, para finalmente extrair dela a consequência mais importante, a de uma sistematicidade livre.

Cada uma à sua maneira, estas teses e a conclusão que delas decorre convergem todas para um mesmo ponto, e visam trazer à luz uma dupla

3 Ver "La poussière et le nuage" (1980), *DE* IV, n. 277, p. 15. As abreviaturas remetem para a lista que figura no início do volume. Os números que seguem a abreviatura correspondem sempre ao número da página, salvo para os *Ditos e escritos*, onde designam em primeiro lugar o número do volume.

realidade: a obra de Foucault é profundamente *filosófica*, condição que ela revela em momentos cruciais, quando apela a conceitos clássicos e quando supõe esquemas especulativos que não se podem compreender sem remeter a Kant, Nietzsche ou Heidegger; e depois, ela tem um sentido filosófico *profundo*, o que parte da determinação fundamental das evidências superficiais para chegar a uma sistemática reinventada. Certamente, esse sentido não é o único que se pode desvelar nessa obra, e sem dúvida que não a cobre em todos os seus detalhes. Mas está no cerne do que ela nos legou de mais singular e mais prometedor. Apesar disso, permaneceu mal conhecido até hoje.

PRIMEIRA PARTE

A RELAÇÃO FUNDAMENTAL

A ideia de que o saber, o poder e a ética têm uma estrutura comum pode, à primeira vista, parecer surpreendente. Foucault interessa-se por essas três dimensões em momentos diferentes da sua vida e, para tratá-las, apoia-se em objetos distintos. No meio dos anos 1960, encara o saber como o espaço em que instalam as ciências humanas. No meio dos anos 1970 estuda o poder a partir de análises da punição e da sexualidade. Por fim, em 1984, duas obras consagradas à ética antiga apoiam-se em textos práticos para o uso dos prazeres ou gestão do lar familiar.

Não obstante, no fim da sua vida, dispõe os três domínios no mesmo plano. A partir daí, uma questão toma forma: o que lhe permite realizar essa operação? Que traços particulares agrupam essas dimensões para as distinguir dos objetos múltiplos que são a loucura, os saberes do ser humano, o crime, as peritagens psiquiátricas, a sexualidade, a austeridade, o ascetismo? A resposta é que elas são os domínios no interior dos quais esses objetos são estudados. São assim mais vastas e mais abstratas do que eles. Supor, no fim, que elas possam ser tratadas no mesmo plano de generalidade implica que desde o início elas sejam comparáveis, e que a própria possibilidade dessa comparação esteja inscrita nas suas estruturas. É, pois, esse arranjo comum que se deve procurar.

Para isso, partiremos da hipótese seguinte: os três domínios são pensados sob um mesmo esquema, o da bipartição entre uma superfície de fenômenos visíveis e um fundo que, embora permaneça parcialmente encoberto, exerce sobre essa superfície um poder determinante. Em outras palavras, saber, poder e ética dividem-se em dois níveis, um imediatamente perceptível, outro que a investigação foucaultiana se propõe tornar patente.

Essa estrutura será explicitada por etapas. Em primeiro lugar, trataremos de ver em que textos precisos se pode ler a bipartição entre o fundo e a superfície. Em segundo lugar, examinaremos através de que operação metodológica essa bipartição é estabelecida. Em terceiro lugar, traremos à luz os laços que unem os dois planos.

Supondo que cada região seja assim organizada, os seus planos estabelecerão verossimilmente entre si uma amizade que permaneceu secreta, ou mesmo uma dependência, dado que o nível superficial parece subordinado ao nível fundamental. É o que distingue esta problemática da de uma simples oposição entre a ilusão e a verdade, ou entre a opinião e a ciência. Se se tratasse muito simplesmente de ultrapassar uma primeira impressão em proveito de um conhecimento mais rigoroso, as dificuldades levantadas não seriam da mesma ordem. Estritamente falando, o que põe problema é o laço de subordinação de uma instância à outra: tal como os saberes concretos dependem de uma disposição epistemológica, as liberdades dependem das disciplinas e a moral da ética.

Dado que seria difícil tratar estes problemas misturando os três domínios, a investigação se vê forçada a seguir uma via formal. Encontrar o que é comum ao saber, ao poder e à ética necessita de um estudo de cada domínio na sua especificidade. Esse procedimento permitirá não somente explicitar o que há de singular em cada uma das modulações da relação fundamental, mas ainda determinar a essência dessa relação, ou do que permanece constante para lá das variações. Ficará então apenas por interrogar a natureza do fundo com vista a compreender se, e em que medida, ele desempenha o papel de um fundamento.

CAPÍTULO I

As Palavras e as coisas: a recondução dos saberes às suas condições de possibilidade

A relação entre o fundo e a superfície aparece pela primeira vez, com toda a nitidez, em *As Palavras e as coisas,* onde serve para explicar o que nessa obra se chama o saber. Sobre a passagem da idade clássica à modernidade, esse livro diz-nos o seguinte:

> toda essa quase-continuidade ao nível das ideias e dos temas é apenas, sem dúvida, um efeito de superfície; no nível arqueológico vemos que o sistema das positividades se alterou massivamente na passagem do século XVIII para o século XIX (*MC*, 14).

Existem, portanto, duas vias para abordar o saber. A primeira tem como objeto as ideias e as teorias dominantes num momento da história. O olhar da segunda incide no sistema das positividades. Cada uma delas leva a conclusões diferentes: a primeira mostra uma quase-continuidade entre épocas contíguas; a última traz à luz uma profunda metamorfose do conjunto. Com todo o rigor, estes dois caminhos não incidem somente sobre objetos diversos, mas visam dois níveis distintos, um de superfície e o outro arqueológico. *As Palavras e as coisas* seguem o segundo, que combina o sistema das positividades com a descontinuidade e a arqueologia.

Essa oposição entre os efeitos de superfície e o nível arqueológico marcará passagens célebres do livro. Por exemplo, aquela em que Foucault retira importância da designação de *racionalista,* tradicionalmente aplicada à idade clássica:

> do saber clássico, parece efetivamente que conhecemos tudo, se compreendermos que ele é racionalista, que concede, a partir de Galileu e Descartes, um privilégio absoluto à Mecânica [...]. Mas reconhecer o pensamento clássico apenas por esses sinais, é não conhecer a sua *disposição fundamental* (*MC*, 314; grifo nosso).

Aqui, uma bipartição está em ação. Ela separa a superfície de uma dimensão profunda, determinante relativamente ao que aparece.

Como compreender essa demarcação, que atravessa toda a concepção histórico-filosófica do livro? Esta interrogação pode se decompor em três outras, mais precisas. Primeiramente, como se determina a camada epistemológica que a arqueologia toma como objeto? Em seguida, como é que o olhar arqueológico consegue revelar a existência de diferentes estratos e medir as suas importâncias relativas? Por fim, que relação se estabelece entre o fundo e a superfície epistemológicas?

1. A AMBIGUIDADE DA ARQUEOLOGIA REDOBRADA PELA EQUIVOCIDADE DA DISPOSIÇÃO

A arqueologia das ciências humanas não se lança de jato numa descida às profundezas. Pelo contrário, depois de ter chamado a atenção para os efeitos de superfície como se fosse para reduzir a sua importância, Foucault acrescenta que a arqueologia tem por alvo "o espaço geral do saber, as suas configurações e o modo de ser das coisas que nele aparecem" (*MC*, 14). Para nossa surpresa, a investigação deve seguir também o caminho que leva à superfície, porque se trata aqui não somente de compreender o domínio como *espaço geral*, ou sem partição prévia no seu interior, mas ainda de visar a sua *configuração*, ou a sua forma exterior. Por outro lado, sendo o saber visto como espaço de aparecimento ("das coisas [...] nele aparecem"), trata-se de delimitar o *como* do que emerge e não uma qualquer essência das coisas, independente da sua aparição. Toda a confusão com uma investigação da pura interioridade ou do oculto do saber parece assim dissipada.

Não é tudo. Em páginas capitais, *As Palavras e as coisas* voltam a falar da transição entre duas épocas. Lemos nelas:

> Os últimos anos do século XVIII são quebrados por uma descontinuidade simétrica da que tinha despedaçado, no começo do século XVII, o pensamento do Renascimento [...]. Para uma arqueologia do saber, essa abertura profunda na camada das continuidades, se deve ser analisada, e minuciosamente, não pode ser "explicada" nem mesmo recolhida numa palavra única. É um acontecimento radical que se reparte por toda a superfície visível do saber e de que se podem seguir passo a passo os sinais, os abalos, os efeitos. Só o pensamento, assenhoreando-se

> de si mesmo na raiz da sua história, poderia fundar, sem margem para dúvida, o que foi em si mesma a verdade solitária desse acontecimento (*MC*, 229-230).

Estas palavras parecem retomar a ideia de duas vias para compreender o saber e as suas mutações. Todavia, já não são exatamente as mesmas de antes. Então, havia uma que se dirigia simplesmente à superfície, e ignorava que por baixo dela existia outra dimensão que a justificava; esse caminho desconhecia um plano que só a arqueologia discernia. Agora estamos perante outra comparação, não entre a arqueologia e a via da imediatez, mas entre a arqueologia e uma terceira via que, tal como a arqueologia, supõe a existência dos dois níveis. O percurso foucaultiano começa por se diferenciar de um olhar inocente sobre a superfície, toma agora posição relativa a um caminho que se supõe conduzir a uma raiz da história do pensamento.

Voltemos a ler atentamente as últimas linhas do texto. Haveria, talvez, para compreender a descontinuidade da história do saber, um caminho que se caracterizaria por três atributos: representaria o reapoderar do pensamento por si mesmo, culminaria numa verdade íntima, e esse resultado seria perfeito porque não deixaria qualquer dúvida. Mas Foucault acrescenta imediatamente: "a arqueologia, essa, deve percorrer o acontecimento segundo a sua disposição manifesta" (*MC*, 230). Vemos bem que essa escolha nada muda a profundidade da descontinuidade nem quanto ao fato de que alguma coisa radical tem lugar no ser do saber. Não obstante, ela assinala uma divergência entre o movimento arqueológico e o que pretendesse atingir a verdade íntima e certa. Também nunca encontraremos em Foucault a ideia de um reapoderar da essência do pensamento pelo próprio pensamento. Pelo contrário, a verdade possível resulta apenas de um trabalho de reconstituição em que o saber aparece eivado de descontinuidades e de instabilidades. Por um lado, essa reconstituição opõe-se à explicação que identifica as causas constantes de um fenômeno: Foucault põe de lado essa solução, declarando que "a abertura profunda na camada das descontinuidades [...] não pode ser 'explicada'". Como poderia ser encontrada a constância das causas, se a própria raiz do saber é inconstante? Por outro lado, a reconstituição arqueológica opõe-se à recolha da mutação numa palavra única, que reconduziria o múltiplo à unidade independente e idêntica a si. Onde encontraria essa unidade o seu lugar, a partir do momento em que o saber é profundamente descontínuo?

Tentemos resumir o que precede. *As Palavras e as coisas* veiculam três apreciações diferentes tanto do ser do saber como do método para compreender a sua história. Num primeiro momento o livro detecta dois níveis de análise. Um é o das ideias e temas de que há ciência, nível que leva a acreditar numa quase-continuidade histórica: é o plano da aparência imediata. O outro é o do sistema das positividades, que deixa ver alterações massivas no ser do saber. A arqueologia se interessa por esse nível, cuja compreensão implica que nos afastemos dos elementos epistemológicos imediatamente acessíveis e prestemos atenção a um plano radical.

Num segundo momento, Foucault refere-se ao saber como um todo, sem diferença de níveis, tratando-o como um espaço geral. Visando o conjunto desse espaço indiferenciado, a arqueologia renuncia à divisão e à escolha que parecia ter feito anteriormente.

Por fim, num terceiro momento, o saber reaparece cindido entre a visibilidade e a radicalidade. Esta manifesta-se no plano do visível, espargindo por ele os seus efeitos. Segundo esta concepção, a arqueologia ocupa-se da profundidade indiretamente, tomando por objeto os seus efeitos, tornados visíveis. Mas não se condena então a examinar os mesmos traços superficiais que à partida considerava enganadores, dado que induziam em erro sobre a continuidade ou descontinuidade do saber? Em lugar de se consagrar a uma investigação radical, a arqueologia toma o que vem à superfície como sua única matéria de exame.

É forçoso constatar, perante essas três maneiras de ter em conta a tarefa arqueológica, que existe uma ambiguidade. Isso é tão embaraçoso quanto a diferença entre o fundo e a superfície que habita as etapas críticas da obra. À questão de saber para que camada epistemológica se dirige, de fato, a arqueologia foi até o presente impossível encontrar uma resposta unívoca. A tal ponto que uma leitura de *As Palavras e as coisas* impõe uma primeira lição, a da equivocidade do seu método de investigação.

No entanto, isso não impedirá Foucault de se embrenhar num discurso sobre o fundo epistemológico. O seu ponto de ancoragem será a noção de *disposição*. A releitura das passagens citadas revela duas das suas determinações: em momentos diferentes, aparece ora como *fundamental* (reconhecer o pensamento clássico apenas por tais sinais, é não conhecer a sua disposição fundamental), ora como *manifesta* (a arqueologia, essa, deve percorrer o acontecimento segundo a sua disposição manifesta). É mesmo imperativo acrescentar-lhe uma terceira possibilidade quando, para falar do marxismo, Foucault explica que este "se instalou sem dificuldade [...] no interior de uma disposição *epistemológica* que a acolheu favoravelmente" (*MC*, 274, grifo nosso). Assim, a disposição reproduz exatamente os três caminhos possíveis para a arqueologia: quando ela visa o fundo do saber, chega a uma disposição fundamental; quando o espaço geral do saber é considerado, a disposição é epistemológica; e quando é a superfície que vem ao primeiro plano, a disposição é manifesta. De tal maneira que a disposição acompanha ponto por ponto a obscuridade do método arqueológico que se supõe dar conta da bipartição. O mal-estar não pode senão acentuar-se, visto que a disposição é uma noção capital no desenrolar da obra. Ora, na falta de ser rigorosamente teorizada, será de fato objeto de um discurso. Vejamos como.

2. A experiência da ordem como resultado da primeira deslocação metodológica

Desde a Introdução, *As Palavras e as coisas* encaram o fundo do saber como camadas *da cultura*, e mesmo de "toda cultura" (*MC*, 12-13). A cultura é atravessada por movimentos que ela própria realiza na medida em que abre a brecha que separa os seus diferentes planos. Para fazer a sua teoria, a arqueologia empenha-se numa análise minuciosa cujo ponto de partida é o seguinte:

> Os códigos fundamentais de uma cultura – os que regem a sua linguagem, os seus esquemas perceptuais, as suas trocas, as suas técnicas, os seus valores, a hierarquia das suas práticas – fixam logo de entrada para cada homem as ordens empíricas com que terá de lidar e em que se encontrará. Na outra extremidade do pensamento, teorias científicas ou interpretações filosóficas explicam por que há em geral uma ordem, a que lei geral ela obedece, que princípio pode dar conta dela, por que razão é esta ordem, e não outra, que é estabelecida (*MC*, 11-12).

Seja, para nos guiar na investigação, uma definição provisória de cultura, aquela que Claude Lévi-Strauss retoma de Tylor: a cultura é "esse todo complexo que inclui o conhecimento, a crença, a arte, a moral, a lei, os costumes e todas as outras capacidades e hábitos adquiridos pelo homem como membro da sociedade".[1] A partir dela, podemos compreender como os grupos humanos se distinguem uns dos outros por um conjunto de traços práticos e intelectuais que se reproduzem no tempo e asseguram a continuidade de uma sociedade.

A leitura de *As Palavras e as coisas* revela que os códigos fundamentais e o reino teórico se nos mostram sob dois aspectos opostos. Os primeiros formam o sistema de base que assegura a existência e a reprodução de uma cultura. Dado que fixam logo de entrada para cada pessoa as ordens empíricas, os códigos determinam-se como plano imediato e geral que se aplica a todos os membros do grupo. Na medida em que os códigos são compreendidos como um conjunto de regras e de preceitos que se impõem de maneira natural ao ser humano, este permanece, frente a eles, essencialmente passivo. Assim, Foucault reserva aos próprios códigos o privilégio da ação: eles *fixam* a ordem empírica em que o indivíduo se *encontrará*. Nesta perspectiva, o indivíduo se reconhece já no interior de um quadro que não escolheu e de que nem mesmo foi preciso que estivesse consciente para que esse quadro se impusesse a ele. O ser humano é visto quase inteiramente como um ente formado a partir do exterior.

Em contrapartida, o conhecimento reflexivo o faz aparecer como ativo face à cultura. Essa atividade toma as formas da explicação e da compreensão, pois, uma vez que dá conta da ordem das coisas através de teorias e de interpretações, o indivíduo mostra-se como um agente, e já não como um paciente. Por conseguinte, o ser humano é visto sob duas perspectivas: quanto mais permanece ligado à empiricidade, menos é culturalmente ativo; quanto mais submete o mundo à sua reflexão, menos é culturalmente passivo. O nível dos códigos fundamentais e o mundo das teorias abstratas dão-lhe graus de atividade diferentes.

---

1 LÉVI-STRAUSS, Claude. *Anthropologie structurale*. Paris: Plon, 1958, p. 389. Lévi-Strauss cita em inglês, tradução nossa.

Se Foucault tivesse se limitado a estabelecer essa distinção, teria dado provas de um olhar bastante ingênuo. A ideia clássica do objeto passivo e do sujeito ativo, tal como a da conquista da atividade e da autonomia pelo conhecimento, reaparecem aqui com toda a clareza. O empírico continua a ser o lugar do particular e do contingente, em frente ao qual o teórico se apresenta como o campo possível de superação desses limites pela constituição, ainda que apenas tendencial, de um saber universal e necessário. Ora, essa retomada das concepções antigas é apenas o primeiro passo para lhes retirar importância. Foucault não dialetiza as relações entre os dois estratos, coisa que o lançaria num pensamento do sujeito-objeto e da atividade-passividade, mas adota outra estratégia, por meio da qual a bipartição muda de natureza sem, com isso, se desfazer. Essa estratégia avança por etapas.

Em primeiro lugar, trata-se de chamar a atenção para outro nível da cultura, distinto dos códigos fundamentais e das teorias abstratas:

> entre essas duas regiões distantes, escreve, reina um domínio que, pelo fato de ter sobretudo um papel de intermediário, não é menos fundamental: é mais confuso, mais obscuro, sem dúvida menos fácil de analisar. É aí que uma cultura, afastando-se insensivelmente das ordens empíricas que lhe são prescritas pelos seus códigos primários, instaurando uma primeira distância em relação a eles, perde a transparência inicial, cessa de se deixar atravessar passivamente por eles, desprende-se dos seus poderes imediatos e invisíveis, liberta-se o suficiente para verificar que essas ordens talvez não sejam as únicas possíveis nem as melhores; de tal modo que se vê diante do fato bruto de que há, abaixo dessas ordens espontâneas, coisas que são elas próprias ordenáveis, que pertencem a uma certa ordem muda, numa palavra, que *há* ordem (*MC*, 12).

O agente de todo esse movimento, a cultura, afasta-se, instaura-se, desprende-se, liberta-se. Realiza essas operações no interior de si própria: começa por se afastar da sua posição natural imposta pelo seu sistema primário, emancipa-se assim das grelhas empíricas. Essa emancipação é uma separação da imediatez, é um tornar-se ativa ou autônoma contra a posição inicial de passividade: ela cessa de se deixar atravessar passivamente. De súbito, a cultura adquire uma significação distinta da colhida na antropologia: já não representa o conjunto dos dois níveis precedentes, mas designa antes o plano superior, menos fundamental, mais teórico ou explicativo. O que se afasta pouco a pouco dos códigos empíricos não é o conjunto da cultura, mas é o reino do saber científico e filosófico. De tal modo que a cultura é dotada de uma mobilidade endógena, e de forças que ora se combinam ora se repelem. Estamos diante de uma verdadeira dinâmica da cultura.

A etapa seguinte consiste em trazer a ambiguidade para o lugar que ela ocupa na partição do todo, o terceiro nível que acaba de ser explicitado. Esse lugar é tudo menos evidente. Dado que esse nível estabelece a relação entre os dois outros, ele é um intermediário. Contudo, dado que se encontra debaixo do imediato, não é menos fundamental. Como interpretar essa ambivalência entre o meio caminho e o fundo? Para a cultura considerada na sua viagem interior, o terceiro plano não é um ponto de partida, mas um ponto de chegada: é pela sua mobilidade própria que ela o descobre – melhor, que ela o entrevê, dado que se apresenta primeiramente como um reino mais confuso, mais obscuro, sem dúvida menos fácil de analisar. Talvez essa ambiguidade decorra de estarmos diante de um intermediário na estratégia de argumentação, e que, assim que seja atingido um derradeiro limiar, a situação se clarificará. Antes que isso aconteça, este segundo passo atribui já um novo lugar aos códigos culturais: estes, que no início eram *fundamentais*, agora são apenas *espontâneos* – *debaixo* deles, *há* ordem. Só depois desta inversão é que o último passo pode finalmente ser dado. Eis como:

> De maneira que esta região “mediana”, na medida em que manifesta os modos de ser da ordem, pode ser vista como a mais fundamental: anterior às palavras, às percepções e aos gestos dados como capazes de a traduzir com mais ou menos exatidão ou felicidade (é por isso que essa experiência da ordem, no seu ser massivo e primeiro, desempenha sempre um papel crítico); mais sólida, mais arcaica, menos duvidosa, sempre mais “verdadeira” do que as teorias que tentam dar-lhe uma forma explícita, uma aplicação exaustiva, ou um fundamento filosófico. Assim, em toda a cultura, entre o uso do que se poderia chamar os códigos ordenadores e as reflexões sobre a ordem, há a experiência nua da ordem e dos seus modos de ser (*MC*, 12-13).

A ambivalência entre o meio caminho e o fundo se desfaz: era apenas uma primeira impressão. Mas essa reviravolta final, no fim daquilo que aparentemente era o mais incompreensível a vir ocupar o lugar do fundo, tem uma contrapartida: as duas outras camadas sobem à superfície. Os códigos fundamentais (que se tornaram ordens espontâneas) e as teorias gerais da ordenação das coisas (*MC*, 12) apoiam-se doravante num mesmo alicerce.

Em suma, contrariamente ao que se poderia crer, o fundo e a superfície do saber não são os códigos fundamentais e o reino teórico, respectivamente. De fato, eles pertencem ambos à camada superficial, sendo a base ocupada pela região que primeiramente apareceu como mediana. Por outras palavras, o saber só fica definitivamente constituído por dois planos depois de um processo em que ele aparecia dividido em três planos.

É essa a resposta à questão da origem conceptual da bipartição epistemológica, a qual resulta de uma mudança de perspectiva, ou daquilo que Foucault designará mais tarde por "deslocação teórica" (*UP*, 12). Esta procede pela introdução de um plano intermediário entre as duas camadas comumente reconhecidas como constitutivas da cultura. Este plano vem finalmente ocupar o lugar fundamental, sendo os dois outros remetidos para a superfície e, ao mesmo tempo, para uma forma de dependência com relação ao primeiro. Resta saber se uma reviravolta do mesmo gênero tem lugar no poder e na ética.

3. A disposição, princípio epistemológico da ordenação

A ordem do saber não é uma coisa no meio de outras. É antes o que permite a todas as coisas que elas apareçam em relações coerentes. É por isso que Foucault lhe chama a mesa, o espaço de distribuição ou ainda o solo epistemológico (*MC*, 11-12). Todavia, esse solo não sustenta nada passivamente. Pelo contrário, liberta a ordem no seu próprio ser (*MC*, 12). O modo de ser das positividades, as relações entre elas, a sua história e mesmo o simples fato da sua existência dependem desse gesto que *liberta* a ordem. Assim, os textos das ciências permanecem sempre na dependência daquilo que os torna possíveis.

Compreende-se então a importância da palavra *disposição*, como nesta passagem de *As Palavras e as coisas*:

> Os homens dos séculos XVII e XVIII não pensam a riqueza, a natureza ou as línguas com o que lhes tinham deixado as épocas precedentes

> e na linha do que em breve seria descoberto; pensam-nas a partir de uma disposição geral, que não lhes prescreve apenas conceitos e métodos, mas, mais fundamentalmente, define um certo modo de ser para a linguagem, os indivíduos da natureza, os objetos da necessidade e do desejo; esse modo de ser é o da representação. A partir disso aparece todo um solo comum em que a história das ciências figura como um efeito de superfície (*MC*, 221).

O conhecimento dos objetos, mais exatamente a sua constituição como objeto para um conhecimento, supõe a disposição que os precede e de que eles dependem. É por isso que as mesmas palavras podem servir para designar, em momentos e sistemas epistemológicos distintos, "seres radicalmente diferentes" (*MC*, 229). Por exemplo, a arqueologia mostra como a palavra *trabalho* não designa o mesmo objeto de conhecimento positivo, ou até o mesmo conjunto conceptual e relacional, na idade clássica e na modernidade (*MC*, 233-238). Mais ainda, esforça-se por capturar o que permite instaurar essa diferença: o trabalho clássico e o trabalho moderno são da esfera de duas disposições distintas. Numa palavra, o modo de ser dos objetos do conhecimento não assenta nem na estrutura do sujeito nem nos métodos empregados para os compreender, mas na organização da disposição do saber que os subentende.

Por outro lado, a disposição é condição de possibilidade não somente dos objetos, mas ainda do sujeito e dos métodos e conceitos empregados. No esquema arqueológico, nem o sujeito nem o objeto têm a primazia. Fundamentais são as condições extrínsecas a um e a outro e que tornam possíveis a sua existência e que eles entrem em relação. Conhecer é uma atividade que depende sempre de outra coisa que não é uma faculdade do sujeito ou uma determinação do objeto. O sujeito, o objeto e as relações entre eles existem apenas num plano secundário, superficial, derivado do alicerce que é o único a permitir o seu encontro, e até a sua definição nesse encontro. O plano da disposição precede tudo o que pode existir concretamente no campo do saber, e é por isso que Foucault lhe chama um *a priori*.

Agora, essa primazia tem o duplo sentido de uma abertura e de um fechamento. É manifesto, no extrato citado, que é uma abertura: o ser humano não seria capaz de pensar a partir de uma disposição geral se esta *não se desse a pensar*, se não providenciasse, para o conhecimento, um domínio de objetos suscetíveis de serem ordenados. Convém compreender esta abertura em toda a sua potência, dado que ela condiciona não somente as respostas de saber, mas também as questões, ou o fato de que qualquer coisa ponha um problema. Acerca de certas interrogações sobre a linguagem em Nietzsche e Mallarmé, Foucault escreve:

> Essas questões, sabemos agora de onde provêm. Foram tornadas possíveis pelo fato de que no começo do século XIX, tendo-se a lei do discurso separado da representação, o ser da linguagem ficou como que fragmentado (*MC*, 317).

Um novo questionamento é ocasionado pela metamorfose da disposição de que depende. Os problemas, tal como as soluções que lhes são dadas, as formas teóricas que os sistematizam e ainda a história das suas formas enquanto história das ciências, pertencem todos à superfície epistemológica. São efeitos e não mais do que isso, efeitos que manifestam a instância da doação.

Mas a anterioridade da disposição deve também ser interpretada como um fechamento. A partir do momento em que a abertura é concebida como prescrição, não devemos nos admirar que nem tudo possa ser prescrito ao mesmo tempo. O que uma disposição autoriza em uma época não é aquilo que dará lugar a outra noutro momento. Pela mesma razão, uma disposição nova excluirá conhecimentos que, antes dela, pareciam verificados e sólidos. A morte da gramática geral, da história natural e da análise das riquezas no limiar do século XIX é um exemplo apreciado por Foucault para ilustrar o fechamento implicado pelo fundo.

Abertura e fechamento são, portanto, correlativos: se, por um lado, tudo o que é pensado numa era epistemológica só pode ser pensado a partir de uma organização do fundo, por outro lado haverá coisas que não poderão ser pensadas nem sabidas porque a disposição não as comporta. A disposição é simultaneamente uma abertura à produção de conhecimentos, de sentido e de verdade, e um fechamento às possibilidades que não concordam com ela.

A isto acresce que as determinações superficiais decorrem de maneira *necessária* da ordem fundamental. Foucault afirma-o explicitamente e leva até as últimas consequências o caráter impositivo da disposição:

> Ao nível de uma história das opiniões, tudo isto aparece como um encadeamento de influências, onde sem dúvida seria preciso fazer aparecer a parte individual que se deve a Hobbes, Berkeley, Leibniz, Condillac, aos Ideólogos. Mas se interrogarmos o pensamento clássico ao nível do que arqueologicamente o tornou possível, apercebemo-nos que a dissociação do sinal e da semelhança no começo do século XVII fez aparecer essas figuras novas que são a probabilidade, a análise, a combinatória, o sistema e a língua universal, não como temas sucessivos, engendrando-se ou perseguindo-se uns aos outros, mas como uma rede única de necessidades. E é isso que tornou possíveis essas individualidades que chamamos Hobbes, ou Berkeley, ou Hume, ou Condillac (*MC*, 77).

Neste extrato, as teorias a que esses nomes são associados permanecem inelutavelmente na dependência da ordem do saber, pelo fato de encontrarem nela a sua origem. Mas a partir do momento em que essa origem se desvela como uma rede única de necessidades – um conjunto de linhas que simultaneamente se entrecruzam, ocupam todo o espaço da produção de conhecimento e impõem a cada determinação particular o seu modo de ser –, então já não há qualquer dúvida de que o fundo do saber não é uma pura origem, mas é a base que permanece e a que as individualidades, por grandes ou excepcionais que pareçam, devem em todo caso ser reconduzidas. Em suma, aquilo que a condição de possibilidade dá à existência, o faz de maneira *profundamente* necessária.

Olhando para esta relação no sentido inverso, nada pode aparecer que não esteja de acordo com as linhas da disposição. Enquanto fechamento, esta é uma exclusão de efetividades. Assim, Foucault nunca diz que os conhecimentos antes aceitos como verdadeiros eram, afinal, erros ou ilusões. De igual modo, Foucault não compreende os contornos de uma teoria como limites que o seu autor *não soube* ultrapassar. De fato, conhecimentos e teorias só podem ser aquilo que são porque sua dependência relativa ao que as torna possíveis põe imediatamente fora de jogo outras eventualidades que por acaso as seguirão.

Dito isto, surge um novo problema, o do caminho de retorno, levando da superfície ao reino das condições de possibilidade. Se há doação do fundamental ao manifesto, pode ser que do segundo para o primeiro o caminho esteja barrado. Um exemplo para determinar ao certo esta dificuldade; num parágrafo célebre, Foucault escreve:

> No nível profundo do saber ocidental, o marxismo não introduziu nenhum corte real; instalou-se nele sem dificuldade, como uma figura cheia, tranquila, confortável e, por minha fé, satisfatória por algum tempo (o seu), no interior de uma disposição epistemológica que o acolheu favoravelmente (dado que foi ela, justamente, que abriu um lugar para ele) e que ele não tinha, em contrapartida, o intuito de perturbar, nem sobretudo o poder de alterar, nem por um milímetro, porque assentava inteiramente nela. O marxismo está no pensamento do século XIX como peixe na água: quer dizer que em qualquer outro lado deixa de respirar. Se se opõe às teorias "burguesas" da economia, e se nessa oposição projeta contra elas uma reviravolta radical da História, esse conflito e esse projeto têm por condição de possibilidade não a retomada de toda a História, mas um acontecimento que toda a arqueologia pode situar com precisão e que prescreveu simultaneamente, sob o mesmo modo, e economia burguesa e a economia revolucionária do século XIX. Os seus debates podem ter provocado algumas ondas e desenhar rugas na superfície: são apenas tempestades num copo de água (*MC*, 274).

Constatamos de novo que uma teoria tem por base um estado de coisas que a precede e a torna possível. Torna-se então manifesto em que medida Foucault imagina verdadeiramente sua obra como um antimarxismo *radical*, que não se opõe a este último num plano superficial, como fazia a economia burguesa. Estritamente falando, a partir do momento em que se coloca num nível distinto do nível do marxismo, *já não se opõe* a ele. E é efetivamente quanto a esta relação que Foucault fixa para si duas tarefas. Primeiramente, situar com precisão as condições de possibilidade do marxismo com o intuito de incluí-lo numa ordem que Marx desconhecia, mas que era a única a torná-lo possível. Em segundo lugar, atacar o marxismo pela base, reconduzindo-o aos limites de uma ordem à beira da ruína: o fim dessa *épistémè* é também o fim do tempo durante o qual o marxismo pôde viver. A sua longevidade termina com a disposição que o viu nascer.[2]

Não é tudo. Neste extrato percebemos que o marxismo ignora a existência de um nível arqueológico. *A fortiori*, não pode aspirar a alcançá-lo. Mas mesmo que tivesse essa ambição, lhe faltariam

---

2 É a resposta a Althusser, que apresentava a obra de Marx como uma ruptura epistemológica radical no campo da economia e da "história do *Teórico*". Althusser *et al. Lire le Capital*. Paris: PUF, 1996 (1965), p. 357.

meios para o fazer, porque é fixado, na sua forma, por esse nível que desconhece. Neste sentido, e ao contrário do movimento de abertura finita que parte da raiz para a superfície, a descida às profundezas é impossível.

Tudo isso se deixa resumir na ideia de que a disposição acolhe favoravelmente uma teoria *dado que* abra espaço para ela. Sobre este fenômeno, que tem lugar no interior de uma disposição epistemológica, sabemos duas coisas, que são afinal a mesma, olhada de pontos de vista opostos. De um lado, há uma aceitação benevolente de um elemento novo por um espaço organizado que já existe. De outro lado, a hospitalidade da disposição é marcada pelo fato de que é ela, pela sua organização, que permite que esse novo corpo venha à luz do dia. Em ambos os casos, a primazia do fundo sobre a teoria é inegável. A tal ponto que somos obrigados a aceitar que a própria atualidade de uma teoria depende irremediavelmente de alguma coisa que a precede, que ela desconhece e que não seria capaz de alterar.

Se tomarmos o caso do marxismo como paradigma, decorre da análise arqueológica que é em vão que uma teoria (marxista ou outra) possa pretender revolucionar a disposição do saber. Com maioria de razão, não conseguirá instaurar uma ordem epistemológica nova. No entanto, escrevendo isto, estamos confrontados com uma ordem do saber que é inviolável. Com efeito, uma teoria é acolhida por uma disposição que, simultaneamente, lhe abre o caminho e a organiza; se, por isso mesmo, essa teoria é incapaz de modificar a ordem existente por um milímetro que seja, então a disposição aparece como intangível. Espreita uma suspeita, segundo a qual essa disposição não é suscetível, na sua dimensão radical, de ser transformada por uma ação exógena, nos perguntamos até em que condição ela se deixaria alcançar partindo da superfície, por exemplo, para *ser conhecida*. Porque as características postas à luz até o presente, quer dizer, a conjunção do fechamento com a inviolabilidade, põe-nos diante de uma organização primitiva que é *irresistível*.

Quanto à questão de saber que relação existe entre os dois níveis epistemológicos, somos levados a uma dupla resposta. Por um lado, o fundo torna possível a superfície no modo da necessidade formal, na medida em que todas as determinações epistemológicas pertencem formalmente a um quadro geral que as precede, ou um *a priori* que torna possíveis certas formações e teorias e elimina outras. É o que resumem os conceitos de abertura e de fechamento.

Por outro lado, o acesso ao fundo não está imediatamente aberto ao pensamento, e muitas teorias não conseguem aceder totalmente a ele. De fato, só a arqueologia parece suscetível de preencher essa lacuna. Mas é justamente por isso que a sua possibilidade põe problema. Que espécie de método é a arqueologia que escapa do fechamento do fundo, e isso por dois caminhos: desvendando-o e pretendendo limitar a sua duração e a sua validade? Voltaremos a esta questão crucial.

*

A arqueologia das ciências humanas aborda o saber sob o esquema da bipartição. Distingue um fundo e uma superfície epistemológicos e, independentemente de uma certa ambiguidade inicial, acaba por se interessar pelo primeiro em detrimento da segunda. Este plano preponderante determina-se como disposição, ordenamento que durante um certo tempo torna possíveis e subentende as relações entre conceitos, objetos e métodos das ciências.

Mas a bipartição arqueológica não é imediata. Supõe a deslocação realizada a partir de um outro seccionamento entre os códigos fundamentais da cultura e as teorias explicativas abstratas. Um terceiro plano emerge, apresentando-se de início como intermediário, para ser por fim considerado como fundamental. Este plano é o de uma ordem não somente independente dos polos que colocará em contato, mas que concede a esses polos os seus modos de existência.

Estando então estabelecida esta partição e aclarado o caminho para chegar a ela, podem ser compreendidos os dois sentidos mais importantes da preeminência do fundo sobre a superfície. Por um lado, ela significa uma abertura de possibilidades, por dar a conhecer os seres de que haverá ciência. Por outro, tem o sentido de um fechamento, na medida em que rejeita toda a teoria que não esteja de acordo com ela.

Contudo, outro aspecto dessa correlação é revelado pela oposição entre o marxismo e a arqueologia. Este ignora o seu estatuto de teoria tornada possível pela abertura da disposição fundamental, e ignora também, consequentemente, que o caminho para transformar esta última lhe está barrado. Pelo contrário, a arqueologia, dado que revela esse plano radical, pode lançar contra ele a palavra da desordem heterotópica. Para ela, o caminho do retorno ao fundo parece duplamente aberto, como conhecimento e como crítica. Vejamos agora como estes temas são tratados dez anos mais tarde, nos livros sobre o poder-saber.

CAPÍTULO II
Vigiar e punir e *A Vontade de saber*: a dissolução do laço clássico entre os súditos e o soberano

Na contracapa de *Vigiar e punir*, Foucault escreve a seguinte frase: "O século XVIII inventou certamente as liberdades; mas deu-lhes um subsolo profundo e sólido – a sociedade disciplinar a que continuamos a pertencer".

Estas palavras condensam a tese mais retumbante do seu primeiro livro escrito a partir do campo do poder-saber. Põem em relevo as liberdades e as disciplinas, ao mesmo tempo que modificam a ordem em que, talvez com demasiada pressa, arrumaríamos. Trata-se de uma simples permutação dos termos? Entre esses dois polos estabelece-se uma relação precisa e explícita: um é o "subsolo profundo e sólido" do outro. Não podem, portanto, ter a mesma importância, devendo um subentender o outro e, num sentido que será preciso clarificar, precedê-lo. Essa anterioridade não é simplesmente temporal. Aparece mais como ligada a um ato de fundação: as liberdades têm o seu fundamento nos regulamentos. É porque a sociedade foi atravessada por estes últimos nas práticas e nas teorias que a definem da maneira mais duradoura que as suas liberdades puderam ser inventadas. Esta passagem remete-nos para a preeminência da relação entre o fundo e a superfície que marcava já o domínio epistemológico.

Aqui está algo que nos convida a declinar uma segunda vez às questões postas inicialmente sobre a presença e papel dessa relação. Como é que ele se determina no novo campo do poder-saber? Foucault teria tido necessidade de empreender outra deslocação teórica para chegar a essa compreensão da ordem política? Se for o caso, essa deslocação será comparável à realizada no domínio precedente? E que relação têm entre si esses dois planos? Podemos compreendê-la em termos de abertura e fechamento, tal como fizemos antes?

1. Os efeitos do poder são nomes reais: as liberdades, a alma e a sexualidade

Diz-se habitualmente que não pode haver liberdade sem disciplina, tomando neste caso essa palavra o sentido vulgar da ordem civil e do respeito das suas prescrições. Todavia, ao referir-se às *disciplinas*, Foucault já não se coloca nesse nível geral, mas introduz no poder de agir um elemento que não é jurídico nem moral. Esse elemento que, portanto, não depende nem da lei geral que rodeia a ação nem da consciência moral daquele que age, é propriamente constitutivo do sujeito.

Declarar que não há liberdades sem disciplinas e não acrescentar imediatamente a recíproca equivale a declarar que estas últimas são a condição pela qual aquelas são possíveis. O mesmo é dizer que, nas relações entre disciplinas e liberdades, são aquelas que dominam: elas são o "subsolo profundo e sólido" destas. A partir do momento em que Foucault enuncia as suas ligações nestes termos, o caminho está aberto para um pensar da bipartição.

No entanto, a frase citada não nos ensina nada de mais preciso com relação a isso. Não explica se as liberdades são um efeito da sociedade disciplinar, que seria a sua causa, ou se essa sociedade seria apenas o espaço que as tornaria possíveis. Porém, uma coisa é certa: as liberdades destacam-se sobre um fundo de disciplinas. O terreno imediatamente visível para história e a teoria da modernidade, a superfície luminosa sobre a qual se puderam ler os sinais do progresso social e político, tornam-se menos brilhantes quando é posto em evidência o seu subsolo, até então invisível como tal.

Vimos mais acima como eram remetidos para a superfície do saber não somente a história das ciências, mas ainda as próprias ciências. Em que sentido agora as liberdades aparecem à superfície do poder? A passagem citada estabelece antes de mais nada uma relação de ordem: os entes à superfície não são menos reais, mas apenas menos importantes do que as suas condições de fundo. Contudo, essa diferença de valor proporciona a ocasião para um distanciamento crucial que, ainda que não afete o grau de realidade da coisa, se refere de fato à sua natureza. Porque por mais reais que sejam, os efeitos de superfície não pertencem ao mesmo grau daquilo que lhes serve de base.

Consideremos a "alma" moderna. Em *Vigiar e punir*, Foucault considera-a como ponto de apoio para o exercício do poder punitivo. A transformação do regime penal no fim da época clássica (as últimas décadas do século XVIII) põe fim ao regime dos suplícios. A partir desse momento, a justiça, em lugar de submeter os condenados a castigos físicos cruéis, punirá principalmente pela reclusão; em lugar de supliciar o corpo, pretenderá repreender e castigar a alma. No entanto, ao lado desse exercício da justiça, desenvolve-se um conjunto díspar de técnicas de vigilância e de adestramento dos corpos individuais, empregadas nos domínios mais diversos: o exército, a escola, a fábrica, o hospital, a cidade. A tal ponto que a punição da alma, entendida como princípio dos bons e maus comportamentos do indivíduo, é acompanhada por uma produção de individualidade por meio dos procedimentos de hierarquização, de organização do tempo e do espaço, de exame dos saberes e dos comportamentos – numa palavra, por aquilo que *Vigiar e punir* chama o exercício de uma tecnologia de poder. Essa tecnologia só pode constituir as almas individuais na condição de tomar como alvo, mas de outra maneira, os corpos. Isso quer dizer que as primeiras seriam menos reais do que os últimos? A resposta de Foucault é negativa:

> Não se deve dizer que a alma é uma ilusão, ou um efeito ideológico. Mas antes que ela existe, tem uma realidade, é produzida em permanência, em redor, à superfície, no interior do corpo pelo funcionamento de um poder que se exerce sobre aqueles que são punidos (*SP*, 34).

Contra os que pretendem que a alma é um significante sem significado, está aqui o reconhecimento da sua efetividade. Ela é, decerto, uma realidade produzida, mas uma realidade apesar de tudo. Explicitamente, Foucault distancia-se relativamente à noção de ideologia: tal como, por se encontrarem na superfície epistemológica, as ciências e a sua história não se tornam menos reais do que anteriormente, assim a alma e as liberdades não se tornam nem mais nem menos reais pelo fato de que doravante se inscrevem numa camada exterior e secundária do poder.

Foucault qualifica essa alma como histórica (*SP*, 34), ao mesmo tempo que lhe retira definitivamente o estatuto de entidade primeira: "Essa alma real, e incorpórea, de modo algum é substância; é o elemento onde se articulam um certo tipo de poder e a referência de um saber" (*SP*, 34).

Compreende-se assim que coloque a palavra entre aspas: estas indicam que não se trata da alma clássica nem de alma dos teólogos, mas sim daquela de que os mecanismos em ação numa sociedade dotam cada indivíduo, e que dispõe neste último automatismos de comportamento e de pensamento. Tudo o que tem a ver com a "alma", portanto, é da esfera de outra coisa que lhe é prévia.

O modo de existência da superfície do poder ganha os seus primeiros contornos: à existência dos objetos que aí aparecem associa-se o seu caráter de produtos. Ao mesmo tempo, a fonte dessa segunda efetividade perfila-se como trabalho articulado de técnicas de produção políticas, ou seja, de poder-saber.

Se considerarmos agora *A Vontade de saber*, recordaremos que o eixo do raciocínio já não é aí a "alma moderna", mas a "sexualidade". Neste caso também, não a sexualidade como substância primeira, mas como lugar de articulação de outras coisas que constituem um cruzamento de linhas de força. O mesmo é dizer que ela não é um ponto de partida, mas antes um resultado:

> Esta [a sexualidade], não devemos conceber como uma espécie de dado da natureza que o poder tentaria dominar, ou como um domínio obscuro que o saber tentaria, pouco a pouco, desvendar. É o nome que se dá a um dispositivo histórico: não realidade sob a qual se exerceriam atuações difíceis, mas grande rede de superfície onde a estimulação dos corpos, a intensificação dos prazeres, a formação dos conhecimentos, o reforço dos controles e das resistências, se encadeiam uns com os outros, segundo algumas grandes estratégias de saber e de poder (*VS*, 139).

A sexualidade assim compreendida acompanha as liberdades e a alma moderna na sua pertença à superfície do poder-saber. Se elas têm um fundo – e o nosso ponto de partida é que tem um, profundo e sólido –, este não poderá ser da mesma espécie que elas: aquilo sobre o que se assenta a sexualidade nada tem de sexual, quer se tome esta palavra sob o ângulo físico quer sob o ângulo psicológico. Assim, ela não poderá ser compreendida *profundamente* enquanto for olhada como um objeto primeiro. Dizer, pelo contrário, que é um nome, não significa que seja uma palavra vazia, não designando nada. Corresponde, decerto, a um significado, mas a natureza deste último não se deve confundir com o nome que se lhe atribui: o objeto para que remete o nome "sexualidade" não é sexual, mas sim político. É um dispositivo.

Mais uma vez, a superfície a que pertence esse dispositivo não é irreal. Se, todavia, é o lugar de uma ilusão, esta não tem por objeto a existência dos entes que nela se inscrevem, mas a sua natureza. De fato, as liberdades e a alma moderna existem tanto como a sexualidade. É um engano, no entanto, tomá-las por aquilo que os seus nomes designam. Nesta deslocação das significações, a sexualidade já não remete ao sexo, a alma já não tem que ver com o divino ou o intangível no indivíduo, e as liberdades já não são as determinações temporais de um encaminhamento da humanidade para o fim da servidão. São resultados dos mecanismos que as fazem existir.

Por outras palavras, o que os seus nomes designam é menos um ente ou uma substância do que o entrecruzamento de relações de sentido e de força, um resultado complexo, mas absolutamente real – um dispositivo. De tal modo que a superfície do poder pode ser compreendida como um plano em que os entes se inscrevem, as relações se estabelecem e transformam, sem que com isso esses entes remetam unicamente a si mesmos, ou sem que o seu sentido possa ser desvelado neles. Para os compreender, é indispensável descer para além deles e penetrar o fundo de que dependem.

Desse modo, uma coisa é clara: Foucault não escreve a história da prisão nem a história da sexualidade moderna sem reencontrar a linguagem específica da espessura. A superfície engana deliberadamente a natureza e a importância do que esta dá a ver. O fundo é reclamado com vista a uma compreensão da multiplicidade das formas simultâneas, compreensão que deseja ir além da sua dispersão. Esta é uma primeira perspectiva de conjunto sobre como funciona a relação fundamental no campo político.

2. A SEGUNDA DESLOCAÇÃO METODOLÓGICA E O ESTATUTO DAS TECNOLOGIAS POLÍTICAS DOS CORPOS

Tal como o saber, o poder é também o lugar de uma reviravolta. As disciplinas generalizadas no século XVIII foram a base das liberdades políticas de que ainda desfrutamos. Para além disso, a implantação dessas disciplinas produziu a alma moderna, uma alma *geral*, dado que por ela todos os indivíduos são iguais na sua humanidade e, por consequência, igualmente acessíveis a uma sanção diferente do suplício; mas também uma alma *individual*, produzida caso a caso por esses procedimentos de observação minuciosa do detalhe que são os mecanismos de adestramento dos corpos (*SP*, 143). No entanto, essa produção simultânea de generalidade e de individualidade deixa-nos perante uma constatação de outro gênero: se o indivíduo portador de direitos e desfrutando de liberdades é um produto do poder-saber que o fabrica, então já não é o indivíduo que funda a política, mas é a política que funda o indivíduo. A concepção do fundo e da superfície do poder liga-se imediatamente a uma inversão.

Na relação entre o indivíduo e a política, portanto, Foucault não segue os modelos consagrados. Aristóteles ligava o cidadão ao governo e perguntava-se como a virtude do primeiro devia harmonizar-se com o exercício do poder pelo segundo.[1] Os contratualistas vinculavam os súditos ao soberano e procuravam os princípios racionais da transmissão do poder dos primeiros para o segundo. Tanto num caso como no outro, o poder caracteriza-se pela existência de dois elementos diretamente associados numa relação vertical.

Pensemos agora no marxismo, segundo o qual a história é o terreno da luta de classes. Estas, diria Foucault, não são menos concebidas verticalmente, como grupo minoritário dos proprietários e grupo maioritário dos não-proprietários. O que se joga nessa luta é o controle do poder de Estado, ponto de apoio para a manutenção ou o derrube da estrutura proprietária. De tal modo que uma conjunção imediata como a que encontrávamos em Aristóteles e nos contratualistas se mantém, embora metamorfoseada.

Uma primeira originalidade de Foucault é partilhar o poder de outra maneira, introduzindo entre os governantes e os governados, ou entre o soberano e os súditos, ou ainda entre os dominantes e os dominados, uma região nova e complexa que ele chama a tecnologia política dos corpos. Desfaz assim o acoplamento imediato entre os dois elementos classicamente constitutivos da política. Mas uma segunda originalidade tem a ver com o destino que, no seguimento, dará a esses elementos. Decerto, a tecnologia política dos corpos ocupa o lugar

1 Aristóteles, *Política*, III, 1-4.

fundamental do poder. Todavia, dado que à partida ela se apresentava como um entre-dois, quer dizer, como um intermediário, ela é em seguida transformada num elemento fundador. Por qual deslocamento veio ela a ocupar esse lugar?

Uma importante passagem para o compreender é a seguinte, extraída de *Vigiar e punir*:

> pode existir um "saber" do corpo que não é exatamente a ciência do seu funcionamento, e um domínio das suas forças que é mais do que a capacidade de vencê-las: esse saber e este domínio constituem o que se poderia chamar a tecnologia política do corpo. [...] Além disso, não podemos localizá-la nem num tipo definido de instituições nem num aparelho estatal. Estes recorrem a ela; utilizam-na, valorizam-na ou impõem alguns dos seus procedimentos. Mas ela própria, nos seus mecanismos e nos seus efeitos, situa-se num nível inteiramente diferente. Trata-se de certa maneira de uma microfísica do poder que os aparelhos e as instituições põem em jogo, mas cujo campo de validade se coloca de algum modo entre esses grandes funcionamentos e os próprios corpos com a sua materialidade e as suas forças (*SP*, 31).

Essas linhas nos ensinam duas coisas sobre a tecnologia política. Em primeiro lugar, a sua composição: ela não é nem uma ciência objetiva e abstrata, condensada em leis e princípios formais, nem uma forma nua de dominação pela força, que reduziria os indivíduos à escravidão. Pelo contrário, é simultaneamente um conhecimento empírico, que permanece bem próximo da experiência, e uma maneira de impor sutilmente a ordem por meio de intervenções no terreno prático.

Enquanto tecnologia é um saber de certas técnicas, o que faz com que, nela, as vertentes teórica e prática estejam estreitamente associadas, política cruza simultaneamente os domínios do poder e do saber, de que constitui a mais importante relação. O alvo da sua atuação é moldar os corpos com vista a dispô-los à produção e à reprodução (*SP*, 30). Sendo assim, nas relações de poder e de assujeitamento, o laço entre a tecnologia política dos corpos e a disposição dos indivíduos se torna evidente: essa tecnologia é indutora de disposições para agir ou padecer de certas maneiras, é o meio de obter uma aptidão geral pela fabricação de individualidades que se assemelham. O seu papel é normalizar.

Em segundo lugar, a passagem citada nos ensina alguma coisa sobre o lugar ocupado pela tecnologia: esta não se encontra ao lado do Estado e das instituições, antes existe a um nível inteiramente diferente. Qual é ele? De um lado, é um entre-dois, no sentido em que se encontra entre as instituições que se servem da tecnologia e os corpos que tratam de dominar. De outro lado, está na base; além de permitir as relações entre as instituições e os corpos, torna possível que cada elemento se defina na relação como instituição, corpo, Estado ou indivíduo. Reencontramos, assim, a ambiguidade que caracterizava, no início, a partilha do saber, onde o plano decisivo, "por ter sobretudo um papel de intermediário, não [era] menos fundamental". Da mesma maneira, no poder, as tecnologias que existem entre os grandes funcionamentos e os corpos encontram-se, para a compreensão do todo, no plano da profundidade. Isso significa duas coisas: primeiro, no saber como no poder, a incerteza resolve-se em proveito do fundo; e depois, nos dois casos também, esse fundo é um intermediário, é uma relação. Assim, a mediação torna-se fundadora, a região que assegurava a comunicação entre os dois níveis tradicionais metamorfoseia-se em plano decisivo.

Em outro texto da mesma época de *Vigiar e punir*, Foucault dá a seguinte deslocação dessa formulação:

> Seria preciso estudar o poder, não a partir dos termos primitivos da relação, mas a partir da própria relação na medida em que é ela que determina os elementos sobre o que incide (*DS*, 239).

O mesmo é dizer que as instituições e os indivíduos, os dominantes e os dominados, o soberano e os seus súditos são todos destituídos dos seus papéis preeminentes: a partir do momento em que a relação se torna fundadora, os seus polos acedem a um plano secundário, o da imediatez.

Mais ainda, reenviando todos esses elementos para a superfície como efeitos ou produtos da relação política, Foucault junta-lhes as teorias que têm a ver diretamente com eles. Entendamos por isto as que tomam por objeto a soberania ou então o poder como propriedade. Não é disso que se trata em *A Vontade de saber*, quando ele pretende que "no pensamento e na análise política, ainda não se cortou a cabeça do rei"? A teoria do poder continua assombrada pelas questões "do Estado e da soberania (mesmo que esta já não seja interrogada na pessoa do soberano, mas num ser coletivo)" (*VS*, 117). O falso nestas questões é que elas põem no centro da política uma relação imediata do dominado com o dominante, ao passo que as relações de poder "descem longe na espessura da sociedade, [...] não se localizam nas relações do Estado com os cidadãos ou na fronteira das classes" (*SP*, 32). O que pode haver de secreto ou enigmático nessas relações não é, portanto, detectável por uma teoria da soberania individual nem por uma concepção do soberano coletivo entendido como povo. O poder soberano e as teorias que o têm por objeto são todas igualmente para abandonar. Ocupando o lugar central, a tecnologia retira o Estado e o controle dos seus mecanismos, o estatuto de pedra de fecho da política. O poder não é uma exclusividade nem sequer um privilégio de certas instituições, ou ainda da totalidade do Estado. Não é uma propriedade (*VS*, 123). A partir daí, já não está em questão nos apropriarmos dele. Ocupar-se da soberania, antes de tudo o mais, é fazer a teoria do acessório.

Para resumir tudo isso numa frase, digamos que a relação de poder não é imediata. Mas tampouco é transparente, diretamente acessível ao discurso. Se, apesar da sua sutileza, as teorias da soberania continuam a ser superficiais, é porque permanecem cegas à tecnologia que liga os corpos aos grandes funcionamentos. Não temos, contudo, de nos espantar, dado que

> essa tecnologia é difusa, raramente formulada em discursos contínuos e sistemáticos; ela compõe-se frequentemente de fragmentos e pedaços; põe em marcha ferramentas ou procedimentos desconexos. É apenas e na maior parte dos casos, apesar da coerência dos seus resultados, uma instrumentação multiforme (*SP*, 31).

Aliás, ao ler essas palavras, é impossível não nos recordarmos do momento em que o domínio intermediário do saber era também descrito como mais confuso, mais obscuro, sem dúvida menos fácil de analisar. O intermediário não se oferece ao olhar como uma evidência nem como um todo harmonioso. No que diz respeito ao poder, apresenta-se como um conjunto de métodos utilizados por uns, para obter certos efeitos sobre os outros. Mas aqueles que os aplicam não os controlam inteiramente, porque não são nem a origem nem a sede deles (*VS*, 125) e porque não existe corpo definido e sistemático desses procedimentos. Além disso, as tecnologias políticas não são transparentes para os que pretendem teorizá-las. Por isso, eles devem, como Foucault, mobilizar novos recursos. Dado que as tecnologias não são o fundo do poder e este não é uma propriedade, elas não pertencem a ninguém. Ficam à disposição daqueles que se servem delas, ao mesmo tempo que lhes escapam.

A reviravolta da ordem clássica do poder pode agora ser resumida. No início, esse domínio aparece ordenado em duas camadas: os governados e os governantes, os súditos e o soberano, os destituídos e os proprietários. Em seguida, aparece uma tecnologia que faz a mediação entre os corpos individuais e os funcionamentos de conjunto. Por fim, essa tecnologia vem a ser considerada como a sua base, de tal modo que os indivíduos e os grupos sobem à superfície ou à imediatez visível. Com isso, a conjunção clássica dissolve-se. É substituída por uma nova relação, cujos polos são o conjunto dos entes do poder, por um lado, e o conjunto das tecnologias políticas, por outro. Estas últimas determinam os primeiros.

3 – O DISPOSITIVO, PRINCÍPIO POLÍTICO DE ORDENAÇÃO

No meio dos anos 1970, uma nova concepção do fundo é acompanhada por uma reabilitação da superfície. Foucault chama a atenção para a realidade do que faz a sua aparição: as liberdades políticas, a alma moderna, a sexualidade. Estas não são ilusões, mas nomes de dispositivos e redes de sentido e de valor, de práticas e de injunções, numa palavra, nomes de efeitos complexos que resultam de um uso das tecnologias que os subentendem.

Por seu turno, o fundo complexifica-se e transforma-se numa conjunção, a do poder-saber. Assim, este plano funda entidades de que a *épistémè* era incapaz de dar a razão, nomeadamente as formas de poder e as suas relações com os saberes. Mais ainda, o poder-saber assenta numa nova base aquilo que a arqueologia tinha anteriormente ancorado numa simples disposição epistemológica, a que o poder não acedia.

O *dispositivo* é o conceito que combina a atenção acrescida concedida à superfície com o alargamento do alcance do fundo. O encontramos mais acima, quando a sexualidade apareceu, não como uma substância natural, mas como o lugar onde se encadeiam problemáticas e estratégias. Doravante, ele abre uma nova via para a compreensão da economia do poder, dado que, vendo bem, desempenha aí um papel semelhante ao que desempenhava a *disposição* no campo do saber.

O que é, pois, um dispositivo? É uma rede histórica em que se cruzam poderes e saberes, na medida em que são estratégias postas em ato e não simplesmente instituições ou positividades instituídas (*VS*, 185 e 201). Além disso, o fato de ele ser ancorado no tempo (por consequência, provisório) implica que não é comandado por leis intemporais (nem por leis de outro gênero).

A sua localização reproduz em parte a ambiguidade inicialmente assinalada na disposição de saber. Com efeito, o dispositivo encontra-se, à primeira vista, simplesmente por baixo de um fundo de saber-poder e apresenta-se como uma grande rede de superfície subtendida por um fundo tecnológico. No entanto, uma leitura cuidadosa o mostra como meio caminho entre o poder-saber e os seus efeitos. O que encontramos na definição seguinte é precisamente o dispositivo como mediação: a "sexualidade" é o conjunto dos efeitos produzidos nos corpos, comportamentos, relações sociais por um certo dispositivo da esfera de uma tecnologia política complexa (*VS*, 168). Assim, a "sexualidade" (como no caso da "alma" moderna, as aspas marcam a natureza política da palavra) é simultaneamente o dispositivo e os efeitos do dispositivo.

Dessa maneira, o dispositivo distingue-se da disposição epistemológica: tal como em *As Palavras e as coisas* não há confusão possível entre a disposição fundamental e os efeitos de superfície que ela determina, também em *A Vontade de saber* o dispositivo e os seus efeitos se encontram numa relação complexa, uns agindo sobre os outros. Assim, tornam-se ao mesmo tempo meios e produtos da mesma coisa, como o prova a "sexualidade": esta é o conjunto dos efeitos gerados por um dispositivo, mas esses efeitos confundem-se com o dispositivo. Aqui, o que produz efeitos está já à superfície e é, por consequência, ele mesmo um efeito. O dispositivo é a rede onde o fundo tecnológico encontra e penetra os seus próprios efeitos.

O dispositivo, na medida em que produz, é uma instância ativa. Uma tecnologia política complexa instaura um certo dispositivo que gera efeitos com que se confunde. De que tipo de efeitos se trata? Primeiro, efeitos de comportamento: estimulação dos corpos, intensificação dos prazeres. Em seguida, efeitos de discurso e de saber: "desde há perto de cento e cinquenta anos, um dispositivo complexo está instalado para produzir sobre o sexo discursos verdadeiros" (*VS*, 91). Por fim, efeitos transcendentais: "é pelo sexo [...] que cada um deve passar para ter acesso à sua própria inteligibilidade" (*VS*, 205). Mas ao lado desses efeitos específicos, o dispositivo produz um outro, geral: figuras imaginárias, ou miragens.

> Ao criar esse elemento imaginário que é "o sexo", [escreve Foucault,] o dispositivo de sexualidade suscitou um dos seus princípios internos de funcionamento mais essenciais: o desejo do sexo – desejo de tê-lo, desejo de aceder a ele, de descobri-lo, de libertá-lo, de articulá-lo em discurso, formulá-lo com verdade. [...] E é esta desejabilidade que nos faz crer que afirmamos contra todo o poder os direitos do nosso sexo, quando ela, de fato, nos amarra ao dispositivo de sexualidade que fez subir do fundo de nós mesmos como uma miragem em que cremos reconhecer-nos, o negro esplendor do sexo (*VS*, 207).

Sendo assim, o dispositivo dá a si mesmo os seus princípios de funcionamento, a sua racionalidade, a sua lógica intrínseca. Todavia, esses princípios constituem uma espécie de engano transcendental: é sobre a irrealidade do "sexo", elemento imaginário, que trabalha o desejo do sexo, princípio tanto de funcionamento do dispositivo como de compreensão do ser humano. Este jogo de reforço recíproco, segundo o qual o funcionamento do dispositivo suscita os princípios que tendem a relançá-lo, produz assim, e incessantemente, efeitos teóricos e práticos. Para algo que comporta uma dimensão fictícia, estes últimos são muito ativos.

Em consequência, a tensão entre a abertura e o fechamento do fundo vê-se modificada. Porque a partir do momento em que introduzimos uma relação de jogo entre os elementos do domínio, já não há lugar para nos preocuparmos antes de tudo com as condições de possibilidade dos fenômenos, mas é preciso, em vez disso, inquirir das suas causas. Neste novo contexto, as condições históricas do aparecimento de um poder ou de um saber concreto já não se apresentam como um *a priori* (uma base autônoma que prescreve formas às determinações concretas), mas, pelo contrário, a produção de efeitos vem de múltiplos pontos, eles próprios encerrados numa rede de influências recíprocas. Por seu turno, esses pontos múltiplos não ficam ao abrigo dos seus próprios efeitos cruzados, que são suscetíveis a se converterem no instrumento tanto da transformação das suas causas como do reforço da economia do conjunto.

O fato de que os dispositivos não sejam unicamente produtores de efeitos, mas que sejam eles próprios efeitos – que sejam, pois, simultaneamente efeitos e instrumentos – põe termo à determinação unívoca de baixo para cima, capital para *As Palavras e as coisas*. Na realidade, o modelo do *a priori* histórico só é válido para a arqueologia das ciências humanas. Na análise do poder-saber, o baixo é também afetado pelo cima, na medida em que os dois se entrecruzam ao nível do dispositivo, instância da sua interpenetração. Por este fato compreende-se que a figura da espiral surja em momentos cruciais de *A Vontade de saber*. É que ela representa a tensão evolutiva aberta, em que diferentes elementos simultaneamente se opõem, se recobrem e se põem de acordo. Na dinâmica da espiral e do jogo, já não há lugar para a determinação vertical unívoca.

Se é assim, a racionalidade política não se consertará com uma instância única de explicação das relações de poder. Relativamente a estas últimas, afirma Foucault:

> Se, de fato, elas são inteligíveis não é porque seriam o efeito, em termos de causalidade, de uma instância diferente, que as "explicaria", mas é porque são completamente atravessadas por um cálculo: não há poder que se exerça sem uma série de alvos e de objetivos (*VS*, 124-125).

A intencionalidade suscetível de explicar as relações de poder é interior ao poder; é imanente a ele. Com isso, não existe fonte de racionalidade exterior que tornaria inteligível a ordem do poder. Mas também não há fonte interior, no sentido de um centro ou de uma origem, que permaneceria imutável e mais ou menos secretamente eficiente. Em conclusão, tal como a arqueologia tinha sido o método para aceder a um fundo epistemológico que determinava de maneira unívoca a superfície de que ela era condição de possibilidade, também a genealogia será o procedimento necessário para captar o movimento de espiral em que entrecruzam efeitos-instrumentos.

Dito isto, a substituição do *a priori* epistemológico unívoco por uma causalidade política plurívoca não abre amplamente a via de acesso ao subsolo do poder. O funcionamento interno desse domínio continua em grande medida a nos escapar, não apenas porque as tecnologias implicadas são difusas e dispersas, mas ainda porque a causalidade que rege o todo introduz um grau de constrangimento importante, um ponto sobre o qual os textos insistem.

Por exemplo, a apresentação do curso "É preciso defender a sociedade" considera explicitamente as tecnologias políticas segundo o seu lado de constrangimento: "de preferência a conceder um privilégio à lei como manifestação do poder, escreve Foucault, vale mais tentar assinalar as diferentes técnicas de constrangimento que ela põe em ação" (*DS*, 239). O mesmo se passa para *A Vontade de saber*, onde cada pequena figura participa, se bem que não se dê conta, numa ordenação geral da sociedade de acordo com as linhas impostas pelo dispositivo. É o caso do autor de *My Secret Life*, ignorante relativamente à "injunção plurissecular a falar do sexo" (*VS*, 32). O anônimo inglês não está, aliás, menos reduzido à obediência dispositiva do que o está o pobre camponês loreno Charles Jouy: "uma grande injunção polimórfica submete[-os]" de igual maneira (*VS*, 45).

O constrangimento não é, portanto, unicamente material ou físico, como na prisão, na escola, no hospital ou no exército. A anatomia política do corpo percorre o indivíduo até a sua alma, que ela produz. Fazendo isso, regula o pensamento e o discurso tanto como os gestos e os comportamentos. Se falamos do sexo da maneira como o fazemos, é sem dúvida porque o nosso discurso é sempre já regulado por dispositivos, tornado possível por (e segundo) uma certa ordem. Numa palavra, o constrangimento material sobre os corpos se metamorfoseia em constrangimento formal sobre o pensamento e o discurso.

Assim, não é surpreendente que, em *A vida dos homens infames*, um escrito de 1977, Foucault se dê novamente conta de uma incapacidade para transpor a linha[2] do poder. No constrangimento do dispositivo, é indispensável ver uma nova forma de fechamento, correlativa

---

2 "A vida dos homens infames" (1977), *DE* III, n. 198, p. 241. Deleuze atribui uma importância especial a estas palavras em *Foucault*, Paris, Minuit, 1986, p. 101 e ss.

da abertura produtora do poder. Por meio dela, a necessidade formal da *épistémè* cede o seu lugar a um constrangimento simultaneamente material – dado que passa pela vigilância, o adestramento e a punição – e formal – porque vai até os esquemas de saber sobre o sexo e sobre o ser humano.

Para *Vigiar e punir* e *A Vontade de saber*, nenhuma ação nem nenhum conhecimento se realiza sem que os princípios de funcionamento do poder estejam previamente em ação. Essa ação, tal como esse conhecimento, não pode pretender transformar esses princípios (nem, com rigor, compreendê-los) sem que, para o fazer, já os despertem; por consequência, sem que simultaneamente esses princípios os animem do interior e os ultrapassem. É nisso que eles são, pelo menos em parte, intangíveis. O fundo do poder não cessa de escapar dos indivíduos que produz. Como Foucault receia em *A vida dos homens infames*, as fronteiras do espaço que ele instaura são, deste ponto de vista, intransponíveis.

*

Como era preciso demonstrar, o poder-saber é de fato concebido sob o esquema da bipartição. Falando do enraizamento das liberdades modernas nas disciplinas, compreendemos que aquelas, tal como a alma individual e a sexualidade, pertencem a uma superfície imediatamente visível, à qual corresponde um fundo composto de tecnologias políticas. Essas tecnologias determinam a superfície, e fazem ainda mais: produzem o sujeito que conhece as realidades superficiais tanto como age sobre elas.

As tecnologias vêm dissociar os dois polos clássicos do poder. Contra a possibilidade de analisar convenientemente esse domínio a partir da oposição entre governados e governantes, súbitos e soberano, destituídos e proprietários, Foucault introduz entre eles um terceiro elemento. Surge uma camada intermédia, constituída pelas técnicas de assujeitamento, de adestramento e de produção de individualidade e de identidade, a que pertencem igualmente as teorias da soberania. Através de uma deslocação teórica, as técnicas convertem-se no fundo por meio do qual os sujeitos entram em relação e se determinam. No mesmo passo, os dois polos clássicos são substituídos à superfície, à qual – enquanto fenômenos imediatamente perceptíveis – pertenceram desde o começo. Ninguém negará que a originalidade foucaultiana, quanto à visão do poder, é devedora de uma reviravolta comparável à que já caracterizava a sua inteligência do saber.

Mas há ainda um terceiro elemento comum aos dois modos de ser do saber e do poder-saber. É a existência de um princípio de produção regrada e de ordenação que é a disposição para as determinações epistemológicas, e o dispositivo, para as determinações políticas. Este último tem um funcionamento que lhe é próprio: obedece a uma lógica da causalidade múltipla e do jogo entre o efeito e o instrumento, ilustrada pela figura da espiral. Esta economia é incompatível com a influência unívoca de baixo para cima, característica de *As Palavras e as coisas*. Apesar disso, o dispositivo é sempre entendível em termos de abertura e de fechamento: se por um lado produz e determina objetos, sujeitos e discursos de maneira regrada, por outro introduz mecanismos de constrangimento prático e teórico, em relação aos quais ainda não compreendemos se e como se lhes pode escapar. Fica doravante por examinar se, e de que maneira, um esquema semelhante opera na ética.

CAPÍTULO III

O Uso dos prazeres e *O Cuidado de si*: a valorização da ética em detrimento da moral

Foi preciso esperar oito anos depois de *A Vontade de saber* para que Foucault publicasse um novo livro. Para alguém que, de 1976 a 1984, não tivesse seguido o seu trabalho, imagina-se sem esforço a surpresa sentida na leitura de *O Uso dos prazeres*. Pode-se imaginar um universo mais inesperado do que o da moral antiga, quando o seu último livro, sob o mesmo título geral de uma *História da sexualidade*, tratava do exercício moderno do poder e prometia limitar-se a ele?

Decerto, a referência à sexualidade permanece um ponto comum. Não é menos verdade que Foucault inicia o seu discurso sobre a Antiguidade sustentando que nela não se encontra um equivalente à noção de sexualidade, e que para falar dela conservará, excepcionalmente, a palavra original e transliterada de *aphrodisia* (*UP*, 49-50). Todo o resto mudou também. A época e o domínio sobre os quais incidem seus novos estudos passam da modernidade à Antiguidade e do poder à ética. O programa de publicações anunciado na contracapa do livro de 1976 é abandonado.[1] Tanto as questões como os conceitos introduzidos para lhes responder são diferentes de antigamente: relações de si consigo, teleologia do sujeito moral, práticas de si etc. De tal modo que nos perguntamos a que ponto é legítimo ler *O Uso dos prazeres* e *O Cuidado de si* procurando neles traços comuns com os trabalhos precedentes.

Se, no limite, tal leitura é possível, então deverá permitir responder às três questões já enunciadas a propósito do saber e do poder. Em primeiro lugar, quais são, na ética, os termos de uma eventual relação fundamental? Segundo, como é que Foucault concebe esse novo domínio sob esse esquema? Terceiro, qual será o princípio de ordenação das determinações éticas que cumpre as funções que antes eram da competência da disposição e do dispositivo?

---

1 Depois de *A Vontade de saber* estavam previstos *A Carne e o corpo* (II), *A Cruzada das crianças* (III), *A Mulher, a mãe e a histérica* (IV), *Os Perversos* (V) e *Populações e raças* (VI).

1. O plano superficial dos códigos abandonado em proveito das relações consigo

Foucault antecipou o embaraço que ia provocar nos seus leitores o regresso aos antigos. "Esta série de investigações, escreve desde a primeira linha de *O Uso dos prazeres*, aparece mais tarde do que eu tinha previsto e sob uma forma muito diferente" (*UP*, 9). Uma forma tal que não se pode justificar por si mesma.

Na Introdução da obra, Foucault explica-se sobre esta mudança, sobre os motivos que o fizeram voltar-se para a Antiguidade, sobre a escolha do corpus de textos e as novas grelhas de análise em que precisou se lançar. Além disso, lança sobre o seu percurso um olhar retrospectivo, que se supõe ajudar a compreender o sentido dessa inflexão. Refere-se aos "deslocamentos teóricos" que operou nas abordagens do saber e do poder (*UP*, 12-13), aos quais se junta agora uma nova deslocação, requerida para estudar a ética. Esboça ainda a ideia da filosofia como uma prova modificadora de si mesma, que aproxima de uma ascese, e descobre-se – numa frase bela e enigmática a que voltaremos lá para o fim deste livro – "na vertical de si mesmo" (*UP*, 16 e 18). Enfim, o sujeito ético, o indivíduo enquanto escolhe ser o que é e fazer o que faz, tanto na sua relação consigo como perante os outros, já não é descrito como uma produção do saber ou do poder em todo o caso de uma exterioridade, mas, pelo contrário, como um ser livre no seu foro interior. Um Foucault que num passe de mágica repensa o seu passado e a sua concepção da filosofia, e que por outro lado abre amplamente o caminho do ser humano para a liberdade, não pôde deixar de surpreender.

No entanto, esse sentimento de estranheza não dura muito. Porque se encontra então, de maneira inegável, a articulação de ideias que desde há muito caracteriza os seus textos e constitui a marca distintiva deles. Com efeito, duas referências habituais reaparecem, a primeira ao tempo contínuo, a segunda ao que se passa de inesperado e descontínuo sob essa continuidade.

Foucault explica a sua escolha de método para estudar a Antiguidade pagã e cristã (*UP*, 43). Precisa:

> De tal modo que se teria assim de transformar a questão tão frequentemente posta a propósito da continuidade (ou da ruptura) entre as

> morais filosóficas da Antiguidade e a moral cristã; em lugar de perguntar quais são os elementos de código que o cristianismo pôde pedir de empréstimo ao pensamento antigo e quais os que acrescentou por sua própria iniciativa, para definir o que é permitido e proibido na ordem de uma sexualidade suposta como constante, conviria perguntar como, sob a continuidade, a transferência ou a modificação dos códigos, das formas da relação consigo (e as práticas de si que lhes estão ligadas) foram definidas, modificadas, reelaboradas e diversificadas (*UP*, 44).

Aproximando as morais pagã e cristã, nos perguntamos tradicionalmente em que diferem e em que se assemelham. O que os Gregos permitiram, os cristãos interditaram, simplesmente? Pensemos nas relações entre indivíduos do mesmo sexo e no amor dos efebos. Inversamente, o que os cristãos valorizaram, os Gregos desprezaram? Lembraremos então a importância acrescida da fidelidade conjugal, da abstinência, ou mesmo da virgindade. Continuidade ou ruptura? A descontinuidade entre os antigos e os cristãos no que toca às preocupações morais, recorda Foucault, está longe de ser evidente (*UP*, 23). Pelo contrário, entre os dois "poderíamos seguir a permanência de temas, de inquietações e de exigências" (*UP*, 23) que em última instância se prolongaria até nós.

Procedimento clássico: se Foucault aceita a tese consagrada das ligações entre a Antiguidade e a cristandade, nunca é inteira e definitivamente, mas sempre, pelo contrário, para melhor a superar. Deseja tornar patente a importância menor desta questão, que se detém no plano de códigos, em proveito do que é fundamental, a vertente das relações a si.

Os códigos são produzidos pela sociedade, que os inculca no espírito dos seus membros. Neste sentido, os códigos pertencem a uma instância exterior ao sujeito. Em contrapartida, a relação consigo, entendida como constituição de si como "sujeito moral" (*UP*, 40), diz respeito à maneira como esta se elabora a si mesma em face dos códigos. Esta relação põe em relevo a interioridade daquele que a estabelece. Implica, para o dizer de maneira esquemática, dois movimentos: a modulação dos códigos por aquele que se define como sujeito moral, e que por esse fato os adapta às situações concretas em que se encontra e às escolhas que tem de fazer; em seguida, a produção de discursos sobre a sua vida e a sua condição de existente em sociedade, como problematização do que faz e do que é. Para a história da ética empreendida por Foucault, este plano interior do sujeito que age expulsa do seu lugar capital o mundo da lei.

Ora, que posições esses dois planos ocupam? De acordo com o texto que acabamos de citar, o plano das relações consigo encontra-se sob a continuidade, a transferência ou a modificação dos códigos. Que sentido pode ter este lugar que ele ocupa? Compreendamos bem: não se trata somente de dizer que as relações consigo estão *por baixo* dos códigos, dado que os lugares que elas ocupam dizem também respeito às suas *temporalidades* respectivas. O que Foucault diz é que convém abandonar a interrogação que põe no primeiro plano os códigos e a sua temporalidade em benefício de outro questionamento, que incide sobre o espaço da relação consigo, dotada de uma historicidade própria. Este é o primeiro sentido desta espacialidade conceptual, na medida em que se associa a uma hierarquia: o que se passa por baixo dos códigos é mais importante do que eles.

A partir daí, a bipartição atravessa incessantemente os dois últimos tomos da *História da sexualidade*. Em *O Uso dos prazeres*, em relação aos temas de austeridade desenvolvidos em torno do corpo, do casamento e do amor dos efebos pelo pensamento grego clássico, Foucault reconhece que eles

> não são sem semelhança com os preceitos e interditos que se poderão encontrar mais tarde. Mas, acrescenta imediatamente, *sob essa continuidade aparente*, é indispensável ter em mente que o sujeito moral não será constituído da mesma maneira (*UP*, 124; grifo nosso).

De novo, a ordem das duas camadas aparece associada aos seus regimes temporais. Não obstante, se há pouco não encontrávamos resposta precisa à questão da temporalidade dos códigos (justamente, era o aspecto a infamar), ficamos agora a saber que a continuidade entre esses códigos é apenas aparente, porque por baixo dela alguma coisa mais importante se alterou, que é a forma da relação consigo. Com cada vez mais nitidez, reencontramos o esquema espacial do fundo e da superfície que caracterizava o saber e o poder.

A ideia das duas camadas regressa no fim de *O Uso dos prazeres*. Aí põem-se de novo em questão as diferenças e as similitudes entre a problematização moral do comportamento sexual no paganismo grego e no cristianismo. Foucault reconhece ainda a permanência de certos temas, tais como a relação entre o ato sexual e o mal, a valorização da fidelidade monogâmica. Todavia, se os Gregos e os cristãos produziram todos os princípios de austeridade nesses contextos, isso não prova a existência de interditos fundamentais:

> A austeridade sexual precocemente recomendada pela filosofia grega não se enraíza na intemporalidade de uma lei que tomasse, uma após outra, formas diversas da repressão: é da esfera de uma história que é [...] mais decisiva do que a história dos códigos: uma história da 'ética' entendida como a elaboração de uma forma de relação consigo (*UP*, 323-324).

Assim, os dois planos não se confundem nem nas suas relações um com o outro nem nas temporalidades respectivas. Os moralistas gregos elaboraram regras e preceitos de conduta em campos em que nenhuma lei moral estava instituída, por exemplo, no do amor dos efebos. Embora os códigos admitidos o aceitassem, ele foi o lugar de uma reflexão e de uma exigência de austeridade rigorosa em diferentes filósofos. A tal ponto que os códigos não podem explicar que um rigor assim tenha nascido justamente aí, onde a lei não o impunha. Não são, portanto, os códigos, mas as formas da relação consigo, que devem ser olhadas como o mais importante na história da sexualidade.

Um terceiro e último exemplo, desta vez extraído de *O Cuidado de si*. Quando é abordada a questão das recomendações dietéticas e suas influências no comportamento sexual, Foucault reconhece que as analogias são numerosas e que "podem ser assinaladas continuidades" (*SS*, 192) entre a época greco-romana dos dois primeiros séculos da nossa era e o cristianismo. Contudo, acrescenta:

> se só retivermos esses traços comuns, podemos ter a impressão de que a ética sexual atribuída ao cristianismo ou mesmo ao Ocidente moderno estava já instalada, pelo menos para alguns dos seus princípios essenciais, na época em que culminava a cultura greco-romana. Mas isso seria ignorar *diferenças fundamentais* que têm a ver com o tipo de relação consigo e, portanto, com a forma de integração desses preceitos na experiência que o sujeito tem de si mesmo (*SS*, 193; grifo nosso).

As diferenças nos modos de relação consigo e as práticas de si são assim definidas como fundamentais, ao contrário das continuidades de certas recomendações, preceitos ou leis. A semelhança de duas épocas desfaz-se diante das disparidades essenciais entre as suas éticas respectivas. Isto é dizer que a impressão imediata nos conduz a tomar a superfície visível dos códigos e a continuidade temporal que a caracteriza por aquilo que elas não são, quer dizer, pelo plano decisivo. Em contrapartida, um olhar atento – essa é a hipótese que dá consistência aos dois últimos tomos da *História da sexualidade* – não pode deixar de ver que o fundo do problema está alhures, nas relações do sujeito consigo mesmo.

Em suma, a existência de uma superfície e um fundo subentende ainda o olhar de Foucault sobre a moral. Estes dois planos são estruturados por um princípio vertical: os códigos são imediatamente visíveis e a eles se liga a impressão de uma simples continuidade temporal; as relações consigo, se bem que encobertas, são o nível mais importante e que revela as diferenças temporais mais nítidas. À questão de saber como o esquema interno da moral é imaginado, estamos em estado de responder que para lá da imediatez dos códigos, por baixo da superfície das leis que permitem ou interditam aos indivíduos que se conduzam de uma certa maneira, há um outro patamar, radical: a relação estabelecida pelo sujeito consigo mesmo. A presença do esquema do fundo e da superfície torna-se, uma vez mais, estruturante.

2. A diferença entre a ética e a moral; a terceira deslocação metodológica

A análise da bipartição do domínio moral trouxe à luz do dia uma primeira diferença entre os códigos e as formas da relação consigo. Estas ocupam o lugar preeminente, aqueles são considerados como secundários. A mesma análise reencontrou a designação de ética atribuída ao plano dessas relações (*UP*, 324). Não se sabe, todavia, nem em que sentido elas constituem uma ética no interior da moral, nem de que maneira vêm a merecer esse estatuto. Estaremos perante uma terceira deslocação?

Na sua argumentação, considera primeiramente a equivocidade da palavra *moral*, de que distingue dois sentidos imediatos. O primeiro é o dos códigos, definidos como "um conjunto de valores e de regras de ação que são propostos aos indivíduos e aos grupos por intermédio de aparelhos prescritivos diversos, como podem ser a família, as instituições educativas, as Igrejas etc." (*UP*, 36). Desperta dúvidas que essa proposição não seja uma simples apresentação benévola das regras que os aparelhos submeteriam à apreciação dos indivíduos. Em vez disso, trata-se de veicular regras que pertencem ao que Foucault chamava em *As Palavras e as coisas* de "os códigos fundamentais de uma cultura", em face dos quais o indivíduo parece permanecer, pelo menos no começo, tendencialmente passivo. Deste ponto de vista, são os códigos que pertencem à base do domínio moral.

Num segundo sentido, a palavra *moral* já não designa os códigos, mas os comportamentos reais. De fato, estes não seguem os códigos de maneira estrita. É por isso que a moralidade dos comportamentos pode ser estudada como grau de obediência real ao que os códigos prescrevem ou interditam. O segundo sentido mais comum da moral consiste assim no "comportamento real dos indivíduos, na sua relação com as regras e valores que lhes são propostos" (*UP*, 36-37). Relativamente a essas regras, os comportamentos estão numa perpétua tensão.

O estudo da moral encarada destes dois pontos de vista não esgota o quadro da investigação. Os códigos deixam sempre um lugar à mediação amadurecida, realizada pelo sujeito que age. Entre a norma a observar e o ato praticado, há um espaço para a reflexão individual sobre a escolha. De tal modo que o indivíduo dispõe de diferentes maneiras de se constituir como ente submetido a um código, por mais estrito que este possa ser. Nesse espaço desenvolve-se a relação de si consigo.

Foucault distingue nela quatro vertentes. Primeiramente, a "*determinação da substância ética*" (*UP*, 37 ss.), que corresponde à *matéria* da escolha ética. Seja a fidelidade conjugal. O marido entende por essa fidelidade uma luta contra as suas próprias paixões ou uma intensidade dos sentimentos que deve ser acrescida em relação à sua mulher? Estamos aqui no regime do *o que é* (ser fiel).

Em segundo lugar, o *modo de assujeitamento* consiste no *sentido* da escolha, na medida em que é sobretudo determinada por uma situação ligada ao passado. Por que é que o indivíduo escolhe ser fiel? Porque se reconhece como fazendo parte do grupo social que aceita essa regra? Porque se considera como herdeiro de uma tradição espiritual? Estamos aqui no plano do *porquê* (ser fiel).

Em terceiro lugar, a linha do *trabalho ético* que o indivíduo efetua sobre si mesmo e que consiste na *forma* da escolha. A fidelidade deve ser, por exemplo, aprendida gradualmente, por assimilação ou por memorização, ou antes por uma renúncia súbita aos outros prazeres? Estamos então no terreno do *como* (ser fiel).

Em quarto lugar, a *teleologia* do sujeito moral, que diz respeito ao *sentido* da escolha na medida em que esta recai sobre o futuro. A fidelidade encaminha o marido em direção a um domínio de si cada vez mais completo? Tende para um desapego relativamente ao mundo ou para uma tranquilidade perfeita da alma? Estamos neste caso no domínio do *para quê* da decisão.[2] De modo que, para aquele que reflete no caráter moral do seu ato, há um vasto domínio de problematização do que ele é e do que deseja vir a ser, que de modo algum se esgota no que o código interdita ou prescreve, nem na execução final do ato que se aproxima ou afasta mais ou menos do código. É a esta região intermediária que Foucault chama *a ética*.

Como vemos, o caráter intermediário da ética possui um traço distintivo: introduz no campo da moral uma dimensão de interioridade pessoal. Em outras palavras, revela cada sujeito como dispondo de uma margem que parece ser propriamente sua. Nela, o sujeito relaciona-se consigo mesmo e pode depois, de uma outra maneira, relacionar-se simultaneamente com os códigos e com o outro, ou seja, com tudo o que permanece por excelência exterior. Foucault pode reconhecer assim que "toda a ação moral, na verdade, comporta uma relação com o real em que se efetua uma relação com o código a que se refere; mas, acrescenta imediatamente, implica também uma certa relação consigo" (*UP*, 40).

Já não há qualquer dúvida de que os códigos, primeiramente, e a moralidade dos comportamentos, em seguida, pertencem a essa exterioridade que ele chama "o real". De um lado, a exterioridade precede a ética, do outro sucede-lhe. A ética é, por conseguinte, o que tem lugar entre as duas dimensões do "real" (o que, bem entendido, não faz com que ela seja menos real do que elas).

Também não fica nenhuma dúvida sobre o distanciamento relativamente a uma moral em que a dimensão individual é absorvida pela universalidade e pela necessidade da lei, e em que o papel do indivíduo

2 Verifica-se a semelhança entre esta quadripartição da escolha ética e a das causas em Aristóteles: material, formal, eficiente e final. Aristóteles, *Met.* Δ, 2-3. Sobre este ponto, ver Deleuze, *Foucault*, p. 111-112.

só é conservado na determinação da vontade a partir dessa lei. Não haverá, portanto, nada de surpreendente em que, na leitura foucaultiana dos antigos, a liberdade de cada um não resida no seu poder para se conformar com uma lei universal, mas sim na sua capacidade de se dobrar sobre si para criar os seus próprios valores e as suas próprias regras de conduta. Como escrevia Deleuze, os Gregos dobraram a força, sem que ela cessasse de ser força. Relacionaram-na consigo mesma.[3]

Em suma, se parecia no início que os três aspectos da moral se distinguiam simplesmente como outros tantos sentidos da mesma palavra, vemos agora que outras diferenças mais importantes estão em jogo: a interioridade da ética não pode ser confundida com a exterioridade dos corpos e dos comportamentos. Além disso, a ética desempenha um papel de mediação entre os dois últimos, o que não é perceptível numa simples distinção filológica. Ora, vimos atrás que o plano intermediário das relações consigo acabou por constituir a base da história da moral que narra Foucault. Quer dizer que, à imagem do saber e do poder, também na moral a mediação se torna fundadora. Como, exatamente, se opera este deslocamento? Começa por uma aproximação implícita, mas crucial, todavia, entre a exterioridade da moral e o domínio do poder. Num primeiro momento, depois de ter distinguido os três planos morais, Foucault resume o que seriam as respectivas histórias:

> História das "moralidades": a que estuda em que medida certos indivíduos e grupos se conformam ou não com as regras e os valores que são propostos por diferentes instâncias. História dos "códigos", a que analisa os diferentes sistemas de regras e de valores que estão em jogo numa sociedade ou num grupo dado, as instâncias e os aparelhos de coerção que os fazem respeitar, as suas divergências ou as suas contradições. História, por fim, da maneira como os indivíduos são chamados a constituírem-se como sujeitos de conduta moral (*UP*, 41).

As duas primeiras estariam muito próximas das narrativas sobre os aparelhos de poder. *Vigiar e punir* não se propõe encontrar, no funcionamento das tecnologias de poder, o princípio comum "da humanização da penalidade e do conhecimento do homem" (*SP*, 28)? As ideias morais, o humanismo em primeiro lugar e particularmente

---

3 Deleuze, *Foucault*, p. 108 ss.

o respeito pelos condenados encontravam a sua razão de ser no funcionamento do poder-saber e numa economia das instituições e dos aparelhos de punição e adestramento. Além disso, a história da normalização das condutas tem a ver, sem contestação, com um estudo da moralidade dos comportamentos, sendo essa moralidade um dos resultados esperados da normalização. De resto, as instâncias que propõem regras e valores e as que obrigam a observá-los estão no centro de *Vigiar e punir* e de *A Vontade de saber*: os legisladores, a justiça, a polícia, a escola, as forças armadas, a medicina, a psiquiatria. O mesmo se passa com os mecanismos de que essas instâncias se servem com habilidade: a vigilância hierárquica, a sanção normalizadora, o exame (*SP*, 172 ss.). Ao interpretar as liberdades modernas como estando ancoradas no subsolo das tecnologias políticas, Foucault tinha definitivamente acoplado a moral ao poder.

A partir de agora é a necessidade de emancipar a moral dessa amálgama com o poder que o leva a encontrar, para a primeira, um novo alicerce. Ainda é preciso dizer que Foucault pensa ter encontrado na Antiguidade

> muito poucas referências ao princípio de um código que definiria detalhadamente a conduta a adotar, à necessidade de uma instância encarregada de vigiar a sua aplicação, à possibilidade de castigos que sancionassem as infrações cometidas (*UP*, p. 43).

Em outras palavras, o pensamento clássico provaria que a moral não está, nem fatalmente nem no seu conjunto, na dependência dos aparelhos de poder-saber. Deste modo, pode constituir-se sobre outra base que, se bem que não implique menos coerção, representa, contudo, uma emancipação em relação à exterioridade. Essa base, constituída pelas relações consigo, liberta-se do plano do poder, para a vizinhança da qual os códigos e os comportamentos são implicitamente remetidos.

Mas, num segundo momento, a ética consegue justificar por si mesma o lugar fundamental, tornando-se criadora de códigos e comportamentos. A reflexão levada a cabo pelo indivíduo na sua relação consigo desencadeia uma produção de regras, de preceitos e de práticas que desempenharão um papel não somente na vida pessoal, mas também nas vidas dos outros e, em última análise, de todo o grupo a que pertence. A ética é um foco de criação de valores que serão propostos primeiramente a pequenos grupos (a ética, como veremos, é sempre uma prática de minorias), mas cuja aplicação tenderá a estender-se progressivamente a outros e converter-se, no sentido mais forte, numa moral. Tudo bem pesado, essa é uma das diferenças capitais entre a austeridade ética grega, concebida por uma minoria ou por minorias e aplicada a elas, e a austeridade dos códigos cristãos, imposta a todos. Muitas regras e preceitos do rigor ético grego foram mais tarde adotados pela moral cristã; é por isso que o emprego da palavra *generalização*, que, em Foucault, passa em muitos casos quase despercebida, se torna decisivo: princípios éticos generalizam-se até tomar por vezes a amplidão de novos códigos. Em contrapartida, os códigos deixam sempre espaço para a relação consigo, que nunca depende deles. Para resumir numa palavra, a ética tem a faculdade de produzir códigos, mas nenhum código tem a faculdade de produzir ética.

Podemos agora resumir essa deslocação. O domínio moral aparece inicialmente como constituído por dois estratos: os códigos e os comportamentos. No entanto, uma camada intermediária mediatiza e modula os códigos com vista a aplicá-los às situações concretas. Essa camada é interior ao sujeito que age, e não se confunde, portanto, com a conformidade dos comportamentos às leis, reclamada pelas instâncias de vigilância. É por isso que se desloca da posição de intermediária para a posição fundamental, vindo a ser o pedestal do edifício moral e, por isso mesmo, o objeto privilegiado da nova história da sexualidade.

Por seu turno, e no uso que Foucault frequentemente dela faz, a moral designa o conjunto do domínio no interior do qual a ética encontra o seu lugar. Ao narrar a história do todo a partir do alicerce ético, Foucault emancipa o todo do edifício da submissão ao poder, para o fazer aparecer antes como devedor da instância criadora subjetiva. Em conclusão, a moral depende da ética de uma maneira como esta última nunca dependerá da primeira. Fundar a moral na ética significa libertar esta última de um controle das leis a que os nossos gestos seriam obrigados a submeter-se.

3. A ausência de um terceiro princípio de ordenação

Regressemos agora ao saber e ao poder para lembrar que em cada um deles encontramos um princípio de ordenação. No primeiro caso, essa função é desempenhada pela disposição, no segundo pelo dispositivo. Mais exatamente, o fundo do saber organiza-se por disposições; as tecnologias do poder organizam-se em dispositivos. Agora, haveria também um elemento desse gênero na ética? Seria a ética estruturada por um princípio ordenador?

Qual não é a nossa surpresa ao ver que esse elemento não existe. Em primeiro lugar, está ausente em *O Uso dos prazeres*. Ainda se poderia crer encontrá-lo em *O Cuidado de si*, de novo sem que seja teorizado. Foucault chama-lhe um *princípio* e serve-se dele para particularizar a cultura de si que dominava a ética greco-romana nos dois primeiros séculos da nossa era. Escreve então:

> É este tema [do cuidado de si] que, transbordando do seu quadro de origem e desligando-se das suas significações filosóficas primeiras, adquiriu progressivamente as dimensões de uma verdadeira 'cultura de si'. Com esta palavra, deve entender-se que o princípio do cuidado de si adquiriu um escopo bastante geral: o preceito de que é preciso ocupar-se de si mesmo é, em todo o caso, um imperativo que circula entre um bom número de doutrinas diferentes; tomou também a forma de uma atitude, de uma maneira de se comportar, impregnou maneiras de viver; desenvolveu-se em procedimentos, em práticas e em receitas que as pessoas refletiam, que desenvolviam, aperfeiçoavam e ensinavam; constitui também uma prática social, dando lugar a relações interindividuais, a trocas e comunicações, por vezes até instituições; deu lugar, enfim, a um certo modo de conhecimento e à elaboração de um saber (*SS*, 62).

Assim, o princípio ético dá mostras de algumas qualidades que lembram a disposição e o dispositivo. Primeiramente, tem um escopo que se torna bastante geral, o que significa que diz respeito primeiro a indivíduos isolados ou em pequeno grupo para mais tarde se alargar a um vasto espectro do mundo moral. Em segundo lugar, aparece como um imperativo que circula entre um bom número de doutrinas diferentes, tornando-se um traço decisivo que, para lá da disparidade das éticas, não somente as ordena a um ponto comum, mas ainda o faz por uma injunção que as toca a todas de igual modo. Que o princípio seja partilhado por construções específicas torna-o, por assim dizer, genérico e reserva-lhe um lugar superior ao das éticas particulares. Em terceiro lugar, toma formas concretas, nomeadamente a da atitude, que, por consequência, ele determina. Em outras palavras, é condição de possibilidade de comportamentos e modos de vida morais, tal como a disposição e o dispositivo eram as condições de formas concretas de saber e de poder. Em quarto lugar, é produtor de práticas, de teorias e, por seu intermédio, também de instituições. Em quinto lugar, transmite-se pelo ensino, produz e reproduz trocas, relações entre os indivíduos e comunicações e, fazendo-o, reproduz-se. Em sexto lugar, por fim, dá lugar à formação de saberes, coisa que era igualmente uma capacidade da disposição e do dispositivo. Tudo parece concorrer para fazer do princípio um bom candidato ao papel de chave da ordenação do domínio moral.

Não obstante, essa possibilidade não é sustentável por muito tempo. Uma leitura atenta revela que a palavra princípio é empregada com demasiada ligeireza, tendo diferentes significações. Muitas vezes é impossível distinguir rigorosamente preceitos, regras, prescrições, conselhos – toda uma panóplia de vocábulos que Foucault usa como se fossem sinônimos. Isso não é tudo. Relendo *O Uso dos prazeres*, a ideia do princípio como pedra de fecho do domínio encontra apenas fracos apoios. Cai mesmo por terra quando Foucault, ao retomar essa palavra, mas para lhe retirar importância, escreve que:

> na elaboração das exigências de austeridade, não somente os Gregos não procuraram definir um código de condutas obrigatórias para todos, mas também não procuraram organizar o comportamento sexual como um domínio governado, em todos os seus aspectos, por um único conjunto de princípios (*UP*, 324).

Esse reconhecimento específico aplica-se, por oposição ao que se passava no Alto Império, na Grécia clássica do século IV antes da nossa era. Põe-nos diante da impossibilidade de tomarmos o *princípio* por aquilo que ele parecia ser ao lermos *O Cuidado de si*. Procuraríamos assim em vão um conceito ordenador que desempenharia funções semelhantes, na moral, às que desempenhavam o dispositivo e a disposição respectivamente no poder e no saber. Com toda a evidência, o movimento que leva da disposição ao dispositivo vê-se interrompido: singularidade do domínio ético.

Se, diferentemente do que se passava nos quadros precedentes, não existe aqui princípio de ordenação, será forçoso constatar que entre o poder e a moral houve uma alteração mais forte do que aquela que levou do saber ao poder. Deleuze assinalou há muito tempo essa diferença entre as duas transições: era a sua resposta à questão que ele mesmo tinha posto sobre o que "se passou durante o silêncio bastante longo que se segue a *A Vontade de saber*".[4] "Foucault, explica, sentia a necessidade de operar uma revisão geral, para aclarar esse caminho [da ética] que permanecia pouco perceptível, de tal modo que se enrolava nos outros", o saber e o poder. Seria, portanto, no seguimento dessa metamorfose que Foucault teria conseguido transpor a linha do constrangimento exterior e encontrar o espaço de uma verdade que decorreria das linhas transversais de resistência e já não das linhas integrais do poder. Assim, Deleuze assinala uma alteração importante por meio da qual se compreendem duas coisas: primeiro, o saber e o poder partilham um problema comum para o qual só a ética encontra uma saída, razão pela qual formam uma espécie de unidade; segundo, a ética vem à luz ao mesmo tempo que esteve presente desde o início. A ética representa assim o único espaço verdadeiro de liberdade e resolve, com isso, o problema da oposição a oferecer ao constrangimento que submete.

Todavia, Deleuze nada diz sobre a forma intrínseca dessa metamorfose, que passa pela renúncia a um princípio de ordem que comunicaria a sua natureza a todo o domínio da ética. Por qual coisa é ele substituído? Pela estrutura quadripartida da escolha moral formada por um conteúdo, uma forma, um sentido provindo do passado e uma teleologia incidindo no futuro. É assim que a terceira região marca uma alteração importante no pensamento foucaultiano.

Resta, contudo, uma preocupação. No saber e no poder, revelava-se uma relação de dependência da superfície relativamente ao fundo, que examinamos em termos de abertura e fechamento. Agora, tudo leva a crer que a mesma espécie de relação se estabelece também no

---

4 Deleuze, *Foucault*, p. 101. As citações que seguem remetem para as páginas 101-103 desse livro.

interior da moral. Como explicam as últimas frases de *O Cuidado de si*, os códigos superficiais dependem de uma profundeza ética:

> Os elementos do código respeitante à economia dos prazeres, à fidelidade conjugal, às relações entre homens poderão muito bem permanecer análogos [entre a época romana imperial e o cristianismo]. Serão então da esfera de uma ética profundamente remodelada e de uma outra maneira de se constituir a si mesmo como sujeito moral das suas condutas sexuais (*SS*, 317).

Daí uma questão incontornável: em que sentido exatamente os códigos *são da esfera* da ética?

Essa dúvida nunca será inteiramente esclarecida. Ao mesmo tempo que marca a distância entre os códigos e as relações consigo, Foucault não escreverá sobre estas últimas. As problematizações éticas, tal como as regras que delas resultam, podem passar absolutamente despercebidas à maior parte da sociedade. A rica problematização na Grécia do século IV antes da nossa era, conduzindo a uma austeridade sexual muitas vezes estrita, não parece ter tido influência sobre os códigos nem sobre os comportamentos:

> Princípio geral de temperança, suspeita de que o prazer sexual poderia ser um mal, esquema de uma estrita fidelidade monogâmica, ideal de castidade rigorosa: não foi evidentemente segundo este modelo que viveram os Gregos (*UP*, 322).

Além disso, as passagens da *História da sexualidade* que poderiam levar a crer numa influência direta da ética sobre os códigos são quase inexistentes. Um dos raros exemplos encontra-se numa nota que remete para o livro de K. J. Dover, *Greek Popular Morality*, que constata uma acentuação da reserva respeitante à representação dos atos sexuais no decurso da idade clássica (*UP*, 54, n. 2). Esse fenômeno decorreria de um reforço da austeridade ética? Talvez devêssemos simplesmente aceitar que os dois últimos livros de Foucault se interessam pela ética e não pela relação dela com os códigos. Esta última é assunto de indivíduos e de minorias, e não uma prática da sociedade no seu conjunto. Deste lado ainda, vemos com dificuldade como ela poderia influenciar os códigos que lhe são contemporâneos.

Em contrapartida, constata-se a influência de uma ética mais antiga sobre uma moral mais tardia. *O Uso dos prazeres* chama a atenção para o desenvolvimento das ideias morais na longa duração, tanto que o mundo moderno parece, em certos aspectos, ainda próximo da Antiguidade:

> Se quisermos fixar uma origem a alguns grandes temas que deram forma à nossa moral sexual (a pertença do prazer ao domínio perigoso do mal, a obrigação de fidelidade monogâmica, a exclusão de parceiros do mesmo sexo), [...] não devemos procurar aí a função intemporal do interdito, ou a forma permanente da lei (*UP*, 233).

Pelo contrário, é na história da "ética" (*UP*, 234) que devemos procurá-la. A superfície dos nossos códigos oculta assim uma história longa e rica de problematizações e de produção de regras que, vindo de longe, chegam até nós. Alguns dos nossos códigos, sem que se confundam com os da Grécia, lembrariam então certos momentos fortes da sua reflexão ética.

Sem pensar numa tão grande distância temporal entre a Antiguidade e a modernidade, outras passagens atestam este tipo de influência entre camadas e momentos diferentes do domínio moral. É o que se passa entre a ética socrático-platônica e a moral cristã:

> ao enraizar-se muito profundamente nos temas habituais da ética dos prazeres, [Platãoproblémati] inaugura questões cuja importância será muito grande, no seguimento, para *a transformação dessa ética numa moral* da renúncia e para a constituição de uma hermenêutica do desejo (*UP*, 297; grifo nosso).

Assim, uma ética perfeitamente ancorada na sua época pode estar na origem de uma moral vindoura. Em suma, a superfície dos códigos pode bem ser da esfera de uma ética, com a pequena diferença de uma e outra não serem contemporâneas.

O problema de uma moral que deveria, segundo toda a aparência, ser da esfera da ética fica assim transformado. Se é inútil procurar a influência de uma ética sobre uma outra que a substitui, é porque cada uma se desenvolve a partir dos códigos em curso de validade e, ao fazê-lo, inventa o seu próprio quadro. É este o sentido da afirmação que entre a Grécia clássica, o Império romano e o cristianismo, as morais já não são as mesmas. Não é que as preocupações não possam por vezes assemelhar-se; também não é porque os momentos fortes dos códigos não se repitam. É porque as morais ligam-se, de cada vez, a formas distintas da relação consigo. Deste ponto de vista, a descontinuidade da moral não deriva dos códigos, mas antes do que, em muitos casos, eles ocultam, quer dizer da ética.

*

Com todo o direito, os dois últimos tomos da *História da sexualidade* foram submetidos à hipótese da relação fundamental. Essa relação estrutura bem a concepção foucaultiana da moral, na base da qual a ética permanece. Esta é o plano imediatamente visível, composto pelos códigos gerais cuja circulação é assegurada pelas instituições sociais. Esta é o estrato, muito menos perceptível ao primeiro olhar, em que os sujeitos adaptam os códigos às situações concretas com que se têm de haver, através de uma relação que estabelecem consigo mesmos. A moral leva a crer numa constância das leis e dos interditos ao longo do tempo, ao passo que a ética faz aparecer a especificidade de cada época pela originalidade dos preceitos e princípios que os sujeitos instauram para, e em, as relações consigo mesmos. A hipótese de uma bipartição atravessando o terceiro domínio fica provada.

Mas há mais. Tal como no saber e no poder, esta bipartição é, na ética, resultado de uma alteração de método. Foucault parte da diferença verificada imediatamente entre os códigos e os comportamentos. Os primeiros seriam a base da moral, ao passo que os comportamentos seriam menos regulares dado que, neles, o respeito das regras se misturaria com a liberdade dos costumes. Só que um terceiro plano, intermediário, aparece, plano em que o sujeito declina as leis para decidir da sua própria conduta. É este terceiro nível, das relações consigo e das práticas de si, que aparecerá em seguida, através de uma reviravolta, na base do edifício. Relativamente a ele, os dois primeiros polos pertencem a uma camada imediata e menos importante. O deslocamento consuma a nova bipartição em superfície e fundo.

Até aqui, a ética e a moral obedecem à mesma ordem interior que o saber e o poder. Apesar disso, falta um terceiro elemento: não há nelas nenhuma instância que cumpra as mesmas tarefas ordenadoras que eram da competência da disposição epistemológica e do dispositivo político. Nisso, a ética afirma a sua singularidade. É certo que conserva ainda um caráter de abertura, dado que é um foco de novos princípios e preceitos, suscetíveis a se tornarem um dia códigos morais; e também impõe um fechamento, dado que o movimento inverso (a produção da ética pela moral) não é possível. No entanto, falta à ética uma determinação importante na relação entre o fundo e superfície, um elemento que estava presente e ativo no seio dos dois outros domínios. Decerto que isso nada altera quanto à presença e ao papel da relação fundamental. Mas mostra que, do ponto de vista da sua organização interior, a ética tem uma especificidade de que estamos ainda longe de ter analisado todas as consequências.

CAPÍTULO IV
O fundo e o fundamento

Para além das suas diferenças, os três modos de determinação da superfície pelo fundo são variações de um mesmo esquema. Assim, não são as marcas de cortes radicais que nos deixariam perante três domínios incomparáveis, mas antes as maneiras de operar de uma mesma dimensão complexa (a do fundo) que, para além das suas flutuações, conserva um estatuto reconhecível: ela é a base que precede aquilo que torna possível, ao mesmo tempo que assegura a existência específica do domínio que funda. Mas tudo isso nos leva a uma última questão: em que sentido é o fundo *fundamental*? Em outras palavras, em que medida é um fundamento?

1. A DISPOSIÇÃO EPISTEMOLÓGICA DÁ A SUA VERDADE DE MANEIRA INDEPENDENTE

Entre as obras mais solicitadas, *As Palavras e as coisas* suscita essa interrogação com a maior insistência. Isso é visível a partir do momento em que a cultura aparece na sua dinâmica própria, animada por movimentos interiores e entrando numa verdadeira viagem que leva da superfície ao fundo.

Recordamo-nos como o seu plano teórico se separa da imediatez e procura outro nível que pode se fundar como conhecimento rigoroso, tanto científico como filosófico. Quando descobre esse plano, a cultura toma-o como alicerce. A arqueologia vem então mostrar que essa *disposição* para procurar o fundo é correlativa de uma primeira *disposição* dos conhecimentos, fixada previamente pela ordem fundamental. Em outros termos, se num sentido a disposição é uma *propensão* dos saberes para procurar um alicerce, noutro sentido é a *organização* da base do saber que condiciona as formas concretas das teorias.

Na primeira perspectiva, a propensão não se deve confundir com uma inclinação, mas designa antes um princípio constitutivo do reino teórico, na medida em que esse reino é um elemento cultural ativo que reclama um fundamento. Na segunda, a disposição é o plano que determina os traços particulares da imediatez, traços que a arqueologia pretende cartografar rigorosamente. Juntas, elas mostram que a viagem da cultura é a sua descida para o que está por baixo dela. O mesmo é dizer que, nessa procura, a cultura não sai de si mesma, mas, pelo contrário, mergulha no seu próprio interior. Longe de se reduzir à fina espessura de uma pele, é dotada de interioridade e de espessura.

Não menos impressionante é a maneira como termina essa descida prodigiosa, quando a cultura se detém diante do fato bruto de que *há* ordem (*MC*, 12). Sabemos já que a ordem não é um ente entre outros. De fato, não é de todo um ente, e pode-se mesmo dizer que *não é*. A ordem do saber é o que permite aos entes que apareçam em relações coerentes. Este solo é o que constitui um problema, o que constitui verdadeiramente a dificuldade de uma investigação que aceita como ponto de partida que a ordem é a preocupação principal dos conhecimentos reflexivos. Que a ordem tomada neste sentido não seja um ente ele próprio ordenado, mas pelo contrário a base das relações entre os entes (ou a rede que os subentende), é o que faz dela o objeto do pensamento arqueológico.

Além disso, essa base que nada sustém passivamente é uma instância de *doação*. O fundo do saber *outorga* a ordem no seu próprio ser (*MC*, 12; grifo nosso), ou ainda *oferece* coisas ao saber (*MC*, 13-14). A doação é a condição de aparição das coisas que poderão então ser conhecidas, é a sua condição de possibilidade. Não é de uma forma de doação que se trata quando Foucault ancora o marxismo numa disposição epistemológica que lhe abre espaço e o subentende? Assim, a arqueologia põe o problema central do aparecimento das entidades do saber. O ser da ordem liga-se intimamente a uma atividade de entrega de coerência às coisas.

Mas o dom do "*há*" precisa-se: a disposição que oferece *concede a sua verdade*. Também prefigura tudo o que poderá ser validado ou invalidado pelas teorias e interpretações mais abstratas, tudo o que será admitido como verdadeiro ou rejeitado como falso. De onde a extraordinária constatação que dá sentido a *As Palavras e as coisas*, e que estas formulam como uma interrogação perturbadora:

> Como é que o pensamento se separa desses locais que habitava outrora gramática geral, história natural, análise das riquezas e permite cair

> no erro, na quimera, no não-saber isso mesmo que, menos de vinte anos antes, era posto e afirmado no espaço luminoso do conhecimento? (*MC*, 229).

Ainda é preciso lembrar que a *épistémè* é uma abertura ao verdadeiro e um fechamento ao falso dos saberes, e que tudo o que estes aceitam está na verdade da ordem. Essa verdade associada à instância que outorga a ordem às coisas não se confunde, portanto, com as verdades positivas dos conhecimentos ou das teorias. Foucault exprime-o com um sutil emprego de aspas: para a cultura, a região fundamental é "sempre mais 'verdadeira' do que as teorias que tentam dar-lhe uma forma explícita" (*MC*, 12). A partir da disposição se tornarão possíveis os questionamentos, os conceitos, os métodos e as teorias. Ao mesmo tempo, outras possibilidades já não poderão ser comportadas pelo espaço luminoso do saber e cairão no erro. De acordo com essa maneira de ver o problema, não há erro na verdade positiva que o exclui. Mas essa verdade de superfície não poderia colocar fora de jogo o que anteriormente era olhado como verdadeiro sem que o plano fundamental de que ela depende prescreva essa exclusão. O "*há* ordem" remete não somente para a doação, mas ainda para a organização de um espaço que é o da verdade.

Há, por outro lado, no mesmo livro, uma *independência* do fundo que não se pode subestimar. O plano que destina o aparecimento das coisas prescreve o seu modo de ser de maneira absolutamente imanente, por exemplo, ao excluir o ser humano, que não intervém na maneira como a verdade se dá. Foucault dá mesmo um passo a mais e admite a necessidade, para os saberes concretos, desse modo de aparecimento. A vinda dos entes à sua constituição como empiricidades para um discurso científico assenta na organização prévia de que as positividades nada têm a decidir. Na sua independência também, a ordem permanece um fato bruto. *Doação, verdade* e *independência* são em suma três aspectos em conjunção, no cerne da arqueologia das ciências humanas.

2. Depois da descida às profundezas, a subida à superfície

A atenção à espessura da experiência estava já presente na *História da Loucura*. Esta projetava seu olhar sobre o fundo constitutivo, mas historicamente móvel, que tornou possível o desenvolvimento dos conceitos e das práticas que rodearam a loucura (*HF*, 644). Mais ainda, propunha-se seguir "o encadeamento das estruturas fundamentais da experiência [para fazer] a história do que tornou possível o próprio aparecimento de uma psicologia" (*HF*, 653).

Lemos já em *As Palavras e as coisas* uma hesitação nesse apego à profundidade, apesar de ele acabar por ser abandonado. Com efeito, as incertezas da arqueologia a respeito do seu objeto e a via das suas investigações decorrem, simultaneamente, da dificuldade e da necessidade de manter um discurso que vá ao fundo da ordem epistemológica. No entanto, essa arqueologia leva ainda a um ponto extremo a radicalidade do plano fundamental, até fazer dele a base de um domínio autárquico, de um saber cuja dinâmica permanece independente de todas as outras formas de experiência. A isso deve este livro o seu lugar extraordinário no conjunto da obra.

Em breve, às estruturas profundas sucederá a acontecimentalização; a procura das causas substituirá a procura das condições de possibilidade; a arqueologia se transformará e se associará à genealogia, para quase lhe ceder o seu lugar.[1] *As Palavras e as coisas* são o último momento antes dessa metamorfose, e mesmo a *Arqueologia do saber*, que devia ser o discurso do método precedentemente empregado, já não o será, porque Foucault terá renunciado sem barulho a uma parte do seu pensamento, essa parte que justamente se apoiava numa profundidade isolada de todo o resto, analisada no quadro de uma totalidade cultural.

Do movimento que vem no seguimento de *As Palavras e as coisas* seria preciso agora dar uma ideia geral. Que seja permitido dar aqui um salto até 1978, doze anos depois da publicação desse livro. Diante de um grupo de historiadores, Foucault faz então um discurso sobre o sentido do seu trabalho recente, quer dizer, *Vigiar e punir* e *A Vontade de saber*. Eis o que diz:

> Procuro trabalhar no sentido de uma "acontecimentalização". O que se deve entender por acontecimentalização? Uma ruptura de evidência, em

---

1 Sobre a associação da arqueologia e da genealogia, ver Foucault, "O que é a crítica? [Crítica e *Aufklärung*]" (exposição de 27 de maio de 1978), *Bulletin de la Société française de philosophie*, ano 84, n. 2, abril-junho de 1990, Paris, p. 49-51.

> primeiro lugar. Nos casos em que nos sentíamos muito tentados a referir-nos a uma constante histórica ou a um traço antropológico imediato, ou ainda a uma evidência que se impõe da mesma forma a todos, trata-se de fazer aparecer uma "singularidade". Mostrar que não era "tão necessário quanto isso" [...]. Ruptura das evidências, essas evidências em que se apoiam o nosso saber, os nossos consentimentos, as nossas práticas.[2]

A partir do momento em que se olha a acontecimentalização sob o ponto de vista dos que se lhe opõem, mede-se o esforço de Foucault para se afastar da profundidade. Para o compreender bem, eis algumas linhas de Greimas publicadas em 1973, cinco anos antes da exposição de Foucault aos historiadores. O fato histórico, declara Greimas, "resulta antes de uma seleção significativa operada [...], de maneira mais geral, por estruturas históricas mais profundas do que os fatos de superfície que, a despeito dos acontecimentalistas, se não descem à rua estão, apesar disso, presentes".[3] Propõe então "uma distinção útil entre dois níveis de compreensão do fenômeno histórico: um nível profundo, fundamental, onde se encontram situadas as estruturas históricas globais, e um nível de superfície, lugar da formação dos fatos históricos".[4]

É inútil empenharmo-nos numa comparação aprofundada dessas frases para ver o que é evidente: a inscrição do trabalho de Foucault no sentido de uma acontecimentalização faz reviver o tema das suas ligações com o pensamento estrutural, que permanecem inteligíveis fora da relação fundamental. O discurso de Foucault responde ao discurso, ilustrado por Greimas, sobre as estruturas históricas globais. Todavia, não fica por aí. No limite, não é apenas dos estruturalistas que Foucault pretende afastar-se, mas é ainda da sua antiga concepção da ordem das coisas, que lhe permitiu fazer a história da loucura e a arqueologia das ciências humanas. Esta é, sem dúvida, a primeira lição a reter da releitura acontecimentalista que ele faz do seu próprio

---

2 FOUCAULT, Michel. "Mesa redonda de 20 de maio de 1978", *DE* IV, n. 278, p. 23. Ver também Foucault, "O que é a crítica? [Crítica e *Aufklärung*]", art. cit., p. 47 ss.

3 GREIMAS, A. J. "Sobre a história acontecimental e a história fundamental." *In*: Koselleck; Stempel (dir.), *Geschichte – Ereignis und Erzählung*. Munique: Wilhelm Fink Verlag, 1973, p. 139-152: p. 141.

4 *Ibid.*, p. 142.

trabalho: o estruturalismo relativamente ao qual se trata aqui de marcar as distâncias é o seu próprio estruturalismo.

No entanto, a mesa redonda com os historiadores ensina-nos uma segunda lição: a subida à superfície foucaultiana está ligada a uma crítica não apenas da universalidade (em proveito do que é singular), mas ainda da necessidade. A acontecimentalização mostra que, tal como nos aparecem, as coisas não são tão necessárias quanto isso. Aqui joga-se a passagem de uma investigação das condições de possibilidade para uma atenção às causas. Sobre este ponto, vejam-se estas linhas esclarecedoras extraídas do mesmo debate com os historiadores:

> A acontecimentalização consiste em encontrar as relações, os encontros, os apoios, os bloqueios, os jogos de força, as estratégias etc., que, num dado momento, formaram o que depois vai funcionar como evidência, universalidade, necessidade. Ao tomar as coisas desta maneira, procede-se de fato a uma espécie de desmultiplicação causal.[5]

Magnífica passagem da contingência à necessidade, segundo a qual esta última é resultado da primeira, o que leva a crer que a necessidade é, por isso mesmo, contingente. Compreendemos em que medida esse raciocínio se distingue daquele que marcava a abordagem do saber. A necessidade podia então ser o produto de contingências, sem que por isso se apagasse como necessidade. Em si mesma, a disposição epistemológica era contingente: que um acontecimento radical mude a natureza do saber de uma certa maneira de preferência a uma outra aparecia como obra do acaso, em todo o caso inexplicável. Em contrapartida, a disposição determinava de maneira necessária os saberes concretos.

Essa necessidade era formal, por assim dizer. Mas não era "material", porque materialmente havia fato-aleatoriedade. Lembremos o que escrevia Foucault: "Ao nível de uma história das opiniões, tudo isto aparece como um encadeamento de influências, onde sem dúvida seria preciso fazer aparecer a parte individual que se deve a Hobbes, Berkeley, Leibniz, Condillac, aos Ideólogos". Portanto, há de fato contingência, personalidades que se cruzam e fenômenos que se imbricam uns nos outros. A necessidade, essa, surge apenas do lado do que "arqueologicamente [...] tornou possível" um pensamento. Deste modo, inscreve-se

---

5 Foucault, "Mesa redonda de 20 de maio de 1978", *DE* IV, n. 278, p. 23.

entre duas contingências: a que a precede e que é o acontecimento radical que organiza a base do saber de uma maneira determinada, mas que poderia muito bem ser diferente; a que lhe sucede, a conjunção de fatores empíricos sobre os quais o *a priori* não tem evidentemente nenhuma influência. Em suma, a disposição é materialmente contingente e ordena elementos empiricamente contingentes; todavia, determina de maneira necessária o que se constitui como saber.

O poder-saber é pensado segundo um esquema bastante diferente. O que funciona "como evidência, universalidade, necessidade" é o resultado de contingências e não instaura nenhuma necessidade. Esta é, em última análise, apenas aparente: daí a necessidade de destruir a sua evidência. Que, para que se conheça, o ser humano deva passar por uma decifração de si tendo na sexualidade o seu ponto de ancoragem, isto é, segundo a genealogia do poder-saber, nomeadamente psiquiátrica, absolutamente contingente. Causas múltiplas concorrem para a produção do dispositivo de sexualidade, que não é instaurado por um acontecimento radical inexplicável. Depende antes de uma convergência de fatores: os encontros, os apoios, os bloqueios.

Agora, dizer que toda necessidade se torna *aparente* não significa que ela seja *ilusória*. Se a ilusão se opõe ao real, a aparência, pelo contrário, introduz no campo da experiência um elemento que modifica o regime do que é percebido. Isso explica o fato de que, a partir do momento em que se acredita na existência desses elementos aparentes, estes acabam por produzir realmente conhecimento e práticas que pretendem dar conta deles ou ser conformes com eles. A aparência designa aqui o fato de ser uma forma de organização da contingência.

A partir do momento em que a necessidade é esvaziada do seu sentido, é incontornável uma interrogação: por que é que o poder-saber não seria então o reino da liberdade? A resposta é simples: porque a necessidade é aí substituída pelo constrangimento. E tal como no saber a necessidade estava rodeada de contingência, também no poder-saber a liberdade será restringida por constrangimentos. As liberdades modernas são apenas a superfície visível de um subsolo profundo e sólido de injunções, e esse subsolo só torna possíveis essas liberdades na medida em que elas poderão, por seu turno, reforçá-lo.[6] Esse é, por

6 Sobre a produção de liberdade como "uma astúcia tática e estratégica", ver *NBP*, 84-86.

exemplo, o sentido da política das almas exercida por meio da tecnologia dos corpos. A desmultiplicação causal da acontecimentalização pode muito bem pôr fim à necessidade profunda. O que não pode fazer é abrir um espaço de liberdade.

Podemos compreender a partir daí um fato decisivo, que é o esbatimento das condições de possibilidade em benefício da causalidade. O *a priori* que se encontrava no saber relegava as causas para um plano secundário. O arqueólogo interpretava os fenômenos epistemológicos como manifestações superficiais de um plano radical. Mas o trabalho desse plano não se apresentava como a causa deles: enquanto *a priori*, era um quadro geral de ordenação. Em outras palavras, a disposição não era a causa profunda do que se mostrava à superfície; era a sua condição de possibilidade. O modo de ser que definia constituía um quadro mais vasto do que as causas específicas de cada produção cultural. Numa palavra, a ligação entre a disposição e a manifestação não era causal.

A genealogia, em contrapartida, se bem que rejeite o conceito clássico de efeito e, por consequência, também o de causa, põe no centro da análise aquilo a que chama efeitos-instrumentos. Dessa nova causalidade, o discurso de Foucault aos historiadores dá importantes desenvolvimentos teóricos. Segundo ele, não se trata de conceber uma instância única de causalidade, nem sequer relações unívocas de uma causa a um efeito, ou de causas múltiplas a diferentes efeitos. É indispensável ir mais longe para pensar a desmultiplicação implicada pela plurivocidade dos movimentos e pela proliferação dos pontos suscetíveis de produzirem efeitos. Assim, exemplifica:

> quanto mais analisardes os processos de 'carcerização' da prática penal, até os seus mais pequenos detalhes, mais sereis levados a referir-vos a práticas como a escolarização ou da disciplina militar etc.[7]

Em lugar de reconduzir todos os fenômenos a um fundo comum que os explicaria, a desmultiplicação trabalha por encruzilhadas sucessivas que continuam a cruzar-se incessantemente e a agir umas sobre as outras. O poder-saber faz aparecer uma dinâmica renovada, em que as forças e os movimentos evoluem principalmente na horizontal.

---

7 Foucault, "Mesa redonda de 20 de maio de 1978", *DE* IV, n. 278, p. 24.

Assistimos assim, na corrente da obra de Foucault, a uma metamorfose da relação fundamental. No início, este tem a ver com um fundo que é condição de possibilidade da superfície e determina o que aparecerá como resultado do ordenar. Enquanto condição de possibilidade, o fundo permite que se constituam teorias e que certas coisas sejam compreendidas no interior dessas teorias como causas e outras como efeitos. Mas no poder-saber a fundação combinará a condição de possibilidade e a causalidade. Por um lado, realidades tais como as liberdades, a alma moderna e a sexualidade só são possíveis como subtendidas pela estrutura disciplinar da sociedade que é a sua condição de possibilidade. Por outro, esse modo de ser da sociedade só é ele próprio compreensível à luz de uma causalidade múltipla, sempre em tensão e plurívoca. A existência do fundo não exclui também que possamos prestar atenção à causalidade, que vive e organiza os seus polos no entrelaçamento do dispositivo de superfície. Digamos que, nos dois casos, o fundo determina a superfície, primeiro numa simples relação de condicionamento, depois numa combinação de condicionamento e causalidade.

3. Fundamentos sem normatividade

Relativamente à análise do saber, o estudo do poder concede um estatuto acrescido à superfície. Os dispositivos põem em contato as tecnologias fundamentais e os entes que eles determinam. Esta atenção dada à camada das entidades e das relações imediatamente visíveis é acompanhada de uma alteração na maneira de organizar as determinações: se havia antes uma relação de baixo para cima em que o fundo era condição de possibilidade da superfície, junta-se agora a essa forma de ordenação uma causalidade múltipla, uma desmultiplicação que leva quase a declarar que tudo está em tudo. A subida à superfície depois de uma estadia nas profundezas de cultura é uma das transformações do pensamento de Foucault depois de *As Palavras e as coisas*. Mas não oferece uma resposta à questão de saber em que medida, afinal, o fundo pode ou não ser interpretado como um fundamento. É, portanto, essa última dificuldade que convém considerar agora.

Tomemos uma definição do fundamento em dois momentos. *Primeiro,* é o fundo incondicional de qualquer coisa, ou aquilo em que essa coisa assenta de maneira intransitiva, quer dizer, não conhecendo encaminhamento para um outro fundo que por seu turno o subentenderia.

Para Descartes, o Cogito enquanto fundamento torna possível a saída da dúvida sem que o seu conhecimento seja tornado possível por uma qualquer exterioridade: ele é "o primeiro princípio da filosofia".[8] *Segundo,* o fundamento aparece como o que não é suscetível de ser revocado em dúvida, mas que, inversamente, permite que toda a dúvida possa ser formulada. Com efeito, o fundamento não só comporta a dúvida, permanecendo embora fora do alcance dela, mas ainda é o ponto de partida para toda a investigação da verdade, que não poderia ser conhecida como tal se não pudesse ser reconduzida à convicção absoluta do modo de ser (claro e distinto) do fundo.[9] Numa palavra, o fundamento é a condição do que surge num domínio (em Descartes, o domínio do conhecimento) e simultaneamente é ele próprio desprovido de condição exterior: funda sem ser fundado.

Em que é que essas observações que aclaram dois sentidos da palavra *fundamento* ajudam a melhor penetrar o segredo da obra foucaultiana? Sabemos já que a concepção do fundo sofre transformações de um domínio para outro. De um ponto de vista epistemológico, o fundo apresenta-se como uma condição de possibilidade absolutamente rebelde a uma determinação exterior. Como prova, a sua indiferença aos debates (e mesmo aos acontecimentos) políticos, que não tocam o ser do saber. Funda, portanto, sem ser fundado. Ademais, o fundo é a medida de toda a verdade, dado que é ele que abre às positividades concretas o horizonte no interior do qual elas desenvolvem as suas perguntas e respostas. Fazendo-o, é a instância de predisposição ou de prescrição daquilo que as ciências e os saberes estabelecerão como conhecimento. De tal modo que ele define o domínio do que será sabido e do que não poderá sê-lo. Nos dois casos, serve efetivamente de fundamento.

Apesar das suas diferenças em relação ao saber, nomeadamente pela introdução de uma causalidade múltipla com que a instância

---

8 DESCARTES. *Discurso do método* (Quarta parte, 1637). Paris: Union générale d'éditions, 10/18, p. 62.

9 *Ibid.*, p. 63. Em nota, F. Misrahi especifica que é o Cogito que "nos oferece o modelo de toda a *verdade*; quer dizer, a ideia perfeitamente clara e distinta. É a experiência metafísica do Cogito que, em última instância, funda radicalmente o valor matemático da ideia clara e distinta". *Ibid.*, p. 129, n. 159.

fundamental partilha o seu papel de determinação, o poder conserva uma estrutura similar à do domínio precedente. Reparte-se por um fundo e uma superfície, ao mesmo tempo que o dispositivo cumpre as funções que eram da competência da disposição epistemológica: organização do espaço do discurso e estabelecimento de regras para o discurso de verdade. O fundo tecnológico funciona também como condição de possibilidade das realidades segundas que são as liberdades, a sexualidade e alma moderna. Em relação a isso, define de fato um domínio, não como o faria uma fronteira, que é impotente para distribuir preeminências no interior de um território, mas como alicerce que permanece e organiza os elementos constitutivos do domínio em primeiros e segundos, fundamentais e superficiais. Ao que é preciso acrescentar que a relação de poder produz os seus próprios elementos sem que seja ela mesma produzida, porque está já nela, já que o poder não é mais do que essa relação. Com efeito, na deslocação teórica que conduz à bipartição do poder, é de fato a relação que funda o estatuto dos seus polos, e não são os polos que se encontram no primeiro plano para fundar a relação. Deste ponto de vista, a relação não se funda noutra coisa, mas é ela que funda o domínio: funda sem ser fundada. De novo, podemos dizer que o fundo é, aqui também, um fundamento.

Por fim, a moral põe outros problemas: parece num momento depender do funcionamento do poder, quando aparece como humanismo; e noutro momento da ética, quando esta é compreendida como sendo da esfera das formas da relação consigo. Mas à questão "as relações consigo compreendidas como fundo da moral são o fundamento dela?" só se pode, uma vez mais, responder pela afirmativa. Não é tanto que elas sejam *a condição exclusiva* do que acontece no domínio moral, porque o poder também tem uma palavra a dizer – não é, portanto, um fundamento no sentido em que definiria por si só o que pertenceria ou não ao domínio. Mas são elas próprias sem condição extrínseca, porque ao sujeito de si pertence intrinsecamente a possibilidade de problematizar os seus comportamentos e modular os códigos morais, em suma, elaborar uma atitude. O sujeito torna-se assim produtor não somente de princípios, regras e práticas, mas ainda da sua própria subjetividade. Daí o valor ontológico da ética, que fixa o que o sujeito quer ser, talvez mesmo o que ele é. Na medida em que o sujeito de si permanece a sede da ética, ele é também um fundamento que não depende de outro plano.

Em suma, há boas razões para tomar o fundo de cada domínio como um fundamento, na medida em que ele funda sem ser fundado e, pelo menos em parte (a ética constitui, de certa maneira, uma exceção), ele define um domínio ao qual outorga um sentido e uma unidade. Deveríamos entender com isso que, na bipartição, Foucault não faria mais do que retomar a ideia clássica de fundamento para a adaptar, de cada vez, aos seus objetos de estudo? De modo algum, e ele afasta-se dela pelo menos quanto a um aspecto principal: ao apresentar o fundo como uma instância de fato, e não de direito. O exemplo de Descartes permite esclarecer também essa faceta.

O pensador do Cogito estabelecia um começo sólido, que tomava como origem e fundamento do seu pensamento. Este era então um alicerce posto à prova pelo espírito, até o ponto em que este último já não podia duvidar. Ora, em Foucault, nunca se trata de alicerçar o conhecimento de uma vez por todas, mas de deslocar o ponto de vista que, para pensar os espaços da experiência, evita as alternativas clássicas: ciência ou ideologia, dominação ou simulacro, desejo ou interdito (*UP*, 11-12). É por isso também que o fundo nunca tem um sentido normativo. Ou, para dizer isto de outra maneira, Foucault nunca propõe lançar as bases racionais sobre as quais poderia haver saber, poder ou ética. O fundo (e é por isso que esse termo convém melhor do que fundamento) é sempre objeto de uma descrição de fato, que em nenhum momento se torna uma garantia, instituída com vista a fornecer um alicerce legal a conhecimentos ou valores. De resto, é evidente que, tomado no sentido normativo, não há fundamento em Foucault: como afirma Paul Veyne, "Foucault não pode fundar normas".[10] Isso significa que não pode nem quer encontrar um pedestal para as regras que orientam os conhecimentos e as práticas. O sentido do fundo é explicar *de fato* e historicamente, logo provisoriamente, a natureza de um domínio tomado na sua especificidade.

---

10 VEYNE, Paul. "Foucault e o niilismo." *In*: AAVV, *Michel Foucault philosophe*. Paris: Seuil, 1989, p. 399-404: p. 401.

Em contrapartida, não podemos esquivar uma última questão, capital relativamente ao estatuto do seu discurso. Sabendo que o fundo determina não somente práticas, mas ainda teorias, e que obriga a dizer a verdade segundo uma certa ordem (pelo menos é o caso para o saber e o poder), como é que as abordagens teóricas são tornadas possíveis, ou então produzidas, pelos modos de ser desses dois domínios? E de que maneira é que elas permanecem na dependência deles?

Quando se leva a sério a disposição de saber e os dispositivos políticos como fundo da teoria, tem de aceitar-se que a atividade de Foucault também não fica fora do alcance deles. Seria verdadeiramente paradoxal que lhes escapasse. Sem dúvida, os discursos sobre o fundo, se pretendem ser consequentes, não podem recusar, por sua vez, cair sob as determinações que deixam claras. Deste ponto de vista, todo discurso que pretende ser fundador entra numa luta com outros que apresentam a mesma pretensão: cada um pretende ser sempre mais fundador do que os seus concorrentes. Assim, a arqueologia das ciências humanas deseja elucidar a base que torna possível os saberes do ser humano. Em contrapartida, a sociologia ou a história esforçam-se em muitos casos por retribuir à filosofia, trazendo-a de volta a um solo sociológico ou histórico. Também Foucault, enquanto permanece prisioneiro dessa preocupação, não poderá, por seu turno, escapar das determinações que põe a claro. Para ser coerente, o seu empreendimento deveria apresentar-se como o trabalho teórico sobre o que realmente o funda.

Não obstante, Foucault nunca reconheceu de bom grado este fato. Como prova, a sua recusa de responder aos que insistem em que a sua teoria deve também cair sob a alçada dessas mesmas regras. Em lugar de o reconhecer, pretende escapar-lhes, como se as olhasse já de longe para se tornar outro e não para permanecer na alçada das leis que descobre (*AS*, 28). No fim da sua vida, na Introdução ao *O Uso dos prazeres*, Foucault declara:

> Há sempre qualquer coisa de irrisório no discurso filosófico quando ele pretende, do exterior, ditar a lei aos outros, dizer-lhes onde está a verdade deles, e como encontrá-la (*UP*, 16).

No entanto, não haveria alguma coisa de insólito quando pretendêssemos escapar da ordem geral se nós próprios tivéssemos mostrado que ela está na base de todo discurso?

CONCLUSÃO DA PRIMEIRA PARTE
A coerência metodológica do conjunto

Se regressarmos à interrogação inicial – como é que Foucault concebe a organização interna do saber, do poder e da ética? –, a resposta é clara agora: lendo as obras mais importantes, encontramos sempre a ideia de uma superfície visível e pouco importante que dissimula um fundo determinando a ordem das coisas. No saber, as relações entre os conceitos, os objetos e as ciências dependem de uma disposição fundamental que os torna possíveis e os subentende. No poder, tanto as formas concretas de conhecimento como a própria constituição do indivíduo dependem de um fundo de tecnologias políticas. Na moral, os códigos têm uma importância secundária relativamente à instância crucial que é a relação ética consigo. De cada vez, o imediato remete para o que se mantém oculto, mas que, apesar disso, é decisivo.

Daí decorre uma segunda tarefa: descobrir por qual movimento são estabelecidos os termos dessa relação. Detectamos então deslocações metodológicas que consistem em encontrar, entre os dois polos tradicionalmente constitutivos do domínio considerado, um terceiro plano. Esse estrato intermediário ocupa em seguida a posição fundamental.

Assim o saber, habitualmente constituído pelos códigos empíricos de uma cultura e pelas ciências ou pelas teorias abstratas, aparece subtendido pela disposição meio ocultada "uma imensa toalha de sombra", uma "sombra do que está embaixo [que] é uma difícil tarefa" (*MC*, 224) de que elas são a superfície aparente. O poder, constituído normalmente pelo laço vertical entre os súditos e o soberano ou entre os governantes e os governados, apoia-se de fato nas tecnologias políticas que, se bem que passem despercebidas ao primeiro olhar, constituem o seu fundo. Por fim, a moral, que veríamos como a região em que os comportamentos são explicados pela bitola dos códigos que os interditam ou permitem, converte-se no espaço onde as relações éticas consigo formam o alicerce tanto dos códigos como dos comportamentos, sendo estes dois últimos remetidos para o mesmo nível superficial. Assim, o saber, o poder e a moral são igualmente comparáveis pela operação metodológica que os reorganiza.

Esta operação, que recusa de igual maneira aos dois fatores classicamente dados a importância que habitualmente se lhes reconhece, não é uma revolução coperniciana. Nas concepções clássicas do saber, do poder e da moral, estes organizam-se em torno de dois polos ligados entre si por uma relação. Submetê-los a revoluções copernicianas significaria manter uma relação direta entre dois elementos, invertendo os seus papéis. De modo inteiramente diferente, Foucault introduz primeiro um terceiro termo, um plano intermediário. Em seguida, este torna-se fundador do conjunto e institui uma hierarquia original, no interior da qual os dois polos primitivos sofrem, um e outro, a mesma desvalorização. A metamorfose é, portanto, acompanhada por uma mudança de estatuto dos termos implicados: ao mesmo tempo que o terceiro é colocado no fundo, os dois primeiros perdem a sua importância.

Mais ainda, a singularidade desta operação acentua-se quando o que é colocado no fundo não é uma instância simples, mas sim uma relação. Em contrapartida, se o fundo é uma relação, deve em seguida existir uma interconexão entre essa relação de fundo e as entidades de superfície: é aquilo a que chamamos de relação fundamental. Assim, um domínio já não é atravessado pela conjunção direta de dois polos numa tensão simples; é atravessado por uma relação (fundamental) entre uma relação (de fundo) e entidades (superficiais), quer elas sejam positividades, indivíduos, instituições ou códigos.

As deslocações metodológicas redobram as mediações. Constatamos, por exemplo, que a tecnologia política dos corpos faz a ligação entre os dois núcleos tradicionais do poder. Isso significa que entre ela (como ligação) e o súdito e o soberano, instaura-se uma relação, neste caso uma relação de determinação: os últimos são determinados pela primeira. É preciso pensar rigorosamente esta mediação, porque a partir do momento em que se torna fundadora, ou até para que o possa ser, a relação deve ser dotada de um conteúdo: epistemologicamente, é um conjunto de coisas que são em si mesmas ordenáveis; politicamente, é a variedade de poderes e de saberes que as instituições colocam em jogo; eticamente, compõe-se de artes da existência e técnicas de si. Nesta perspectiva, o fundo é uma relação (intermediária) que já não é simplesmente uma relação. A relação do fundo com a superfície é uma relação entre, por um lado, uma relação que tem um conteúdo, localizada na base, e, por outro lado, entes de saber, de poder ou de moral, que essa relação determina, localizados à superfície. É por isso que há redobramento da mediação.

Tudo isso tornava incontornável uma terceira tarefa: compreender o funcionamento da relação entre os dois planos no interior de cada região. Com efeito, sabíamos que havia uma relação fundamental, e que o discurso sobre ela implicava uma reviravolta metodológica. Todavia, isso nada nos dizia sobre o modo de existência concreto dessa relação, em particular nos seus dois sentidos possíveis – de baixo para cima e de cima para baixo. O fundo determina a superfície. Mas o que é determinar? A superfície, por seu turno, toca no fundo? Em caso afirmativo, como?

Ao nos interessarmos por esses problemas, descobrimos a diferença mais acentuada entre a constituição dos três domínios. Ela diz respeito *ao modo de determinação de um plano pelo outro*. No que diz respeito ao saber, a superfície depende do fundo segundo um movimento tendencialmente unívoco de baixo para cima, que deve ser olhado como uma abertura e um fechamento concomitantes. Nessa região, os dois estratos não se misturam, sendo as positividades e das empiricidades previamente dispostas por uma instância que necessariamente lhes é anterior. Foucault marca definitivamente essa diferença distinguindo entre os fenômenos da opinião e o ser do saber.

Em contrapartida, no poder, a separação já não é tão nítida. Decerto, continua a haver uma determinação de baixo para cima sob a forma das condições de possibilidade como um subsolo profundo e sólido. Mas ao lado dela, há determinação à superfície onde se encontra o dispositivo como rede de uma causalidade múltipla e cruzada. A linguagem arqueológica do *a priori*, que se associava à necessidade da disposição, combina-se aqui com o método genealógico que substitui pela coerção a necessidade formal. Num primeiro momento, a coerção aparece como material; todavia, adquire em seguida um caráter formal, na medida em que instaura o quadro em cujo interior, e somente nele, tem lugar o *discurso de verdade*.

Por fim, a ética escava um novo fundo para determinar a moral. Decerto, o si nunca está inteiramente livre da exterioridade do real que o rodeia de códigos de conduta. Apesar disso, consegue emancipar-se deles para exercer uma possibilidade que pertence só a ele e por meio da qual elabora princípios de conduta pessoais. O que há de mais imediato neste domínio (os códigos e os comportamentos) é aquilo pelo que ele se mantém próximo do poder; e o que é nele fundamental, autônomo (as relações de si consigo), é o que o afasta do poder. Daí duas conclusões: *primeira*, do mesmo modo que o poder não tocava o fundo do saber, também não toca agora no fundo da ética; *segunda*, esta é determinante porque é a fonte dos princípios que, a partir do momento em que se generalizam, se converterão nos códigos de uma nova moral. Essa determinação não é, portanto, imediata, mas é transferida.

Podemos então dizer que, apesar das diferenças entre eles, os três modos da determinação da superfície pelo fundo são variações de um mesmo esquema. Assim, não são as marcas de rupturas radicais que nos deixariam diante de três domínios não comparáveis. São antes as maneiras de fazer operar uma mesma dimensão complexa (a do fundo) que, para lá das suas flutuações, conserva um estatuto reconhecível: é a base que precede aquilo que torna possível, ao mesmo tempo que assegura, a existência específica do domínio que funda.

Durante muito tempo acreditou-se na existência de uma estrutura representativa da coerência da obra de Foucault. Também se preferiu não falar de uma obra, mas de um percurso. Essa denominação prestava-se passivamente a que se lhe aplicassem, abusivamente, conceitos de que Foucault tinha se servido primeiramente para compreender os objetos da sua investigação histórico-filosófica. Tal prática, que consiste apenas, tudo somado, em retirar os conceitos do seu contexto para os fazer funcionar noutro lugar, e unicamente na base de uma analogia imediata, pode ser exemplarmente clarificada pelo uso do termo *descontinuidade*. Tal como Foucault afirmava que, na história epistemológica, política e ética, as épocas tinham sido separadas por rupturas, assim também entre as suas concepções do saber, do poder e da ética haveria descontinuidades. Nada menos. E, sobretudo, nada mais.

Ao correr das interpretações, esta visão instalou-se com tal vigor que se converteu em moeda corrente e passa por uma verdade incontestável. Não devemos nos admirar de ver um filósofo como Axel Honneth tomar como sua a interpretação de outro filósofo, Gary Gutting, para afirmar que é impossível descobrir qualquer continuidade na obra de Foucault. No texto que abre a coletânea *Michel Foucault:*

Zwischenbilanz einer Rezeption, lemos, com efeito, que há em particular dois traços distintivos dos seus escritos que se opõem à formação posterior de um sistema e, ao fazê-lo, abafam toda a explicitação de continuidades imanentes à obra. Esses dois traços são a *especificidade* e a *marginalidade* dos textos de Foucault (as palavras são de Gutting), que Honneth associa ao que outros comentadores descrevem como a descontinuidade radical dos seus escritos.[1] Mais ainda, a descontinuidade cede por vezes o seu lugar às verdadeiras *reviravoltas* de Foucault, à maneira da *Kehre* heideggeriana.

Doravante, convém matizar esta ideia. Não é, evidentemente, o caso que o percurso intelectual de Foucault seja linear e liso. É apenas que, se nos ativermos à ideia apressada de descontinuidade, não conseguimos reconhecer que há nas suas obras qualquer coisa de mais profundo do que as mudanças de terreno e de perspectiva. Não se trata de negar as variações e as deslocações de interesse, coisa que seria ir contra todas as evidências. Mas é preciso sustentar com as provas e os argumentos expostos que, num nível muito mais importante (o da estrutura do pensamento, dos esquemas segundo os quais este ordena o diverso e lhe dá um sentido), é possível explicitar uma coerência metodológica de conjunto que faz da obra de Foucault bem mais do que um simples percurso.

Essa coerência só é capturável no fim, a partir de um olhar lançado sobre o conjunto dos escritos. É por isso que ela não deve obnubilar o espírito a ponto de fazer esquecer o que constitui a outra vertente da singularidade de Foucault: a sua capacidade de se deslocar em campos múltiplos e longamente deixados ao abandono pela filosofia. Se seria empobrecedor ver nele apenas análises empíricas fragmentadas, não seria menos insensato ver no seu trabalho um todo sem fissura, se é permitido retomar aqui uma expressão que Alexis Philonenko aplicava à filosofia crítica de Kant.[2] Em contrapartida, e se acreditarmos que as duas vertentes da variação e da coerência devem ser compreendidas num único movimento, então será indispensável reler as análises regionais de Foucault à luz do esquema fundamental. Poderíamos resumir as

1 HONNETH. "Foucault und die Humanwissenschaften", art. cit., p. 15-16.

2 PHILONENKO, A. "Introdução." *In*: *Kant, Crítica da faculdade de julgar*. Paris: Vrin, 1965, p. 15.

ligações entre essas duas dimensões dizendo o seguinte: o esquema fundamental sem as análises concretas é puramente formal, logo vazio; e as análises concretas sem a sistematicidade introduzida por esse esquema permanecem isoladas, por consequência, sem seguimento e sem lógica.

SEGUNDA PARTE

O TEMPO ESPACIALIZADO

Depois de ter trazido à luz do dia as estruturas do saber, do poder e da ética, temos agora uma ideia precisa do que elas são e estamos em posição de nos interessarmos pelas suas metamorfoses. Tendo analisado os modos de ser da ordem, ou as relações em que se encontram as diferentes partes constitutivas de cada domínio, vamos concentrar-nos nas suas temporalidades.

A temática das mutações históricas nos acompanham desde o começo. Desde a primeira citação de *As Palavras e as coisas* referente à transição da idade clássica para a modernidade, até as relações entre as éticas antiga e cristã, passando pela substituição da sociedade dos suplícios pela sociedade disciplinar, a existência de cada região nunca esteve separada da sua dimensão histórica. Todavia, trazendo esse aspecto para o centro da atenção, o objetivo não será reconstituir as metamorfoses dos saberes concretos, do sistema punitivo e das reflexões da ética, mas, mais abstratamente, distinguir e compreender os seus diferentes regimes de transformação.

Se bem que este problema nunca tenha sido objeto de uma teorização específica por parte de Foucault, uma leitura atenta mostra que ele usa, de maneira consequente e refletida, um vocabulário que dá sentido tanto às transições entre os períodos de uma história descontínua como ao desenvolvimento no interior de cada época. Não há, portanto, motivo para negligenciar essa dimensão do seu pensamento. Pelo contrário, é preciso absolutamente retirar da obscuridade os esquemas abstratos em ação nos textos e que subentendem as análises concretas que estes propõem, embora sabendo que eles não serão nunca apresentados espontaneamente.

Um primeiro passo neste caminho consiste em notar que as metamorfoses não estão todas ligadas a uma temporalidade levando do nascimento até a morte dos entes, mas estabelecem igualmente laços com a alternância do visível e do invisível. Seria um erro confundir esses aspectos. Dois exemplos bastam para o esclarecer, extraídos de *Vigiar e punir*. O primeiro diz respeito a uma transformação na visibilidade:

> A punição tende a se tornar a parte mais escondida do processo penal. Coisa que arrasta várias consequências, ela abandona o domínio da percepção quase quotidiana, para entrar no da consciência abstrata; a sua eficácia é pedida à sua fatalidade, não à sua intensidade visível;

> a certeza de ser punido, é isso, e já não o abominável teatro, que deve afugentar do crime (*SP*, 15).

Por um lado, o processo penal oculta as suas zonas de penumbra, por exemplo, a da punição. Por outro lado, a luz muda sobre cada uma das suas zonas, ora o que estava iluminado se torna obscuro (a punição), ora o que permanecia incerto se impõe à consciência de todos (a fatalidade de ser punido). O plano sobre o qual se desenham estes fenômenos compõe-se então de sombra e de luz; o seu aspecto modifica-se de acordo com a partilha e as trocas dessas duas zonas. O que parecia ser um problema da simples temporalidade converte-se assim num problema da espacialidade.

Todavia, essa experiência respeita sempre a qualquer coisa existente. Portanto, não se deve confundir com a vinda dos entes à existência e a sua partida para a inexistência. Com este segundo movimento relaciona-se a seguinte a ideia: "desapareceu, em algumas dezenas de anos, o corpo supliciado [...] o corpo como alvo principal da repressão penal" (*SP*, 14). Alguma coisa se acaba. E dado que se trata de um elemento determinante, o seu desaparecimento representa uma alteração geral do modo de ser do domínio. Nesta segunda perspectiva, o campo da punição organiza-se segundo regimes que se instalam e se desfazem, sucedendo-se uns aos outros.

As mutações históricas pertencem mais ao plano do nascimento e da morte, ou ao plano da visibilidade e da invisibilidade? As metamorfoses em cada um desses planos estão em relação? Na afirmativa, como? No caso de ser descortinável uma ligação entre elas, quais seriam a sua natureza e a sua forma? As respostas a essas questões serão dadas em três momentos. Convirá saber primeiramente de que maneira é que as disposições, os dispositivos e as problematizações se transformam e se sucedem, porque a temporalidade de cada domínio pode apresentar singularidades. Em seguida, será preciso descobrir como é que o aparecimento e o desaparecimento estão compreendidos no plano da visibilidade. Restará por fim compreender a relação entre a passagem do não-ser ao ser (e inversamente) e as metamorfoses no interior daquilo que é.

CAPÍTULO V
As metamorfoses históricas

A maior parte das obras de Foucault se constrói a partir de perspectivas históricas. Em cada uma, ele se debate com o estabelecimento dos limites temporais das formações teóricas e práticas, e pergunta-se onde acaba o Renascimento e começa a idade clássica, onde esta se interrompe para que nasça a modernidade. A uma atribuição de sentido à história, Foucault opõe uma sequência de descontinuidades profundas. A atenção ao tempo é tão forte que impregna a concepção do esquema fundamental, cuja marca imediata é a oposição entre as continuidades de superfície e as descontinuidades do fundo.

Agora, que conceitos, precisamente, permitem dar conta das mudanças históricas? A que princípios essas mutações obedecem? E qual é o tipo da descontinuidade que tornou Foucault tão célebre? A partir dessas três questões descobriremos o que há de comum nas temporalidades do saber, do poder e da ética, e aquilo em que elas se distinguem.

1. As rupturas radicais entre as épocas de saber

Entre o Renascimento e a idade clássica, tal como entre esta e a modernidade, produz-se um acontecimento que atinge o coração do saber. Temos uma ideia do que ele é, já que na análise da relação epistemológica, a distinção entre o fundo e a superfície foi acompanhada por referências aos seus regimes temporais respectivos. Ao fundo ligam-se as alterações massivas e bruscas, ao passo que um olhar sobre a superfície leva a acreditar na continuidade dos conhecimentos, ou mesmo no seu progresso. Uma passagem de *As Palavras e as coisas* revela essas duas temporalidades. Vamos retomá-la aqui integralmente para extrair dela todas as consequências:

> Os últimos anos de século XVIII sofrem uma descontinuidade simétrica da que tinha despedaçado, no começo do século XVII, o pensamento do Renascimento; então, as grandes figuras circulares onde a similitude se encerrava tinham-se deslocado e aberto para que o quadro das identidades pudesse desenrolar-se; e esse quadro vai agora desfazer-se por sua vez, alojando-se o saber num espaço novo. Tal descontinuidade é

> tão enigmática no seu princípio, na sua primitiva dilaceração, como a que separa os círculos de Paracelso da ordem cartesiana. De onde vem bruscamente essa mobilidade inesperada das disposições epistemológicas, a deriva das positividades umas em relação às outras, e mais profundamente ainda, a alteração do seu modo de ser? Como é possível que o pensamento se desprenda desses domínios que habitava outrora – gramática geral, história natural, análise das riquezas – e deixe cair no erro, na quimera, no não-saber aquilo mesmo que, menos de vinte anos antes, se situava e afirmava no espaço luminoso do conhecimento? A que acontecimento ou a que lei obedecem essas mutações que fazem com que de súbito as coisas já não sejam percebidas, descritas, enunciadas, caracterizadas e sabidas da mesma maneira e que, no interstício das palavras ou sob a sua transparência, já não sejam as riquezas, os seres vivos, o discurso que se oferecem ao saber, mas seres radicalmente diferentes? Para uma arqueologia do saber, essa abertura profunda na camada das continuidades, se deve ser analisada, e minuciosamente, não pode ser "explicada" nem mesmo recolhida numa palavra única. É um acontecimento radical que se reparte por toda a superfície visível do saber e de que se podem seguir passo a passo os sinais, os abalos, os efeitos. Só o pensamento, assenhoreando-se de si mesmo na raiz da sua história, poderia fundar, sem margem para dúvida, o que foi em si mesma a verdade solitária desse acontecimento (*MC*, 229-230).

Toda a concepção das transformações históricas que *As Palavras e as coisas* fazem está condensada aqui. Estas linhas ensinam-nos que o acontecimento é *radical*; depois, determinam a verdade desse acontecimento como *solitária*. Detenhamo-nos nas palavras. Se o acontecimento é radical, é porque ocorre na raiz, no fundo. A raiz tem assim uma temporalidade que lhe é própria. Além disso, dizer que a verdade desse acontecimento é solitária é declarar que não tem nenhuma relação com o exterior, que é imanente a si. Tomada *radicalmente*, a solidão exclui a relação com qualquer coisa que a precederia e a conteria em potência. Fica assim absolutamente separada de toda a causalidade no interior da qual seria assinalável e que a explicaria.

Kant: causalidade natural e causalidade por liberdade

É por isso que o acontecimento não pode ser explicado. Explicar um fenômeno, para retomar o vocabulário clássico, é recolocá-lo numa cadeia causal constante. A sucessão dos fenômenos captada dessa maneira faz-nos *"reconhecer empiricamente [a] continuidade no encadeamento do tempo"*,[1] numa operação que associa de maneira indissolúvel a causalidade à continuidade temporal. Foucault, de uma penada, recusa ambas. Compreende-se de uma só vez o que significa deixar cair no erro, na quimera, no não-saber aquilo mesmo que, menos de vinte anos antes, se situava e afirmava no espaço luminoso do conhecimento. A solidão da nova verdade arrasta que, a partir do momento em que o tempo se rasga, já não há compatibilidade entre o novo regime e aquele que o precedia, sendo este simultaneamente separado do que lhe sucede. A velha disposição solitária fica sem saída.

A ruptura é enigmática no seu princípio, na sua primitiva dilaceração. Todavia, a arqueologia a descreve como radical e dotada de uma verdade solitária. Isso quer dizer que a investigação caracteriza a ruptura mesmo que seja incapaz de lhe atribuir causas. Não é um indício de que a ruptura reclama outra espécie de "explicação"? Afirmar que o rasgão temporal instaura um novo regime de verdade significa, em primeiro lugar, que traz com ele as condições segundo as quais os cientistas só terão a possibilidade de reconhecer o que existia antes como falso, ou até ingênuo. Inversamente, o acontecimento torna-se a fonte do discurso positivo que articula as coerências cognoscíveis. Mas, em segundo lugar, significa também que a verdade é agora imanente ao acontecimento, e que todo o conhecimento está na dependência do *a priori* histórico que o subentende. Por consequência, a explicação do próprio acontecimento tem também o seu lugar no *a priori*.

Daí, duas consequências. Primeiro, não existe nenhum princípio epistemológico que não seja no interior do tempo que o acontecimento inaugura. Em seguida, só no novo regime se poderá constituir o conhecimento desse acontecimento; se este último dispõe as condições de toda a verdade, o discurso sobre ele deve observar igualmente essas condições. De tal modo que a sua "inexplicabilidade" tem uma contrapartida ainda mais vigorosa: o empreendimento explicativo que o tomará como objeto é tornado possível por ele. Se há uma lição epistemológica a

1 KANT. *Critique de la raison purê*. Tremesaygues; Pacaud (trads.). Paris: PUF, 1971 (1944), p. 186-188. *Kritik der reinen Verkunft* (doravante *KrV*), AK III, B 239.

tirar disso, é que a temporalidade do saber arqueológico só é explicável a partir do que determina o acontecimento fundamental.

Mas há uma segunda lição, ainda mais crucial, a tirar: ela é de natureza ontológica. O acontecimento destrói um modo de ser do saber com as suas velhas entidades, e substitui-o por um novo quadro povoado por outros entes. Entre a idade clássica e a modernidade já não são as riquezas, os seres vivos, o discurso que se oferecem ao saber, mas *seres radicalmente diferentes*. Esta dimensão de um acontecimento cujas causas, se é que existem, permanecem impenetráveis, já não remete para causalidade natural segundo o modo da necessidade, mas para uma causalidade por liberdade. É ela que introduz uma descontinuidade no raciocínio de que não se encontra paralelo no mundo empírico. Na natureza transcendentalmente compreendida, é sempre possível procurar uma causa anterior a um fenômeno. Em contrapartida, na ordem da liberdade, é impossível ir para além da causa inteligível de um ato, ainda que se possa ir até essa causa. Neste novo regime, não somente o conhecimento das causas se vê interrompido, mas ainda a vontade que age livremente é também uma "condição incondicionada"[2] pelas cadeias causais naturais. Ela é uma faculdade de começar por si mesma uma série de acontecimentos. Mais ainda, é impossível saber por qual razão, de uma tal causalidade inteligível e numa situação determinada, decorrem certos efeitos empíricos de preferência a outros. No regime de causalidade pela vontade, há, portanto, lugar para a descontinuidade, o incondicionado e o inexplicável, três características do acontecimento epistemológico.

Finalmente, a arqueologia das ciências humanas não está em exata oposição à causalidade kantiana. Porque Foucault leva uma dessas duas causalidades a um ponto extremo onde ela acaba por fixar os limites da outra. Apresenta o acontecimento como um incondicionado, que será a condição de possibilidade dos fenômenos de saber. O incondicionado permite a constituição de ciências que tomarão como objeto as cadeias causais naturais. O incondicionado é de onde surge o *a priori* histórico. Mas é também o que limita o tempo em que a causalidade natural se tornará operatória, tempo que desenha o começo e o fim.

---

2 Kant, *KrV*, B 582 e B 585; tr. p. 405 e 407.

Isso explica outra similitude entre Foucault e Kant relativamente à inexplicabilidade da descontinuidade acontecimental. Neste último, é impossível explicar tanto a liberdade como os resultados empíricos dela. No caso da liberdade, o reconhecimento das causas de um ato livre o reduziria ao domínio da simples natureza. No caso dos seus efeitos, seria preciso que a razão, como causa capaz de produzir esses resultados, se modificasse para se converter no objeto de uma investigação empírica, o que não acontece. Encontramos um princípio semelhante em Foucault. O acontecimento radical só pode ser explicado a partir do que ele mesmo dispõe, e não se saberá por que a *épistémè* não foi então determinada diferentemente. À descontinuidade temporal associa-se um limite no conhecimento, que rejeita para o fundo de um não-saber as causas do acontecimento e a possibilidade que teria tido de produzir outras consequências. A ruptura deixa o acontecimento fora do alcance da arqueologia que o assinala: esta pode ir até o acontecimento, mas é impotente para enveredar por um caminho causal além dele. A este respeito, um pouco à imagem da vontade kantiana, o acontecimento permanece uma "condição incondicionada".

Aqui se detém a correspondência entre *As Palavras e as coisas* e a *Crítica da razão pura*. A análise kantiana da liberdade permanece sempre no horizonte da razão e da vontade humanas. É o ser humano que, "do ponto de vista de certas faculdades [...] é um objeto simplesmente inteligível, dado que a sua ação não pode de maneira nenhuma ser atribuída à receptividade da sensibilidade".[3] E a razão é "a condição permanente de todos os atos voluntários pelos quais o homem se manifesta".[4] O acontecimento arqueológico não depende em nada de uma espontaneidade da vontade humana e não é da esfera de uma decisão voluntária dos cientistas. Tem lugar não obstante as descobertas e as alterações das teorias (é o que o distingue de uma revolução científica), e seria mais apropriado aproximá-lo daquilo que a *Crítica* chama uma "origem [...] considerada como o efeito de uma causa estranha [que] se chama criação".[5] Em relação a esta, Kant afirma que ela "não

---

3 Kant, *KrV*, B 574-575; tr. p. 402.

4 Kant, *KrV*, B 581; tr. p. 405.

5 Kant, *KrV*, B 251; tr. p. 192.

pode ser admitida como acontecimento entre os fenômenos, dado que a sua mera possibilidade destruiria a unidade da experiência".[6] Mas as rupturas na história do saber fazem justamente explodir essa unidade. Acresce que a dimensão ontológica do acontecimento tem a ver com a libertação de novas formas de existência, que serão objeto de saberes inéditos. Um pouco como numa criação, o acontecimento gera o ser.

Nietzsche, Heidegger e o acontecimento na história do Ser

Isso convida a afastarmo-nos de Kant, para ir em direção ao pensador do grande acontecimento histórico, simultaneamente destruidor e produtor. É Nietzsche, em que o acontecimento excepcional, pelo seu modo de irrupção, aparece como um ato injusto para com o passado, com o qual rompe para fundar a justiça vindoura.[7] Ele é uma fratura, e é justamente para fustigar a continuidade que Nietzsche o realça. A continuidade associada ao processo histórico só compreende o acontecimento no fio de um movimento universal do "conceito realizando-se a si mesmo".[8] Em contrapartida, o acontecimento nietzschiano fratura o tempo e opõe-se ao que seria uma vitória da lógica ou da "Ideia".[9] O corte do tempo é um momento de criação de natureza – adquirimos um novo hábito, um novo instinto, uma nova natureza[10] – e de horizonte – o termo "força não histórica" designa para mim a arte e a faculdade de *esquecer* e de se encerrar num *horizonte* limitado.[11] Mas só o é na medida em que também destrói. Ora, a produção de novos entes que representa a mudança de *épistémè* confere ao acontecimento o carácter de irrupção destruidora de um passado e criadora de um presente e de um futuro: faz aparecer seres radicalmente diferentes

---

6 Kant, *KrV*, B 251; tr. p. 192.

7 NIETZSCHE, F. *Considérations inactuelles I e II* (doravante, *Inactuelle II*). RUSCH, P. (trad.). Paris: Gallimard, 1990, p. 99. *Unzeitgemäße Betrachtungen II*, em *Werke* III 1, p. 250-251.

8 *Ibid.*, 8, p. 304; tr. p. 147.

9 *Ibid.*, 8, p. 305; tr. p. 147.

10 *Ibid.*, 3, p. 266; tr. p. 114.

11 *Ibid.*, 10, p. 326; tr. p. 166.

num movimento complementar daquele pelo qual "deixa cair [outros seres] no erro, na quimera, no não-saber". A nova verdade não nasce sem que a verdade anterior se torne falsa. A possibilidade de acontecimentos em si, que a *Crítica* reduzia ou a exercícios da vontade humana ou a uma criação transcendente, Nietzsche reivindica-a como irrupção do ser que fratura o tempo e torna possível o que lhe segue.

Daí à história do Ser há apenas um passo, que marca o fim da passagem histórica da crítica à ontologia. No seu curso sobre Nietzsche, Heidegger considera o momento em que a *essentia* e a *existentia* se tornam teoricamente diferenciadas como a data do nascimento da metafísica e o começo da ocultação do Ser. A este propósito escreve:

> A distinção entre quididade e quodidade não contém somente um instrumento doutrinal do pensamento metafísico. Marca um acontecimento na história do Ser.[12]

Uma passagem de *As Palavras e as coisas* está estranhamente próxima destas linhas:

> o fato nu de que, pela primeira vez desde que existem seres humanos e vivem em sociedade, o homem, isolado ou em grupo, se tenha convertido em objeto de ciência – isso não pode ser tratado como um fenômeno de opinião: é um acontecimento na ordem do saber (*MC*, 356).

E podíamos mesmo dizer: no *ser* do saber. A transformação do indivíduo em objeto das ciências humanas é um fenômeno que não pode ser captado por um estudo clássico das ciências. Também não pode ser apreendido, segundo Foucault, por uma investigação de causas econômicas ou sociais. A sua compreensão só é possível mediante uma investigação ontológica, ou sobre o ser do saber, como sobre o nascimento e a morte das empiricidades. Deleuze tem razão ao considerar que Foucault faz uma "ontologia" do saber, tal como a fará do poder e do sujeito de si. Se rodeia de aspas a palavra "ontologia", é certamente para sublinhar que Foucault não manterá um discurso sobre o Ser enquanto Ser, mas também para manter a referência a Heidegger e à

---

12 HEIDEGGER, M. *Nietzsche II*. KLOSSOWSKI, P. (trad.). Paris: Gallimard, 1971, p. 323-324. *Nietzsche II*, VIII, Pfullingen, Günther Neske, 1989 (1961), p. 402.

linhagem que, de Kant, leva até este último, e de que Nietzsche permanece para Foucault a figura principal.[13] Com Nietzsche, Heidegger e Foucault, a filosofia está no centro da ontologia acontecimental. Vêm então para o primeiro plano tanto a relação do ser do saber com as empiricidades como a sua relação com a sua própria história, compreendida como uma sucessão de rupturas. Nela, modos de existência (dos *a priori*, dos entes, dos saberes e das determinações) brotam do incondicionado (do ser ou do indeterminado).

Ainda poderíamos pretender que as influências de Kant e Nietzsche vivem juntas. Com efeito, Foucault não insiste no *a priori*, condição de possibilidade do conhecimento? Seria equivocarmo-nos sobre a natureza desse *a priori*, que não é transcendental, mas histórico, dado que é apenas no interior de uma época (ou enquanto uma certa disposição subsiste) que ele torna possível todo o conhecimento que se apresenta como universal e necessário, bem como toda a continuidade da experiência. Daí o que pode passar por um paradoxo: a universalidade e a necessidade são possíveis segundo um *a priori* que, na sua verdade, é singular e contingente. Somos forçados a constatar que um relativismo acaba por lhe levar a palma, sendo o fundo a dimensão em que se inscrevem as múltiplas verdades solitárias, incomensuráveis e irredutíveis entre si. Os traços do kantismo sob a forma do *a priori* são o disfarce do golpe de misericórdia que ele recebe.

Por seu turno, a crítica do progresso apoia-se nessa descontinuidade ontológica. Nietzsche recusa o processo histórico e censura os que medem opiniões e atos passados pelas "opiniões correntes do momento presente, onde encontram o cânone de toda a verdade".[14] Foucault segue a mesma vertente e substitui o conceito de progresso pela alteração do modo de ser das coisas:

> Podemos bem ter a impressão de um movimento quase ininterrompido da *ratio* europeia desde o Renascimento até os nossos dias [...], escreve – toda essa quase continuidade ao nível das ideias e dos temas é apenas, sem dúvida, um efeito de superfície; no nível arqueológico, vemos que o sistema das positividades se alterou massivamente na viragem

13 Deleuze, *Foucault, op. cit.*, p. 121.

14 NIETZSCHE, F. *Inactuelle II*, 6. ALBERT, Henri (trad.), p. 285; tr. p. 130.

> do século XVIII e do século XIX. Não que a razão tenha feito progressos; mas é que o modo de ser das coisas e da ordem que, ao reparti-las, as oferece ao saber foi profundamente alterado (*MC*, 13-14).

A radicalidade das mutações da ordem do saber opõe-se a um progresso que a oculta. A ideia de uma perfeição crescente resulta de uma comparação entre os conhecimentos segundo as suas formas objetivas que ignora as condições de possibilidade. Do ponto de vista do seu valor racional, poderíamos crer que as ciências seriam hoje mais objetivas, mais operatórias ou mais verdadeiras do que antes. Para o arqueólogo, esta comparação é desprovida de sentido, porque a ruptura entre as épocas é tão profunda que os conhecimentos se tornam incomparáveis.

De novo, a arqueologia do saber e a história do Ser tocam-se. A partir de uma comparação entre as acepções da ciência em diferentes épocas, Heidegger fustiga a noção de progresso. A ilegitimidade de dizer que "a doutrina de Galileu da queda livre dos corpos é verdadeira, e que a de Aristóteles, que ensina que os corpos leves levitam para o alto, é falsa", funda-se, declara, sobre o fato de que "a aceitação grega da natureza dos corpos e do lugar, e da relação entre eles, assenta numa outra explicação do ente e condiciona, por conseguinte, outra maneira de ver e de questionar os fenômenos naturais".[15] Desde logo, o recurso à noção de progresso torna-se quase um preconceito:

> Portanto, se queremos compreender a essência da ciência moderna, precisamos, antes de tudo, nos libertar do hábito que temos de distinguir a ciência moderna da antiga apenas por uma diferença de grau segundo o ponto de vista do progresso.[16]

Em Foucault, como em Heidegger e Nietzsche, a descontinuidade impede toda e qualquer atribuição de valor ao desenrolar da história.

---

15 HEIDEGGER. "L'époque des conceptions du monde." BROKMEIER (trad.). *In*: Heidegger, *Chemins qui ne mènent nulle part*. Paris: Gallimard; presentemente "Tel", p. 99-146: p. 101; "Die Zeit des Weltbildes." Holzwege, GA 5, p. 70-71.

16 *Ibid.*, p. 71; tr. p. 102.

Uma arqueologia que não pode saltar por cima do seu tempo

Regressamos à ideia da solidão radical. Se é, de fato, sob esse modo que a verdade existe no tempo, então ela deve permanecer separada tanto do passado como do futuro. Define uma época que não pode comunicar com as que a precederam nem com as que lhe sucedem. A separação de uma verdade implica que as empiricidades e as positividades mergulhem as suas raízes numa verdade epistemológica que, se bem que provisória, é já sem medida comum com as do passado. A sua solidão condena-nos a um novo "ninguém pode saltar por cima do seu tempo" que, na mesma passada, leva ao seu paroxismo.[17] Lembremos o que esta formulação interditava antes de mais uma deslocação em direção ao futuro:

> É tão tolo, afirmava Hegel, sonhar que uma filosofia qualquer ultrapassa o momento presente, o seu mundo, como é sonhar que um indivíduo salta para lá do seu tempo, que salta por cima de Rodes.[18]

Essas linhas impõem um limite ao pensamento que, sem o impedir de refletir sobre o futuro, o condena nesse caso a fazer apenas extrapolações de um mundo conhecido para um mundo desconhecido. Foucault radicaliza este princípio interditando uma ultrapassagem da época em direção ao futuro. Desse modo, é impossível transportarmo-nos no tempo, tanto para a frente como para trás. O presente já não se pode ler na continuidade do passado, é este o sentido rigoroso da descontinuidade temporal.

Isso torna ainda mais paradoxal o estatuto da arqueologia. Enquanto discurso do saber, ela permanece ancorada na sua época. Com que direito é que ela pretende compreender o que foram os outros regimes do saber, quando estes eram, por sua vez, fundados sobre outras verdades

---

17 Com razão, Pierre Bourdieu vê em Foucault uma presença de Hegel. Bourdieu, *Les Règles de l'art*, Paris, Seuil, 1998 (1992), p. 327. No mesmo sentido, ver Gérard Lebrun, "Note sur la phénoménologie dans *Les Mots et les Choses*." *In:* AAVV, *Michel Foucault philosophe*, p. 34, 42 ss.; e Jean-Claude Monod, "Structure, spatialisation et archéologie". *In*: Benoist; Merlini (dir.). *Historicité et spatialité*, Paris, Vrin, 2001, p. 64.

18 HEGEL. *Principes de la philosophie du droit*. KERVÉGAN, Jean-François (trad.). Paris: PUF, 1998, p. 86. Ver Hegel, *Leçons sur l'histoire de la philosophie, Introduction: Système et histoire de la philosophie*. Gibelin, Paris: Gallimard, 1954, p. 135.

tão radicais e solitárias como aquela que lhe subentende? Foucault dá-se conta do problema e sublinha a dificuldade intrínseca da tarefa:

> E como, afinal (a não ser por meio de uma técnica laboriosa e lenta), reencontrar a complexa relação das representações, das identidades, das ordens, das palavras, dos seres naturais, dos desejos e dos interesses, a partir do momento em que essa grande rede [do pensamento clássico] se desfez [...]? (*MC*, 314-315).

A dificuldade não está tanto no fato de a arqueologia dever aceder a alguma coisa que já não existe e da qual somente lhe restam traços, porque os seus apuros não seriam então diferentes dos da investigação histórica tradicional. Antes, tem a ver com o fato de que a arqueologia *sabe* que o acontecimento que a torna possível não é compatível com a verdade dos que permitiram as construções do saber que ela toma como objeto. Ela sabe que a ordem que lhe serve de alicerce é aquela que, do mesmo passo, lhe fixa limites que não poderá transpor. A arqueologia descobre-se cativa do presente acontecimental quando quer olhar para o que existia anteriormente.

Adivinhamos, contudo, que não pode ser inteiramente assim. Senão, como a arqueologia elaboraria *de fato* um discurso sobre a idade clássica e mesmo sobre o Renascimento? Mais ainda, como é que a modernidade conceberia todas as outras *épistémè* à sua imagem, como uma época encravada entre duas rupturas radicais? Porque é realmente a modernidade quem estabelece a existência de uma bipartição, subentendendo não somente os seus próprios saberes, mas ainda os do Renascimento e da idade clássica. Estamos aqui numa tensão extrema porque, por um lado, o esquema fundamental e seu modo de transformação através de rupturas pretendem ser válidos muito para além do momento moderno que assinala a sua existência. Mas, por outro lado, a arqueologia não ultrapassa *de jure* os limites da sua época e, enquanto discurso enraizado no seu tempo, os seus limites estão na proporção exata da sua possibilidade: ela nasce e morre no único país em que pode viver, na verdade solitária do acontecimento moderno.

Não há nisso, aliás, nada de extraordinário, tendo em conta que a arqueologia é uma determinação do saber entre outras. Levar Foucault a sério implica reconhecer que as verdades da modernidade, entre as quais os discursos que ela sustenta sobre si mesma e sobre outras épocas, cairão de novo no erro quando um novo acontecimento se produzir. A história não é, neste aspecto, mais do que uma sucessão de acontecimentos do mesmo tipo, que, de cada vez, instauram a diferença radical de uma verdade, igual na sua solidão às verdades que a precederam. Aqui, o que devemos concluir? Que se, finalmente, as outras épocas são acessíveis ao discurso arqueológico, isso não significa que são em parte comensuráveis com ele, mas que a modernidade é o momento em que nasce uma compreensão do saber segundo a qual este é constituído por uma relação fundamental existente num tempo descontínuo suscetível a ser dividido em épocas. Considerar rigorosamente a solidão da verdade implica assumir um relativismo epocal, mesmo quando uma época seria tentada a projetar sobre as outras os princípios da sua própria inteligência. Na mesma ordem de raciocínio, que a grande rede do pensamento clássico se tenha um dia desfeito é apenas uma ideia arqueológica moderna, ancorada numa verdade a que as outras não podem ser reduzidas. Mas vemos bem que, tal como "não é [...] encerrando o seu vizinho que nos convencemos do nosso próprio bom senso",[19] também não é submetendo a vontade de outrem à sua própria que tornamos esta menos relativa.

2. O ESBATIMENTO DA DESCONTINUIDADE NO PODER

As disposições epistemológicas sucedem-se sem que entre elas haja sobreposição. Ao mesmo tempo, a imagem da continuidade que reenvia para o plano superficial opõe-se às mudanças em profundidade. O acontecimento instaura uma disposição que não recebe nenhuma influência da superfície. É esta, em resumo, a resposta à questão de saber qual forma tomam as metamorfoses das disposições epistemológicas. Vejamos agora como é que essas mesmas transformações são pensadas no quadro político.

Vigiar e punir e *A Vontade de saber* pensam imediatamente a história no horizonte das épocas e das alterações massivas. Como prova, o primeiro começa por opor a narrativa de um suplício em 1757 com um extrato do regulamento de uma casa de jovens prisioneiros em Paris em 1838. A conclusão que Foucault tira é peremptória:

---

19 Foucault citando Dostoievski, "Prefácio" de *HF* (1961), *DE* I, n. 4, p. 159.

> Eis portanto um suplício e um emprego do tempo. Não sancionam os mesmos crimes, não punem o mesmo gênero de delinquentes. Mas definem bem, cada um deles, um certo estilo penal. Menos de um século os separa. É a época em que foi redistribuída na Europa, nos Estados Unidos, toda a economia da punição (*SP*, 13).

Desde logo, é assinalada uma viragem que tem lugar entre o fim do século XVIII e o início do XIX. A transição da idade clássica para a modernidade, limiar em que se detinha a *História da Loucura* e que ocupava um lugar central em *As Palavras e as coisas*, regressa como um momento crucial na evolução dos regimes punitivos ocidentais.

A mesma transição está em jogo em *A Vontade de saber*. Este livro explica que houve "dois momentos particularmente fecundos [na] história prolífera [das tecnologias do sexo]: pelo meio do século XVI, o desenvolvimento dos procedimentos de direção e exame de consciência; no começo do século XIX, o aparecimento das tecnologias médicas do sexo" (*VS*, 158). Esses períodos coincidem exatamente com o que anteriormente se tinha chamado as transições entre o Renascimento e a idade clássica e entre esta e a modernidade. Sob este aspecto, a abordagem descontinuísta dos modos de ser do poder, pontuados por viragens gerais, é absolutamente coerente com os trabalhos precedentes.

Todavia, alguma coisa mudou. Na história da prisão, as metamorfoses tornam-se menos bruscas do que o eram na arqueologia das ciências humanas, o que impede de ler essas duas obras como se estivéssemos simplesmente repetindo o esquema diretor que tinha servido para pensar o saber. As rupturas suavizaram-se, como *Vigiar e punir* mostra sem ambiguidade: "Apaga-se, portanto, no começo do século XIX, o grande espetáculo da punição física [...]. Este desaparecimento dos suplícios, podemos considerá-lo aproximadamente como adquirido pelos anos 1830-1848". Mas retoma de imediato: "Decerto, esta afirmação global exige correções. Primeiro, as transformações não são feitas num só bloco nem segundo um processo único. [...] A isto acresce que, se o essencial da transformação está adquirido perto de 1840 [...], o processo está longe de estar acabado" (*SP*, 19-20). Com todo o rigor, não o estará: "Permanece, portanto, um fundo 'supliciante' nos mecanismos modernos da justiça criminal – um fundo que não está totalmente dominado, mas que é envolvido, cada vez mais vastamente, numa penalidade do incorporal" (*SP*, 21). Assim, os períodos de transformação mais acentuados tornam-se intrinsecamente multilineares, em lugar de refletirem uma viragem brusca. Como acrescenta *A Vontade de saber*, as metamorfoses já não são unitárias nem homogêneas (*VS*, 162). O fim dos suplícios oferece um exemplo notável dessa preocupação em matizar as rupturas. Aqui, não somente cada país europeu conserva as suas particularidades, ritmos e escalonamentos ao sabor das contestações políticas, das revoluções e das contrarrevoluções. Mas ainda, no próprio interior de um país, fluxos e refluxos tornam "bastante irregular a evolução que se desenrolou na passagem do século XVIII para o XIX" (*SP*, 20). É preciso substituir as dilacerações da continuidade epistemológica pela lentidão e equivocidade das transformações políticas (*VS*, 55 e 160).

Além disso, a nova concepção das metamorfoses distingue o *determinante* do *todo* do processo. No domínio penal, o essencial das alterações pode ser alcançado num certo momento, neste caso perto de 1840. Mantém-se o fato de que o processo ainda se desenrola. É então introduzido um novo termo que, tal como o termo *acontecimento* em *As Palavras e as coisas*, desempenha um papel importante, sem que, contudo, se converta num conceito: em lugar das rupturas, encontramos uma transformação *por envolvimento*.[20] Nesta operação, o que é novo envolve o que resta do antigo. A partir do momento em que um resto do antigo sistema permanece operatório no interior do novo regime, já não há ruptura radical, mas a conservação do resto no domínio transformado. É isso que rompe com o pensamento do saber, segundo o qual a transformação epistêmica implicava que as antigas formas fossem pura e simplesmente postas à parte (ver o caso da magia natural em *MC*, 377). Além disso, Foucault insistirá na impossibilidade de um "derrube dos micropoderes, [segundo] a lei do tudo ou nada; não é adquirido *de uma vez por todas* nem por um novo controle dos aparelhos nem por um novo funcionamento ou uma destruição das instituições" (*SP*, 32; grifo nosso). É forçoso reconhecer que as metamorfoses por envolvimento são, em muitos aspectos, distintas das que acompanhavam o acontecimento radical, justamente o do tudo ou nada, da reorganização de uma ponta à outra da disposição epistemológica.

---

20 Foucault não emprega esta palavra no mesmo sentido de Deleuze. Ver Deleuze, *Différence et répétition*. Paris: PUF, 1968, p. 324-327 e 356-360.

Onde havia ruptura aparecem agora a lentidão e o equívoco. Na mesma passada, o acontecimento cede o seu lugar ao envolvimento. Duas outras substituições conceituais merecem ser evocadas. A primeira é a da *separação* pela *sobreposição*. Com efeito, não existe entre os dispositivos políticos que se sucedem a mesma demarcação que havia entre as disposições. Tal como esta arrastava a questão de saber como é que uma *épistémè* mais antiga era comensurável com uma ulterior, assim os dispositivos de poder-saber se sobrepõem parcialmente, e isso de forma explícita.

Segundo *A Vontade de saber*, o dispositivo de sexualidade, orientado para o controle político dos corpos individuais e de grupos cada vez mais numerosos, não pode dispensar um dispositivo de aliança que assegura a reprodução dos parentescos e a "transformação dos nomes e dos bens" (*VS*, 140). O primeiro, mais recente, nunca consegue eliminar o dispositivo precedente, apesar de ganhar, desde o século XVIII, uma importância crescente:

> Dizer que o dispositivo de sexualidade tomou o lugar do dispositivo de aliança não seria exato. Pode imaginar-se que um dia, talvez, o substitua. Mas de fato, hoje, se tende a recobri-lo, não o apagou nem o tornou inútil (*VS*, 141-142).

O fato de que um resto do dispositivo de aliança permaneça operatório ao lado do dispositivo de sexualidade impede de pensar segundo o princípio das rupturas e obriga a refletir segundo o princípio da sobreposição de dois regimes nascidos em momentos diferentes.

A situação é, em certos aspectos, a mesma para o suplício, que subsiste no seio da economia prisional. A prisão, se quer ser eficaz, não pode dispensar um resto supliciante. Tal como o dispositivo de aliança é anterior ao que se lhe vem sobrepor, até assumir o papel preponderante na economia familiar, assim o suplício precede o encarceramento que o vem recobrir ou envolver no regime das penas. Esta contemporaneidade de duas organizações que, à partida, pertencem a épocas diferentes, mistura os modos de ser sucessivos do poder e opõe-se às rupturas que os poderiam separar. A temporalidade do saber sob o modo da separação e a do poder sob o regime da sobreposição são mais afastadas uma da outra do que dava a entender o vocabulário das épocas que partilham.

Por fim, uma última substituição terminológica exprime o contraste extraordinário entre a verdade *solitária* do acontecimento e a *multiplicidade* dos processos que se intersectam e se repetem, e de que a verdade não pode ser encontrada numa instância única. Por este fato, a substituição é inegável em *Vigiar e punir* e *A Vontade de saber*, ambos atravessados de uma ponta à outra pela ideia dos diversos personagens, instâncias e processos que, pelas suas relações de força entrecruzadas, induzem transformações nos regimes punitivos e sexuais. Um exemplo de que Foucault parece gostar muito é do aparecimento de uma nova anatomia política na idade clássica. Mais do que uma descoberta súbita, trata-se de uma:

> multiplicidade de processos frequentemente menores, de origem diferente, de localização esparsa, que se intersectam, se repetem, ou se imitam, se apoiam uns sobre os outros, se distinguem segundo o seu domínio de aplicação, entram em convergência e desenham pouco a pouco a geometria de um método geral (*SP*, 140; *VS*, 183).

A desmultiplicação causal desenvolvida aqui torna muito mais complexo o pensamento das metamorfoses. Porque, contrariamente ao que acontecia no saber, em que toda a causalidade era relegada para os bastidores relativamente às condições de possibilidade, há no processo produtivo do poder um trabalho capital das causas e dos efeitos. A multiplicidade das primeiras, que se tornam, por seu turno, instrumentos da mudança e, por isso mesmo, instrumentos também da constituição de uma nova maneira de integrar o corpo nas técnicas de poder, desfaz toda a instância fundamental da doação da verdade. Ao que acresce que a multiplicidade é irredutível a uma fonte única de instituição das relações de poder. Assim, quando se trata de procurar o quadro histórico no interior do qual nasceu a sociedade disciplinar, Foucault não estabelece hierarquia rígida entre os processos "econômicos, jurídico-políticos [e] científicos", mas coloca-os no mesmo nível (*SP*, 219). Vemos então o quanto a multiplicidade se opõe à antiga solidão da verdade epistemológica: na mesma medida em que o acontecimento não tinha causa atribuível, as transformações no poder respeitam os conjuntos de causas e de efeitos entrelaçados.

Assim, vemos reconstituídas as formas abstratas das metamorfoses do poder. Elas se distinguem com toda nitidez dos esquemas postos em ação anteriormente. Por mais que as épocas continuem a ser as divisões principais de uma história da prisão e da sexualidade, a descontinuidade entre elas enfraquece e deixa aparecer ao olhar outras figuras: a lentidão, a equivocidade, o envolvimento, a sobreposição, a multiplicidade. Sendo assim, é legítimo perguntar como é que Foucault pode ainda pensar em termos de épocas, tal é o ponto a que esbate a descontinuidade. Não se encontrará resposta para esta questão nas noções analisadas. Para consegui-la é indispensável valorizar uma última categoria: a *generalização*.

As transições entre o Renascimento e a idade clássica, e entre esta e a modernidade, só são períodos fecundos na medida em que nelas nascem certas técnicas políticas capazes de se reproduzirem e se desenvolverem abundantemente. Uma época define-se justamente como o período durante o qual um núcleo de técnicas determinadas se aperfeiçoa e se dissemina, para alcançar espaços cada vez mais diversos. Conservando essa ideia em mente, retomemos a passagem citada sobre a anatomia política clássica. Depois do momento de invenção dessa anatomia, da sua constituição como multitude de processos localizados, segue-se um segundo momento, o da sua proliferação. Os processos muitas vezes menores de que se compõe a anatomia estão

> em ação nos colégios desde muito cedo; mais tarde nas escolas primárias; invadem lentamente o espaço hospitalar; e em algumas dezenas de anos, reestruturam a organização militar. Circularam por vezes muito depressa de um ponto ao outro [...], por vezes lentamente e de maneira mais discreta (militarização insidiosa das grandes fábricas). [...] Técnicas minuciosas sempre, frequentemente ínfimas, mas que [...] *não cessaram, desde o século XVII, de conquistar domínios cada vez mais vastos, como se tendessem a cobrir o corpo social inteiro* (*SP*, 140-141; grifo nosso).

Reconhecemos o ponto central em torno do qual giram todas as investigações de Foucault sobre o poder-saber; por mais que digamos que o progresso do conhecimento e a humanização da organização social dão origem a uma liberdade crescente, o desenvolvimento das disciplinas mostra uma vida atravessada pela vigilância de uma dominação imposta do exterior. Outro exemplo que o prova:

> O que generaliza então o poder de punir não é a consciência universal da lei em cada um dos sujeitos de direito, é o alargamento regular, é a trama infinitamente apertada dos procedimentos panópticos (*SP*, 225).

Esta ideia esteve na origem de certas leituras a que Foucault se opôs explicitamente mais tarde. Num artigo de 1980, escreve: "Quando falo de 'sociedade disciplinar', não se deve ouvir 'sociedade disciplinada'. Quando falo da difusão dos métodos de disciplina, não estou afirmando que os franceses são 'obedientes'". Na análise dos procedimentos postos em ação para normalizar, não há a tese de uma normalização massiva.[21] Este texto suscita um duplo comentário.

Decerto, não é legítimo colocar os textos de Foucault narrando que a sociedade disciplinar é simplesmente uma sociedade disciplinada e rigidamente ordenada. Não se deve compreender que o panóptico, enquanto "sonho [de] uma rede de dispositivos que estariam por todo o lado e sempre de sentinela, percorrendo a sociedade sem lacuna nem interrupção" (*SP*, 210), se teria transformado em princípio de um mundo prisional que seria o nosso. Este salto do sonho para a realidade, ou dos projetos para o seu resultado, é evidentemente interdito.

Não é menos certo que o esclarecimento feito não renega a extensão progressiva das disciplinas aos espaços sociais mais diversos, talvez mesmo à maioria desses espaços. Não diminui em nada a importância da figura da generalização, nomeadamente no caso da expansão das disciplinas. Foucault insiste muitas vezes nos efeitos reais dessa progressão, como prova, sem equívoco, o exemplo seguinte:

> a psicologia escolar está encarregada de corrigir os rigores da escola, tal como a consulta médica ou psiquiátrica está encarregue de retificar os efeitos da disciplina de trabalho. Mas não nos deixemos enganar; essas técnicas mais não fazem do que remeter os indivíduos de uma instância disciplinar para outra, e reproduzem, sob uma forma concentrada ou formalizada, o esquema do poder-saber próprio de toda disciplina (*SP*, 228).

Geralmente, "a extensão progressiva das disciplinas ao longo dos séculos XVII e XVIII, a sua multiplicação através de todo o corpo social,

---

21 "La poussière et le nuage" (1980), *DE* IV, n. 277, p. 15-16.

[permite falar de] a formação do que se poderia chamar, grosso modo, a sociedade disciplinar. Toda a generalização disciplinar, de que a física benthamiana do poder representa a constatação, se operou no decurso da idade clássica" (*SP*, 211).

Vemos que o papel da generalização – que se encontra também em *Os Anormais*, onde tende a instalar um continuum protetor através de todo o corpo social (*An*, 31; ver p. 128-129) – é inegável. Embora o aparecimento de novas técnicas políticas possa bem ser pensado sob o regime da descontinuidade temporal, isso não altera em nada o fato de existirem períodos caracterizados pela sua proliferação. Em suma, se no saber as épocas eram lapsos de tempo durante os quais uma disposição *entregava* um modo de ser às ciências, no poder as épocas são os períodos durante os quais *se propagam* conjuntos de técnicas particulares.

Vamos nos deter agora num derradeiro traço da temporalidade dos dois domínios. A explicação do acontecimento epistemológico é interior à disposição a partir da qual essa explicação é dada. Por conseguinte, repele toda a causalidade transcendente. Pela mesma razão, não há justificação para o fim de um modo de ser do saber, que se produz sem razão atribuível. De toda a maneira, tendo lugar esse fim, o pensamento já não pode exercer-se a partir do interior da antiga *épistémè*. Assente numa nova base, deve daí em diante realizar de outra forma a tarefa de atribuir razões ao desmoronamento da velha disposição e ao nascimento de uma *épistémè* inédita. Não obstante, constatamos que ele renuncia muito simplesmente a isso: a arqueologia recusa-se a (ou então é impotente para) explicar o fim e o começo de um modo de ser do saber, permanecendo a descontinuidade "enigmática no seu princípio".

Também nisto a concepção das metamorfoses do poder é profundamente diferente. Procurando compreender as transformações políticas, Foucault encontra primeiramente a desmultiplicação causal. Mas, ao lado desta, outro fator se apresenta, que é a decalagem entre os problemas que o poder tem de enfrentar e os meios de que dispõe para os resolver. Esta decalagem aparece em momentos cruciais, quando *Vigiar e punir* pretende explicar o nascimento do regime disciplinar ou quando *A Vontade de saber* deseja dar conta da perda de importância do dispositivo de aliança.

No primeiro caso, "a disciplina tem de resolver um certo número de problemas, para os quais a antiga economia do poder não estava suficientemente armada" (*SP*, 221). Quais são eles? "De um lado o grande aumento demográfico do século XVIII" (*SP*, 220) e as dificuldades acrescidas de gerir as populações. Do outro lado, "o crescimento do aparelho de produção, cada vez mais alargado e complexo, cada vez mais dispendioso também, e cuja rentabilidade se trata de fazer crescer" (*SP*, 220). As metamorfoses do poder de punir revelam-se como uma resposta a qualquer coisa de exterior às estritas relações e instituições de poder. O poder "nasce sempre de alguma coisa diferente de si mesmo".[22]

No segundo exemplo, a perda de importância do dispositivo de aliança é explicada pelo fato de que "os processos econômicos e [...] as estruturas políticas já não podiam encontrar nele um instrumento adequado ou um suporte suficiente" (*VS*, 140). Foi por isso que "as sociedades ocidentais modernas inventaram e instalaram, sobretudo a partir do século XVIII, um novo dispositivo" (*VS*, 140), desta vez "de sexualidade". A organização das relações de poder transforma-se pelas respostas que tentam ajustar os meios aos problemas. Nessa transformação, os agentes do processo são na mesma passada modificados, com o movimento de conjunto a desenhar o limiar de uma época nova. De tal modo que os momentos particularmente inventivos são aqueles em que certas instâncias de poder já não resistem às tensões extremas que se estabelecem entre os novos problemas e os meios de que elas dispõem para lhes fazer frente. Torna-se então urgente instaurar outros mecanismos, que terão como resultado a neutralização da ameaça de ruptura.

Não podemos deixar de pensar aqui em Marx e no que ele chama as tensões entre as forças produtivas e as relações de produção. No Prefácio da *Crítica da economia política*, elas são indicadas como a verdadeira causa das mudanças históricas mais importantes. Lemos aí:

> Num certo estágio do seu desenvolvimento, as forças produtivas materiais da sociedade entram em contradição com as relações de produção existentes ou, o que é apenas a expressão jurídica disso, com as relações de propriedade no seio das quais se tinham movido até então.

---

22 "Précisions sur le pouvoir. Réponses à certaines critiques" (1978), *DE* III, n. 238, p. 630-631.

> De formas de desenvolvimento das forças produtivas que eram, essas relações convertem-se em entraves.[23]

A similitude com Foucault não diz respeito aos termos empregados. Antes tem a ver com o esquema que permite pensar, umas ao lado das outras, as novas dificuldades e as estratégias que se tornaram inadequadas para lhes fazer frente. Tal como Marx pensa a inadequação em termos de contradição, causa das mutações importantes na história da sociedade, também Foucault concebe a impotência dos velhos dispositivos para resolver problemas econômicos, sociais e políticos inéditos como a causa da instalação de tecnologias originais e, simultaneamente, o momento de nascimento de uma época de poder-saber. Em suma, se os dispositivos não se instituem por si mesmos, desenvolvem-se, todavia, no seguimento, a partir de si mesmos, enquanto o seu funcionamento permitir resolver os problemas a que vieram dar solução.

Como podemos constatar, a nítida suavização das rupturas temporais no poder é acompanhada por uma complexificação dos esquemas com que são pensadas as transformações. Fica então apenas por responder uma última questão: em que medida o estudo das práticas de si desde a Grécia clássica até a modernidade introduz conceitos, ou no mínimo termos inéditos para explicar as passagens entre as épocas? O último Foucault ainda raciocina no horizonte da descontinuidade? A essas interrogações que é preciso responder agora.

3. A ÉTICA E O ABANDONO DEFINITIVO DAS RUPTURAS

No estudo das relações consigo, o vocabulário das épocas permanece evidente. É suficiente lembrarmo-nos da oposição entre a continuidade dos códigos e a descontinuidade das éticas para constatar que há bastantes diferenças essenciais separando os momentos dessa história. Todavia, o alargamento do quadro temporal da investigação não deixa inalterada a consideração das metamorfoses. Pondo-se doravante "na escala histórica bem mais longa" (*UP*, 23), Foucault descortina "uma certa constância" (*UP*, 32) não somente dos códigos morais, mas também

---

23 MARX. *Critique de l'économie politique*, e no mesmo volume, *Contribuition à la critique de l'économie politique*. Paris: Éditions sociales, 1972, p. 4.

dos temas e inquietações éticas. As descontinuidades tornam-se ainda mais radicais do que na abordagem do poder-saber, sem que se compreenda imediatamente se isso tem a ver com a passagem do tempo médio ao tempo longo, ou antes à alteração do objeto das investigações.

Um bom número de passagens atesta este fim das fraturas rigorosas. Uma delas, extraída de *O Cuidado de si*:

> Rupturas, mudanças radicais, aparecimento de uma nova forma de experiência dos prazeres [entre a Grécia clássica e o século II da nossa era]? Decerto que não (*SS*, 51).

Aqui, as inflexões assinaláveis são ainda menos bruscas do que na genealogia do poder. Mais adiante, na mesma obra, lemos:

> Ruptura com a ética tradicional do domínio de si? Decerto que não, mas deslocação, inflexão e diferença de acentuação (*SS*, 93).

Em seus cursos, Foucault é ainda mais peremptório:

> Ora eu creio que se pode dizer, ainda neste caso, num sobrevoar esquemático, que é aparente que essas três condições foram superadas quando nos situamos na época de que falo, quer dizer, nos séculos I-II da nossa era. Quando digo que foram superadas, não quero de modo algum dizer, e aqui quero sublinhá-lo de uma vez para todas, que foram superadas nesse preciso momento, e que alguma coisa brutal e súbita se passou nesse período de instalação do Império que fez com que o cuidado de si tenha tomado, subitamente e de um só golpe, novas formas. Na realidade, foi no termo de uma muito longa evolução [...] que essas diferentes condições [...] finalmente desapareceram (*HS*, 80; ver também p. 27, 29, 122 e 302).

As palavras não deixam dúvidas: já não há aberturas abruptas entre as diferentes épocas; as dissemelhanças só se tornam perceptíveis para um olhar amplo, lançado a partir de um ponto de vista afastado. Toda uma concepção da temporalidade está em jogo: a ética despede-se definitivamente das rupturas e, ao fazê-lo, marca o termo de um movimento que vinha já dos estudos sobre o poder-saber, em que o esquema das descontinuidades radicais tinha apenas importância retórica. O tempo da ética está bem longe do tempo epistemológico de *As Palavras e as coisas*.

Isso não significa que a continuidade volte a ganhar o lugar que lhe atribuem os historiadores tradicionais. Mas as grandes metamorfoses só serão assinaláveis nas longas durações. Entre os Gregos e os Romanos de um lado, entre os Romanos e os Europeus modernos do outro:

> há [...] uma heterogeneidade fundamental que nos deve alertar contra toda a projeção retrospectiva. Deveríamos tentar encontrar a muito longa, muito lenta transformação de um dispositivo de subjetividade, definido pela espiritualidade do saber e a prática da verdade pelo sujeito, nesse outro dispositivo de subjetividade que é o nosso e que é comandado, creio eu, pela questão do conhecimento do sujeito por si mesmo, e da obediência do sujeito à lei (*HS*, 304-305).

Com todo o rigor, não temos necessidade de considerar distâncias temporais tão grandes para constatar as diferenças nos modos de instaurar a relação consigo. Por exemplo, reitera Foucault, não se deve crer "que a moralidade sexual do cristianismo e a do paganismo formam uma continuidade" (*UP*, 31, ver *SS*, 51), dado que sob a constância dos seus códigos respectivos, as construções éticas mudaram. Somente as disparidades entre esses dois modelos éticos apenas são captáveis quando se leva em conta intervalos bastante longos de pelo menos cinco séculos.

Nessas condições, a questão da mudança temporal da ética encontra um novo espaço de resposta. Esta é determinada simultaneamente pela ausência de fraturas radicais e pela passagem ao tempo longo. Mas de que maneira exatamente é que as transformações tiveram lugar? *O Uso dos prazeres* não traz quaisquer informações a esse respeito: prescinde das causas das mudanças e empenha-se, em vez disso, em restituir a problematização clássica dos prazeres bem como as formas da relação consigo que deles decorrem. É que Foucault trabalha aí no interior de uma época precisa, durante a qual o contexto político e econômico, tanto como os princípios da moralidade geral, permanece inalterado em sua maior parte. Em contrapartida, quando descreve uma ética dos prazeres modificada, tem de ter em conta as metamorfoses que levam da primeira à segunda e especificá-las. É por isso que, neste ponto, *O Cuidado de si* é mais sugestivo.

Esse livro aplica-se a compreender as condições sociais, econômicas, jurídicas e morais que enquadram a reflexão sobre si. Esta preocupação conduz a conceder um lugar central a dois domínios específicos: a prática matrimonial e o exercício do poder público. Olhemos mais de perto.

Apoiando-se nos trabalhos dos historiadores, Foucault chama a atenção para o fato de que, entre a Grécia clássica e o Alto Império, "os imperativos econômico-políticos que comandavam o casamento (tornando-o necessário em certos casos e inútil em outros) devem ter perdido uma parte da sua importância" (*SS*, 102). Isso decorre, sem dúvida, das transformações ocorridas nas relações sociais e políticas entre os cidadãos, e entre estes e o Estado. Para as reflexões éticas, essas alterações convertem o casamento "num centro de experiências mais importantes, mais intensas, mais difíceis também e mais problemáticas" (*SS*, 107). Essas experiências estão na origem de preceitos e regras respeitantes aos laços entre os cônjuges, tal como entre cada um dos cônjuges e as pessoas fora do casamento. O resultado é "o aparecimento de um novo tipo de problema que se trata de definir de que maneira o homem poderá se constituir como sujeito moral na relação de conjugalidade". No caso presente, uma alteração ética depende de uma mutação exterior que a precede e acompanha, e que tem a sua origem nos campos jurídico, econômico e social.

Um segundo exemplo diz respeito às condições do exercício do poder público. Aqui, as relações entre a ética e as outras dimensões da vida tornam-se ainda mais claras. Além do declínio das aristocracias tradicionais no decurso dos dois primeiros séculos da nossa era, o alargamento e a complexificação do Império tiveram como efeito uma perturbação das relações de poder. Era preciso, a partir de então, recrutar responsáveis regionais e locais que, embora continuem a ser uma minoria comparados à população em geral, constituíam um corpo de funcionários em expansão. Deste ponto de vista, mais do que os fatores econômicos e políticos, são valorizadas as maneiras como os homens que ocupam os cargos de poder se relacionam uns com os outros. Assim, lemos:

> o fenômeno mais importante e mais determinante para as novas acentuações da reflexão moral não diz respeito ao desaparecimento das classes tradicionalmente dirigentes, mas às alterações que se podem observar nas condições de exercício do poder (*SS*, 115).

Os laços clássicos entre si mesmo e a atividade política, bem como a constituição de si como ator político, são repensados, e novas regras e fronteiras a observar são introduzidas. Com a passagem do estatuto de cidadão ao de funcionário, no interior de uma estrutura vertical que exige deste último responsabilidades de natureza singular, "a constituição de si mesmo como sujeito ético das suas próprias ações torna-se problemática" (*SS*, 117). De novo, estamos diante dos laços mantidos pela ética com a sua exterioridade, e compreende-se que essa reflexão não permaneça menos na dependência de fatores que a suscitam ou estimulam mais numa direção do que em outra. Foucault reconhece-o:

> As transformações políticas importantes que têm lugar no mundo helenístico e romano [...] provocaram sobretudo, de um modo mais geral e mais essencial, uma problematização da atividade política (*SS*, 119-120).

Nos casos do casamento e do exercício dos cargos públicos, a ética só existe e só se transforma em função de qualquer coisa que lhe é exterior.

Em que isso faz avançar a nossa investigação? Sabemos agora que não existem rupturas na temporalidade da ética, que tem a ver com mudanças exteriores. Todavia, continuamos incapazes de ver como é que as metamorfoses éticas são pensadas em si mesmas. Nesse caso ainda, os textos não dão uma resposta explícita. É unicamente o uso de certos termos que sugere uma concepção da mudança. Essa falta de teorização não é inusitada. Assim, impele a fazer um novo reconhecimento nocional.

Se não há rupturas, o que há então? Inflexões, deslocações e diferenças de acentuação (*SS*, 51, 93 e 245). Isso tem pelo menos duas consequências. Primeiro, já não há verdadeira corrupção dos elementos éticos, e acentua-se o que a análise do poder sugeria no recurso ao envolvimento. Este último é presentemente substituído pela *perda de intensidade* e o *desinvestimento*, como nos casos seguintes:

> Comparada com as altas formulações da época clássica, a reflexão sobre o amor dos efebos perdeu, nos primeiros séculos da nossa era, se não a sua atualidade, pelo menos a sua intensidade, o seu caráter sério e o que tinha de vivo (*SS*, 251).

> O amor dos efebos não se tornará só por isso uma figura condenada. [...] Mas sofrerá uma espécie de "desinvestimento" filosófico (*SS*, 255).

A segunda consequência, correlativa da primeira, é que também não há simples geração de elementos novos, mas unicamente desenvolvimento, acentuação e reforço de precauções, regras e princípios, na sua maioria já existentes:

> Estamos na ordem das evoluções lentas. Mas através dos temas que se desenvolvem, se acentuam e se reforçam, podemos perceber uma modificação (*SS*, 51).

> Vemos bem como, no desenvolvimento dos temas que estavam já explicitamente formulados [...], uma certa inflexão se produziu: insistência na ambiguidade dos efeitos da atividade sexual, extensão das correlações que se lhe reconhecem através de todos os organismos, acentuação da sua própria fragilidade e do seu poder patogênico, valorização dos comportamentos de abstinência, e isso para os dois sexos (*SS*, 166).

A complexidade e a riqueza da história da ética parecem depender das combinações originais de valores, de procedimentos e de práticas de âmbito mais tradicional, em vez da invenção súbita de princípios. Dessa maneira, o fim das rupturas vai a par da acentuação do papel da tradição, e podemos dizer que é apenas no termo de múltiplos reajustes sucessivos de práticas e de princípios consagrados pelo tempo que um modo original de relação consigo chega a ser definido. Só assim as heterogeneidades fundamentais se tornam manifestas. A tradição, banida do saber, aflorando no poder, é reabilitada na ética.

No entanto, este começo de resposta sobre o "como" das metamorfoses nos lança no embaraço. Se por um lado há por baixo dos códigos um destino fecundo das relações consigo, por outro lado a história dessas relações parece ser feita apenas de reajustes e de conjunções sem precedentes de elementos passados. Da mesma forma que Foucault salienta, como nunca antes, o papel da tradição, também procura acentuar as diferenças entre os modelos da relação consigo, sem, todavia, dar uma razão clara nem mesmo uma razão importante das suas metamorfoses. Mesmo as referências às mudanças exteriores a que a ética responde permanecem muito alusivas. Devemos ver nisso um esquecimento ou uma carência? Tendo em conta a indiferença reiterada com que Foucault se recusa a dar a razão dessas mudanças, que vão facilmente até tomar o aspecto de oposições, um esquecimento é muito improvável. Permanece o fato de que, se de um lado os modelos clássico, helenístico e cristão são absolutamente distintos, de outro lado Foucault diz e repete que não há entre eles rupturas radicais; e de outro lado ainda, não se consagra em nada a compreender as passagens de uns a outros segundo relações de causa e efeito. Como sair do impasse?

Tocamos aqui uma dificuldade temível na consideração do tempo histórico no último Foucault. Se, na sua análise do poder, era difícil compreender como ele podia esbater as rupturas conservando ao mesmo tempo o vocabulário das épocas, agora não se compreende como estas podem simplesmente desaparecer sem que as diferenças entre os modelos éticos saiam, com isso, enfraquecidas. Além disso, a abordagem da ética relança quase a mesma decisão metodológica de não justificar as mudanças, que subtendia já o estudo do saber. Então, a cartografia de diferentes configurações arrumava umas ao lado das outras, sem que houvesse entre elas outro laço para além da sua sucessão empírica. E tal como não se devia ver na ausência de explicação das metamorfoses uma carência que a teoria não era capaz de suprir (como fizeram Sartre e Goldmann),[24] assim também não se deve crer presentemente que Foucault seria *incapaz* de explicar as transições de um modelo a outro.

Pelo contrário, o seu silêncio inteiramente propositado decorre de uma escolha de princípio. Foucault privilegiou o pôr em evidência de configurações determinadas em detrimento de uma compreensão da sua existência como estando ligada a uma temporalidade, como se cada construção não fosse suscetível de ser penetrada sem que pudessem ser reconhecidas suas causas. No termo da análise da temporalidade encontra-se a mesma escolha metodológica do início, consistindo em descrever modos de ser sucessivos dos domínios sem pretender encontrar causas para a sua sucessão. Deste ponto de vista, o saber e a ética constituem casos extremos, ao passo que o poder conservaria, apesar de tudo, o trabalho de uma causalidade nova, sempre imanente, compreendida como desmultiplicação de fatores que eram ao mesmo

---

24 SARTRE, J.-P. "Sartre répond", *L'Arc*, out 1966, p. 87; GOLDMANN, *Lukàcs et Heidegger*. Paris: Denoël-Gonthier, 1973, p. 166.

tempo efeitos e instrumentos. Inútil, portanto, pensar que se trata de um esquecimento, ou de uma impossibilidade devida a pressupostos. É, ao contrário, uma maneira de dizer adeus ao problema da passagem no domínio da ética tal como no domínio do saber.[25]

*

A análise dos três domínios prossegue segundo uma orientação aparentemente comum, dado que encontrou sempre a mesma escolha de princípio visando evidenciar descontinuidades. Todavia, a maneira como são encaradas as metamorfoses muda entre o início e o fim do percurso.

O saber é pontuado por rupturas e acontecimentos radicais, ao passo que o poder é o lugar das sobreposições e dos envolvimentos e a ética o campo das mutações lentas e sem rupturas, na longa duração. O abandono das rupturas decorreria de uma mudança de escala, do tempo médio para o tempo longo? Na afirmativa, devemos concluir que as aberturas bruscas de *As Palavras e as coisas* são antes de mais nada uma distorção ou uma ilusão provocada por uma falta de distância do olhar histórico sobre o seu objeto? Ler a história segundo as descontinuidades radicais seria causado pela consideração de um período demasiado curto, como no caso do saber e do poder, ambos centrados na idade clássica e na modernidade? Em contrapartida, a partir do momento em que uma perspectiva mais vasta é adotada, como no caso da ética, as rupturas se dissolveriam, dado que as variações *sobre os mesmos temas* se tornariam manifestas. A descontinuidade seria apenas um erro de perspectiva.

Há no entanto duas boas razões para duvidar dessa resposta. Por um lado, entre o saber e o poder as rupturas esbatem-se já nitidamente sem que o período histórico levado em conta seja consideravelmente alargado. Por outro lado, quando Foucault remonta até a Antiguidade, não refaz a história do poder, mas sim a da ética. A mudança de perspectiva não

---

25 Acolhemos a tese de Laurent Jaffro segundo a qual Foucault procede de acordo com um método diferencial que lhe era próprio: a oposição de conceitos e a dramatização dessa oposição por meio de uma representação histórica sob a forma de uma distinção de épocas. Jaffro, "Foucault et le stoïcisme: sur l'historiographie de *L'Herméneutique du sujet*". *In*: Gros; Lévy (dir.). *Foucault et la philosophie antique*, Paris: Kimé, 2003, p. 51-83: p. 78-79.

o leva a questionar as demarcações que ele próprio tinha traçado anteriormente, mas antes a empreender a história de outro objeto. Portanto, pode bem ser que o fim das rupturas dependa mais do domínio da investigação do que do quadro temporal mais ou menos longo. De tal modo que o quadro final mostra três dimensões com temporalidades distintas.

Se é verdade que essas dimensões são, de cada vez, marcadas por diferenças de fundo que se opõem às semelhanças de superfície, essas diferenças aparecem, no primeiro caso, como disposições que se sucedem umas às outras segundo cortes que as separam radicalmente; no segundo caso, como dispositivos que se sobrepõem e se envolvem, e já não estão encerrados no interior de uma época que seria estritamente a deles; e no terceiro caso, como reflexões éticas cuja originalidade assenta mais sobre a rearrumação de práticas e princípios tradicionais que operam do que sobre invenções momentâneas e abundantes de novos modos de relação consigo. Uma primeira lição a tirar é a seguinte: as disposições de saber, os dispositivos de poder e as problematizações éticas, se é certo que observam todos um princípio de descontinuidade geral, não obedecem, de modo algum, ao mesmo regime de temporalidade específico.

Mas há uma segunda lição a colher que tem outras implicações. A princípio, pensava-se distinguir claramente dois regimes: a temporalidade e a visibilidade. O primeiro respeitava o nascimento e a morte dos modos de ser da ordem; o segundo tinha a ver com a vinda à luz de certos elementos, ou então a sua transição para zonas de sombra. É o paradigma de Aristóteles, que separava a geração e a corrupção dos movimentos a que um mesmo ente está sujeito.[26] No entanto, não se sabia ainda que, do saber à ética, a concepção de descontinuidade ia sofrer um deslizamento tão notório que levaria ao desaparecimento puro e simples das rupturas. Ora, nesse estágio, observamos que quanto menos a ordem se metamorfoseia por aberturas bruscas, tanto menos podemos falar de nascimento e morte, e tanto mais convém pensar em termos de visível e invisível.

Já suspeitávamos disso na análise do poder, quando Foucault explica que um fundo supliciante permanece oculto, e, todavia, efetivo, na penalidade moderna. O fim dos suplícios não é a morte deles, mas

---

26 Aristóteles, *Categorias*, 14, 15 a 13; *Física*, III, I, 200 b 32; *Metafísica*, Z, 7, 1032 a 15.

significa a sua entrada na sombra, o seu recobrimento por outros métodos que se tornaram mais evidentes e importantes. O mesmo movimento se aplica nos dispositivos de aliança e de sexualidade. Este último perde a sua visibilidade, mas não perece por isso; simplesmente, entra num regime obscuro em que, não obstante, permanece ativo. Na ética, daqui em diante, essa tendência manifesta-se com clamor. Para falar estritamente, já não encontramos nela nascimento nem morte, mas unicamente variações, perdas e ganhos de importância. Aqui, as metamorfoses têm a ver com os movimentos de vinda à visibilidade e de partida para a invisibilidade, sem que isso diga respeito a um pôr em causa da própria existência dos princípios. Foucault passa sutilmente do plano da existência ao plano do visível.

Essa passagem torna deslocado o recurso ao paradigma de Aristóteles? Este supõe separar a geração e a corrupção das três espécies de movimento: o aumento e a diminuição, a alteração, a modificação local. A geração e a corrupção instalam-nos no plano de uma certa descontinuidade, dado que incidem sobre a produção e a destruição do ser. Em contrapartida, os três tipos de movimento afetam uma coisa que permanece a mesma, enquanto mudam algumas das suas características. Na medida em que a coisa permanece, é permitido pensar numa continuidade.

Foucault, por seu turno, passa de um regime descontinuísta radical, dominado por uma sucessão de mortes e nascimentos epistemológicos, a um regime de variação de intensidades, inteligível apenas num esbatimento das rupturas. Essa transformação pode ser inteiramente apreendida pela ideia da passagem de um gênero a outro das metamorfoses aristotélicas? Na afirmativa, as alterações na visibilidade de um ente, mas também de uma relação ou de um aparelho, são pensáveis sob regime da modificação local? Para esclarecer essas dificuldades é indispensável olhar mais de perto para a relação entre os planos da existência e da visibilidade. Um não exclui o outro, como nos ensina *Vigiar e punir*, que os coloca em acordo. Pode, portanto, acontecer que o pensamento foucaultiano suponha transições entre eles, com as tensões que lhes estariam associadas.

CAPÍTULO VI
A historicidade e a visibilidade

Foucault trata muitas vezes a temporalidade em termos de visibilidade, reconduzindo as alterações nos modos de ser da ordem a aparecimentos e desaparecimentos. Como prova, as disposições do saber aparecem e desaparecem – "Se essas disposições viessem a desaparecer como apareceram [...]" (*MC*, 398) –, dos objetos, dos conceitos e das práticas também: "é através desse dispositivo que pôde aparecer como verdade do sexo e dos seus prazeres qualquer coisa como a 'sexualidade'" (*VS*, 91). Os temas de reflexão também: nos primeiros séculos da nossa era, a problematização do amor dos efebos esmorece: "recuo do interesse que se tem por ela; apagamento da importância que lhe é reconhecida no debate filosófico e moral" (*SS*, 252). Nos seus textos, a temporalidade e a visibilidade se conectam.

O papel da espacialidade em Foucault é conhecido.[1] Apesar disso, poderíamos pensar que a formulação de um método genealógico e, mais tarde, a transição dos ciclos médios para os períodos longos seriam os sinais de uma importância crescente concedida à temporalidade. Ora, a análise das mutações no tempo deixa suspeitar que não seja nada disso. Contudo, ir além das simples impressões implica penetrar os modos de tornar-se visível e de tornar-se invisível dos entes como quadros no interior dos quais eles aparecem. É um momento incontornável para avaliar rigorosamente a importância do tratamento espacial das metamorfoses.

1. Do campo da experiência ao campo do poder

Regressemos por um instante à relação política fundamental. Comparados à arqueologia das ciências, os estudos sobre o poder concedem uma importância acrescida ao plano superficial onde, por momentos, colocam os dispositivos (ver acima, 11). No entanto, a recusa de um fundo que

1 Ver por exemplo "Questions à Michel Foucault sur la géographie" (1976), *DE* III, n. 169, p. 32.

ocultaria uma verdade essencial das coisas não chega para que os ordenamentos políticos se tornem imediatamente observáveis. Pelo contrário, as suas determinações não são acessíveis de imediato, como se o olhar não tivesse acesso direto a elas. A ideia de uma espessura da sociedade em que as relações de poder "descem longe" (*SP*, 32) é decisiva para compreender essa opacidade.

Dizendo respeito à mutação do regime das penas entre o fim do século XVIII e o início do século XIX, e diferentemente do que se passava no quadro dos suplícios, a punição torna-se o elemento mais mascarado:

> abandona o domínio da percepção quase quotidiana, para entrar no da consciência abstrata; sua eficácia é pedida à sua fatalidade, não à sua intensidade visível; a certeza de ser punido, é isso, e já não o abominável teatro, que deve afastar do crime (*SP*, 15).

Isto é dizer que a instituição penitenciária não se instala nem se torna produtiva fora dessa partilha entre o que é visto e o que, não sendo visto, permanece apesar de tudo presente à consciência, sob a forma de uma presença-ausência.

Os dispositivos, incluindo a prisão, só são eficazes se uma parte deles permanecer na penumbra, inacessível ao olhar da maior parte. Para recordar uma palavra de Nietzsche, a sua instalação e a sua ação exigem "o esquecimento, da mesma maneira que toda a vida orgânica exige não somente a luz, mas também a obscuridade".[2] Com a pequena diferença de que a penumbra não é uma região puramente esquecida, porque a "consciência abstrata" que a sociedade tem fez com que a lembremos e que não a desejemos para nós mesmos. Tal como essa consciência não permite o esquecimento completo do que se mantém meio oculto, também não diz respeito a uma presença imediata; pelo contrário, abre um terceiro espaço que se furta à alternativa. Assim, a prisão deve ser analisada segundo essa partilha entre o velado e o manifesto: o seu interior é para nós longínquo e secreto, e, todavia, a sua ameaça permanece abstratamente presente. "Oculto" não é, de modo algum, um sinônimo de "esquecido". Significa presente pela sua sombra.

2 "La folie, l'absence d'œuvre" (1964), *DE* I, n. 25, p. 420.

A temporalidade entendida como visibilidade: a *História da loucura*

Foucault interessou-se frequentemente por esse tipo de permutações. A grande reclusão contada na *História da loucura* consistia em afastar do domínio visível certos indivíduos, lançados na noite das antigas leprosarias. A consciência abstrata que se tinha desse novo mundo noturno tornava-se a condição de possibilidade de uma certa concepção do Mesmo e do Outro como a razão e a alienação. Nessa narrativa, é a loucura que, no momento da grande reclusão, passa para a obscuridade, vindo a claridade a ser o espaço ocupado pela razão. Assim, as mudanças históricas começam a ligar-se a deslocalizações no plano do visível.

A bipartição do espaço que a *História da loucura* narra não era dominante no fim da Idade Média, nem no Renascimento: é uma aquisição da idade clássica (*HF*, 143). Todavia, nessa época, o esquecimento da loucura não significou a morte das experiências artísticas que ela tornava possíveis. Porque a loucura só é compreendida como ausência de obra para um olhar bem determinado, que se espanta "de ver comunicar duas linguagens (a da loucura e da literatura) cuja incompatibilidade foi construída pela nossa história".[3] Este livro pode, portanto, jogar continuamente com a ambiguidade entre o que permite a loucura e o que ela não permite, já não hesitando Foucault em falar do fim das "obras de loucura" de Nietzsche, de Van Gogh e de Artaud (*HF*, 663). Neste sentido, o esquecimento e a manifestação vão a par: tal como a invisibilidade dos locais de reclusão (asilos, hospitais) é acompanhada da consciência abstrata que a sociedade luminosa tem deles, assim a separação entre a loucura e obra estende um véu sobre a experiência fundamental, que ela reduz a uma doença mental ou a uma vaidade irrazoável.

Essa dualidade condensa-se na frase seguinte: "Na nossa época, a experiência da loucura faz-se na calma de um saber que, por a conhecer em demasia, a esquece".[4] Sem dúvida que esse esquecimento deve ser entendido num duplo sentido. Primeiramente, envolve a partilha que permitiu, no meio do século XVII, a constituição de uma massa heterogênea de homens e de mulheres de que mais tarde haverá ciência.

---

3 Prefácio de *HF* (1961), *DE* I, n. 4, p. 165.

4 *Ibid.*, p. 161.

Um véu cai sobre a exclusão, pela qual alguns são condenados à invisibilidade e outros conseguem ocupar o espaço da luz; cai sobre essa fixação "dos *limites* – desses gestos obscuros, necessariamente esquecidos depois de realizados, pelos quais uma cultura rejeita alguma coisa que será para ela o Exterior".[5] A loucura será integrada na ordem do conhecimento psiquiátrico no século XIX e adotará os contornos de uma doença. Mas, precisamente, essa integração, essa inclusão, não teria sido possível sem a separação que a precede, sem esse pecado original que é uma condição de possibilidade dela:

> Não é importante para a nossa cultura que a insanidade só tenha podido tornar-se em objeto de conhecimento na medida em que foi previamente objeto de excomunhão? (*HF*, 142).

O pôr à margem desta massa, o gesto fundador que apaga, e que se apaga da nossa memória, tornará possível a psiquiatria do século XIX e a sua verdade luminosa.

Em segundo lugar, todavia, o esquecimento deve também ser compreendido como a marca da história que o Ocidente reservou à loucura, entendida como experiência fundamental, a experiência em que estão em jogo os limites da vida, do ser e do pensamento. Esse é um ponto capital da obra que promete o regresso à luz da loucura, com toda a sua força. O livro acaba pelo anúncio de um "novo triunfo da loucura" (*HF*, 663), predito a partir das obras desmesuradas de Van Gogh, Nietzsche e Artaud.

Em que esta análise nos faz avançar? Na relação entre razão e loucura, a mutação histórica assinalada em meados do século XVII apresenta-se como uma metamorfose na arrumação do visível: "a partilha simples do dia e da obscuridade, da sombra e da luz, do sonho e da vigília, a verdade do sol e das potências da meia-noite"[6] desdobra-se então. Mas, com igual precisão, discernimos o movimento contrário: o do retorno, que se desenrola no mesmo plano perceptivo. Em ambos os casos, Foucault raciocina em termos de espacialidade a partir

---

5 *Idem.*

6 NIETZSCHE, F. *La naissance de la tragédie*. LACOUE-LABARTHE, P. (trad.). Paris: Gallimard, 2000 (1977). *Die Geburt der Tragödie*, 1, em *Werke* III 1, p. 21.

do momento em que quer dar conta das mutações temporais. Explica assim que essas transformações ocorrem num campo da experiência (*HF*, 144). Na sua discrição, na sua falsa evidência, esta palavra permanecerá decisiva: as transformações ocorrem *num campo* da experiência. Ora, os que são eliminados desse campo não morrem, antes partem para o exílio: os comportamentos encerrados "só deixaram o solo da experiência quotidiana para serem integrados no campo da insanidade, de onde deslizaram pouco a pouco para a esfera de pertença da doença" (*HF*, 144). A história é escrita a partir dessas alterações espaciais, que, no seguimento, servem de marcos das mutações.

Que essas mutações possam ser mais ou menos bruscas, ficando a história, na mesma passada, mais ou menos descontínua, isso é, tudo somado, secundário. O fundamental é reconhecer que a descontinuidade histórica já não é de natureza *temporal*, antes se apoia em considerações *espaciais*. Dizer que o tempo muda, que uma época chega ao fim e outra começa, significa que o espaço muda, que a partilha do campo se faz de outra maneira, que teve lugar uma *metamorfose*, que *a forma do campo* mudou. A medida do tempo histórico é dada pelo espaço. Mas não se trata de um espaço qualquer: é a espacialidade do campo, do visível e do invisível, do perceptível e do imperceptível, que dita os momentos da história e decide da partilha do tempo. Os ordenamentos de uma espacialidade partilhável *são* o tempo. Chamam-se então épocas.

Sabemos já que a sequência dos ordenamentos do visível não obedece a nenhuma ideia de progresso. A sucessão, que implica a tensão entre dois princípios, neste caso a razão e a loucura, se parece mais com uma luta que nada indica que terá fim um dia. O que conduz a uma ideia: essa inteligência da mudança inspira-se na visão nietzschiana de *A Origem da tragédia*. Com efeito, ao longo de toda a *História da loucura*, dois princípios se combinam, se repelem, se excluem ou se incluem, se libertam ou se limitam, instaurando por esses movimentos uma parte da história do Ocidente. Tal era já o motivo íntimo do livro de Nietzsche:

> Teremos dado um grande passo na estética, escrevia, quando tivermos chegado não somente à compreensão lógica, mas à imediata certeza intuitiva de que o inteiro desenvolvimento da arte está ligado à dualidade do apolíneo e do dionisíaco como, analogicamente, a geração

> – nesse combate perpétuo em que a reconciliação apenas intervém de maneira periódica – depende da diferença dos sexos.[7]

Ainda é preciso lembrar o corte que, em Foucault, essa concepção representou comparativamente ao seu pensamento pré-arqueológico, que se pode ler no seu primeiríssimo livro, *Doença mental e personalidade.*[8] Entre essa obra e a *História da loucura,* Foucault passa do enraizamento da doença mental nas condições sociais e nas contradições inerentes ao capitalismo à compreensão da loucura como experiência fundamental e até como princípio ontológico tendo o mesmo estatuto que a razão. A história converte-se no fluxo das idas e vindas desses princípios (sob a forma de entes ou de experiências) da invisibilidade à visibilidade, da ausência à presença, do esquecimento à atualidade.

Para terminar, constatamos que o ordenamento do campo da experiência pode mudar a tal ponto que veremos nele descontinuidades, ou reordenamentos de uma ponta à outra. Mas esse fato não diminui nem a existência dos elementos em jogo, nem a permanência do próprio campo, nem sequer a consideração de uma oscilação entre o visível e o invisível, que representa o modo de ser essencial das metamorfoses. É assim que na *História da loucura,* Foucault capta a temporalidade usando o vocabulário da espacialidade.

O PÔR EM CAMPO E O PONTO DE VISTA

Uma vez que aparece claramente por quais razões foi preciso remontar até a *História da loucura,* a razão pela qual *As Palavras e as coisas* serão aqui deixadas de lado não será menos evidente. Nesse livro, a radicalidade da ruptura impede toda a consideração de um vaivém ao longo do qual os mesmos entes ou princípios apareceriam ou se ocultariam, em todo o caso de como se combinariam para formar a disposição do saber. As rupturas marcam a morte das antigas empiricidades e positividades bem como o nascimento de novos entes e corpos de saber. Só essa descontinuidade levada ao extremo afasta Foucault de um pensamento das metamorfoses concebido sob o regime da visibilidade.

---

7 *Idem.*

8 FOUCAULT, M. *Maladie mentale et personnalité.* Paris: PUF, 1954.

A arqueologia das ciências humanas apresenta-se como "a história da ordem das coisas [que] seria a ordem do Mesmo", ecoando assim a história da loucura, "daquilo que, para uma cultura, é ao mesmo tempo interior e estranho, logo de excluir [...], mas encerrando-o" (*MC*, 15). Apesar dessa simetria, os dois empreendimentos não compreendem as metamorfoses da mesma maneira. Aos intercâmbios no plano da visibilidade de que trata a *História da loucura*, *As Palavras e as coisas* substituem os aparecimentos e os desaparecimentos, sem resto, dos entes do saber. Olhando o espaço luminoso do conhecimento, a arqueologia das ciências humanas pensa apenas em termos de nascimento e morte, e exclui todos os intercâmbios entre o visível e o invisível.

Em contrapartida, uma dezena de anos mais tarde, o raciocínio a partir de um espaço ordenável é retomado com determinação. A noção de *campo* regressa então com uma potência acrescida, por exemplo em *Vigiar e punir*:

> A história do corpo, os historiadores iniciaram-na já há muito tempo. Estudaram o corpo no campo de uma demografia ou de uma patologia históricas [...]. Mas o corpo está também diretamente mergulhado num campo político (*SP*, 30).

O que é que esta passagem nos ensina sobre aquela noção?

O campo é uma condição de aparecimento dos entes. Um ente manifesta-se num campo, e conforme for o campo no interior do qual se mostra ou em que se inscreve assim será a sua configuração. O campo, portanto, dá a ver em conformidade com a sua natureza: política, médica, demográfica. Isso não significa que se reduza a um ponto de vista, dado que há nele personagens, instituições, saberes, relações de poder. Não obstante, os que se colocam no interior de um campo observam os objetos de um ponto de vista singular, e interpretam-nos consoante as características do próprio campo. Assim, o médico encara o domínio penal em termos de diagnóstico ou de cura, ao passo que o juiz o observa em termos de julgamento ou de punição. Em outras palavras, sem se reduzir a um ponto de vista, o campo impõe um, e cada sujeito exprime o mundo a partir do ponto de vista em que se coloca. Pelo mesmo motivo, um indivíduo inculpado no campo judiciário é, segundo o psiquiatra, outro ente, marcado pelo seu passado, a sua ascendência, a sua personalidade, muito mais do que pelo ato cometido. O mesmo indivíduo surge como outro, consoante o campo em que está inscrito.

O próprio corpo pode ser olhado no campo de uma demografia ou de uma patologia tanto como no campo político. A tal ponto que nos perguntamos se é sempre do mesmo corpo que se trata. Os campos cruzam-se no mesmo objeto ou é o objeto que se desmultiplica através dos campos, prestes a ter apenas uma unidade nominal, que lhe vem de uma mesma designação eventual? O problema do desaparecimento do sujeito, reduzido ao nome dado a um certo ponto em que se cruzam diferentes perspectivas, volta à superfície. Dizemos então que o ponto de vista define o objeto e o sujeito, e que, por consequência, é primeiro relativamente a eles. O ponto de vista não é essencialmente nem subjetivo nem objetivo; é o que permite que o sujeito e o objeto se definam reciprocamente num campo determinado. É a mediação fundadora de ambos.

A ideia de campo tem tanto impacto que vai até determinar a tarefa central da investigação: "analisar preferencialmente 'sistemas punitivos concretos' [...]; recolocá-los no seu campo de funcionamento" (*SP*, 29). Nesse quadro, o campo já não é entendido como simples plano de surgimento dos entes, mas antes como o lugar de funcionamento, espaço em que trabalham corpos complexos, ou então conjunções sistemáticas. Com efeito, o desígnio de *recolocar* sistemas num campo só tem sentido se estes últimos funcionam desde o início nesse mesmo campo. A recolocação num campo de um ente ou de um sistema, ou ainda de uma relação, é a contrapartida teórica do movimento primeiro de constituição e de funcionamento desse ente. Recolocar é reconduzir alguma coisa ao campo que lhe é próprio. Dito de outra maneira, o campo não pode ser compreendido como o lugar em que o ente é para ser recolocado ou reinscrito se não for desde o começo o lugar a que o ente já pertence, ou em que já se inscreve. O campo é assim a base sobre a qual os entes vêm à ordem. Como prova, a passagem seguinte:

> o corpo está também diretamente mergulhado num campo político; as relações de poder operam sobre ele uma captura imediata; investem-no, marcam-no, domesticam-no, supliciam-no, obrigam-no a cerimônias, exigem dele sinais (*SP*, 30).

O corpo é posto em ordem, e o seu pôr em ordem é *direto* e *imediato*. É por isso que o campo é um modo de ser *da ordem*, e o pôr em campo é, por consequência, um pôr em ordem. Entre o campo e a ordem, entre a inscrição num campo e a integração num sistema, nenhuma mediação.

Todavia, isto não permite avançar muito. A investigação incide sobre as metamorfoses do modo de ser das coisas, quer compreender como é que um campo se forma e se transforma. Para nos aproximarmos desse objetivo, tomemos uma análise concreta, que diz respeito às relações entre a justiça e a psiquiatria a partir do começo do século XIX. Ela lançará uma nova luz sobre o problema.

2. A engrenagem, sistema concreto num campo de poder-saber

Durante a primeira metade dos anos 1970, Foucault interessou-se profundamente pelos relatórios de avaliação psiquiátrica em matéria penal. Esses discursos, dirigidos aos juízes por psiquiatras, a pedido dos primeiros, têm por principal vocação avaliar a consciência de um inculpado no momento do ato cometido e pelo qual é trazido perante o tribunal.

Na realidade, diz Foucault, as avaliações psiquiátricas fazem bem mais do que isso. Apresentando-se como análises rigorosas do passado do inculpado, reconstroem a história dele à luz do ato mais recente. Assim, a história do acusado é narrada remontando seu momento mais longínquo: para além da infância, é necessário voltar aos ascendentes e à parentela para neles desenterrar degenerescências. De tal modo que antes de emitir uma opinião sobre a acessibilidade do indivíduo a uma pena, o psiquiatra constrói e lhe atribui toda uma personalidade. Esta tem quase um efeito mágico: faz com que o acusado não seja julgado apenas pelo seu ato, mas também pela totalidade do seu passado familiar e pessoal, tal como o perito o selecionou e ordenou. O discurso do psiquiatra produz um personagem.

Decerto, Foucault não sugere que o psiquiatra gera o inculpado. Efetivamente, ele pode ter agido anteriormente de maneira condenável, tal como seu pai pôde ser alcoólatra e sua mãe prostituta. Porém, não é por isso que o inculpado é trazido perante o tribunal. Melhor, *não era* por isso, dado que a partir do momento em que a avaliação pericial reconduz todos esses fatos ao ato mais recente como se todos o fizessem prever, então é bem por todo esse passado que a sentença vai condená-lo ou absolvê-lo, enviando-o para a prisão ou para o hospital psiquiátrico. Nesse sentido, o relatório do psiquiatra é um discurso que molda personagens quando deveria apenas avaliar uma responsabilidade no momento do ato. Todavia, continua a se apresentar como não fazendo nada mais do que elucidar o que já estava lá, como se não tivesse lhe acrescentado nada. Portanto, o que retém a atenção de Foucault é essa produção de individualidade ou de personalidade, por um discurso funcionando na orla de duas instituições estranhas uma à outra.

Ora, as avaliações periciais não se limitam a produzir um novo inculpado. Na medida em que avaliam a sua acessibilidade a uma pena, vão mais longe, até predizer a sentença. De onde lhes vem esse poder? Primeiramente, do estatuto de discurso científico que o tribunal lhes reconhece:

> funcionam na instituição judiciária como discurso de verdade, discurso de verdade por ser um discurso de estatuto científico, ou como discursos formulados, e formulados exclusivamente por pessoas qualificadas, no interior de uma instituição científica (*An*, 7).

Sendo assim, a instância psiquiátrica de enunciação, mesmo que seja exterior à instância judiciária de decisão e não possa ser controlada por ela, adquire um peso capital no exercício da justiça. Esta faculdade vem-lhe de que introduz, na cena do tribunal, tipos de construções textuais que se apresentam como discursos de verdade enunciados por peritos.

Em segundo lugar, o poder das avaliações psiquiátricas vem da própria instância judiciária. O valor da avaliação não depende unicamente de ser proferida por um perito, mas também do fato de que ela dá ao juiz critérios para uma decisão. A necessidade de recorrer às perícias, explica Foucault, decorre das alterações legislativas introduzidas pelo Código penal de 1810, que consagra dois princípios jurídicos novos: o do interesse ou da razão do crime, segundo o qual o veredito só pode ser pronunciado depois que a motivação do acusado tenha sido reconhecida; e o que impede a condenação de qualquer pessoa que se encontrasse em estado de demência no momento dos fatos. É em consequência disso que os juízes já não podem decidir sem dispor de um relatório médico-psiquiátrico. A pedido deles, os psiquiatras ficam encarregados de explicar os motivos dos inculpados (ou a ausência de motivos) bem como fornecer as regras para uma avaliação da responsabilidade deles.

Estas regras, argumenta Foucault, não nascem de maneira instantânea. É só ao longo de diferentes casos que as interpretações são propostas, retidas e se transformam por fim em conceitos eficazes. Um conceito a que o curso no *Collège de France* sobre *Os Anormais* concede um lugar especial é o de instinto. Foucault assinala o seu primeiro uso, ainda não como um conceito, mas como uma noção pouco clara, no caso Henriette Cornier, julgada em 1826 depois de ter degolado o bebê dos seus vizinhos.

Perante esse ato brutal, no qual a inculpada não tinha interesse aparente dado que sabia que seria condenada à morte, uma argumentação em torno do instinto compreendido como "dinâmica do irresistível" pretendeu explicar o ato, considerando a inculpada como irresponsável (*An*, 120-125). A partir do momento em que o juiz aceita a explicação dada pelo psiquiatra, pode considerar o acusado como inacessível a uma sanção penal. Foucault sintetiza assim o papel do termo em questão:

> O que é o instinto? É esse elemento misto que pode funcionar em dois registros ou, se quiserem, é essa espécie de roda dentada que permite a dois mecanismos que se engrenem um no outro: o mecanismo penal e o mecanismo psiquiátrico; ou, mais precisamente ainda, esse mecanismo do poder, que é o sistema penal e que tem os seus requisitos de saber, consegue engrenar-se nesse mecanismo de saber que é a psiquiatria, e que tem, do seu lado, os seus requisitos de poder (*An*, 128).

O instinto é o critério apresentado pelo perito e acolhido pelo juiz. Assim, é o eixo da comensurabilidade entre aquele que pronuncia o discurso e aquele a quem o discurso se dirige. Ao tornar-se um verdadeiro conceito-charneira, o critério está na fonte da concordância entre duas instituições estranhas uma à outra.

Não é tudo. Decerto, o instinto é o conceito que surge do cruzamento do saber médico e do poder judiciário. É o resultado da necessidade que o psiquiatra tem de contribuir com uma base que permita ao juiz tomar sua decisão. Mas, mais fundamentalmente, é o elemento conceitual que reforça o sistema estabelecido pelas duas instituições. Num primeiro plano, cumpre uma função de racionalidade, na medida em que ajuda a procurar as razões do ato. Contudo, num segundo plano, desempenha um papel político, porque reforça o casamento das necessidades específicas de cada mecanismo de poder e de saber. O conceito-charneira é o segredo não somente do acordo entre as duas instituições, mas ainda do reforço dos seus laços e do sistema que vêm a constituir.

Neste estágio, o papel das avaliações periciais e o palco do tribunal aparecem-nos já como muito diferentes do que imaginávamos no início. Mesmo a natureza dos laços entre a psiquiatria e a instância jurídica não é a de um simples serviço prestado pela primeira à segunda. Pelo contrário, elas superam as suas diferenças para constituir cada um desses sistemas concretos de produção de verdade e de justiça, de saber e de poder. Que forma toma esse sistema? Para designá-la, Foucault emprega uma metáfora mecânica: os dois corpos interpenetram-se para formar a "engrenagem psiquiátrico-judiciária" (*An*, 259).

Aqui ainda, o sistema não nasce de uma só vez. Os contatos entre os campos psiquiátrico e judiciário começam na época da Revolução (*An*, 84-85). O crime e o criminoso, dois objetos até então típicos do campo judiciário, entram no campo do saber médico. Esses dois campos comunicam quando o criminoso passa a ser tratado como um doente e o crime passa a ser percebido como a manifestação de uma doença que é preciso diagnosticar e, se possível, curar. Na origem da engrenagem está, pois, a patologização. Daí até o momento em que a engrenagem funcionará em toda a sua amplitude (a partir de meados do século XIX) forma-se um campo de objetos comuns ao crime e à loucura, e constitui-se um novo domínio da psiquiatria criminal, com os seus especialistas, suas práticas, teorias e instituições. Pouco a pouco, a engrenagem concede ao psiquiatra uma dupla capacidade: distinguir o crime da loucura e julgar o que pode existir de perigoso no interior de qualquer loucura. *Os Anormais* mostra como uma engrenagem nasce de uma combinação complexa de pelo menos dois campos, para em seguida produzir novos objetos, conceitos, personagens, saberes e poderes no seu interior.

É inútil ir mais longe para compreender que, se Foucault se interessa pelas avaliações periciais, não é para fazer uma história natural da psiquiatria. Pelo contrário, é para estudar o palco em que esses textos exercem o seu poder, palco que encara como um espaço concreto de produção. Visto assim, o tribunal revela-se um campo de surgimento e de constituição de entidades e de relações.

A abordagem foucaultiana das avaliações periciais procura saber três coisas: primeiro, como aparecem e desaparecem certos seres no palco do tribunal; em seguida, em que medida este é um espaço de ordenação; por fim, de que maneira esse espaço se constitui e se transforma. Esse trabalho altera completamente a representação do tribunal, que aparece nesse momento já não como um lugar reservado à relação íntima entre justiça e verdade, mas como um espaço ocupado por personagens dispostos segundo uma ordem (o juiz, o psiquiatra, o acusado); um palco em que um discurso produtor é enunciado segundo a ordem do poder judiciário e do saber psiquiátrico; um lugar de intervenção sobre objetos (o acusado e o seu ato) que é preciso conhecer, compreender, absolver, condenar, vigiar; por fim, um campo de encontro entre duas instituições em torno de um indivíduo, de um texto e de conceitos que esse texto apresenta. Este é o tribunal entendido como campo de funcionamento de um sistema concreto.

Como conclusão desta análise, podemos resumir o essencial da resposta de Foucault. Primeiramente, o domínio de funcionamento da engrenagem é um espaço de encontro de pelo menos dois campos anteriormente existentes (a psiquiatria e a justiça), originariamente estranhos um ao outro. O ordenamento desse espaço nasce de uma necessidade epistemológica e política exterior ao novo campo, necessidade a que se supõe que este último dá uma resposta. Além disso, sua transformação faz-se por meio e no entrecruzamento com outros campos (jurídico, penitenciário, de asilo), segundo a lógica da desmultiplicação causal. Isto faz aparecer cada sistema numa rede de relações complexas, que o liga a outros sistemas concretos.

Em segundo lugar, a engrenagem que toma posse do inculpado – como afirma *Vigiar e punir*, o corpo é objeto de uma captura imediata – serve-se dele como ponto de apoio para o exercício de um poder e a elaboração de um saber. Esse investimento, pelo qual o corpo é tomado como objeto e ganha simultaneamente um valor simbólico, é de resto a condição do surgimento do corpo no palco do tribunal. À primeira vista, esta conclusão pode parecer banal: dizer que o tribunal só existe porque há um indivíduo para julgar, nada tem de novo. O que é novo, com efeito, é a história político-discursiva (*VS*, 81) que, diferentemente de uma história natural, não se interessa pelas descobertas científicas, por exemplo, a do "instinto", mas sim pelas "condições de possibilidade do aparecimento, da construção, do uso regulado d[o] conceito no interior de uma formação discursiva" (*An*, 122). É por isso que a introdução do instinto no vocabulário da psiquiatria criminal é um acontecimento no quadro da vinda ordenada à existência.

Bem entendido, neste contexto a ordem não é uma rede de relações anterior à observação; não é um *a priori*. Dizer que o campo é um espaço de ordenação não é uma maneira de traduzir a ideia do pôr em campo como captura imediata, operada pelas relações de poder sobre os objetos. Seria preciso entender com isso que as regras do campo são prévias ao desenrolar dos processos que ocorrem nele? Certamente que não.[9] Tal como não se trata de pôr qualquer coisa em ordem colocando-a num campo, também não se trata de compreender o campo como determinando desde o início a coisa e o seu jogo, como se as relações de poder atribuíssem a cada ente um lugar que lhe estaria sempre reservado, o único que lhe conviria no conjunto da rede de significações. A análise da engrenagem psiquiátrico-judiciária mostra que os estatutos dos entes não são dados antecipadamente. Assim, o instinto é o conceito finalmente retido, depois de outras tentativas para explicar certos comportamentos, e que terá no seguimento a sua própria história. Por um lado, com a sua dupla função epistemológica e política, contribuirá para o estabelecimento da engrenagem, ajudando a formulação de novas regras de funcionamento do campo. Por outro, tornará possível um leque de questões bem como a formação de domínios de objetos e de saber inéditos (*An*, 121-123). A sua história produz outras histórias imprevisíveis, simultânea e sucessivamente. A rede de significações e a hierarquia entre os elementos do campo formam-se e transformam-se incessantemente.

Interessando-se por esses dispositivos institucionais concretos, Foucault estuda vários modos de tornar-se visível e tornar-se invisível dos entes. Daí sua atenção ao olhar que vigia, tanto na quadrícula da cidade pestiferada como na prisão. Um regresso a alguns desses dispositivos e ao conceito singular que os relaciona – a microfísica do

9 Ver Macherey, "Pour une histoire naturelle des normes", em AAVV, *Michel Foucault philosophe*, *op. cit.*, p. 212 e 218.

poder – permite compreender melhor a maneira como são apreendidos os movimentos de vinda ao visível e de partida para o invisível.

3. Os dispositivos de visibilidade

Um conceito original atravessa *Vigiar e punir*: é a microfísica do poder. Trata-se de um método novo? Não, de fato. Ela é um objeto de história: "A história dessa 'microfísica' do poder punitivo seria então uma genealogia ou uma peça para a genealogia da 'alma' moderna" (*SP*, 34). Sem dúvida, essa história requer um método específico, mas esse método é a própria genealogia, segundo a qual o poder não é uma propriedade, mas uma estratégia para pôr em marcha certas tecnologias políticas.

Ao menos a microfísica é recente, típica do programa disciplinar? Também não. Como prova, pensemos na punição pelo suplício, com os seus regulamentos minuciosos e a sistematicidade das suas intervenções sobre o corpo do condenado:

> A morte-suplício é uma arte de reter a vida no sofrimento, subdividindo-a em 'mil mortes', e obtendo, antes que cesse a existência, "the most exquisite agonies". [...] Mas há mais: essa produção é regulamentada (*SP*, 38).

Trata-se assim de um saber e de um poder cujo cruel refinamento desempenha um papel preciso (fazer cintilar ao mesmo tempo a verdade do crime e a força do poder soberano) com meios calculados: "o duelo entre o juiz e o paciente, tanto como a luta entre este e o seu carrasco, são da esfera da ação codificada" (*SP*, 45, 55). Portanto, uma microfísica do poder está já em ação nesse tempo recuado.

De resto, é precisamente esse aspecto da ordem dos procedimentos e dos gestos que permite o estabelecer de uma relação entre os suplícios clássicos e a penalidade moderna: "a relação verdade-poder permanece no cerne de todos os mecanismos punitivos" e "encontra-se nas práticas contemporâneas da penalidade" (*SP*, 59). O rigor científico das operações modernas sobre os corpos dos prisioneiros pode parecer-nos mais doce, para Foucault ele não é menos absoluto. É por isso que Foucault não descreve um nascimento da microfísica na era das disciplinas, mas antes se refere à formação de uma nova "microfísica" do poder (*SP*, 140).

Para a genealogia recente, essa microfísica é o objeto antigo e mutante de uma contra-história por fazer.

Todavia, contrabalançando a microfísica, existe também uma macrofísica. Na era da prisão, a primeira toma a forma da "modalidade panóptica do poder – ao nível elementar, técnico, humildemente físico em que se situa" (*SP*, 223). A segunda diz respeito às grandes estruturas jurídico-políticas de uma sociedade, e toma os contornos da igualdade formal num regime parlamentar e representativo. Entre esses dois níveis, estabelece-se uma relação que já conhecemos:

> A forma jurídica geral que garantia um sistema de direitos em princípio igualitários era subtendida por esses mecanismos pequenos, quotidianos e físicos, por todos esses sistemas de micropoderes essencialmente inigualitários e dissimétricos que constituem as disciplinas. [...] As disciplinas dão, na base, garantia de submissão das forças e dos corpos. As disciplinas reais e corporais constituíram o subsolo das liberdades formais e jurídicas (*SP*, 223-224).

Esta é outra maneira de dizer que a microfísica do poder é o fundo em que se apoia a arquitetura político-institucional geral.

Mas o importante não está aí. O essencial é compreender que cada modalidade de microfísica desenvolve as suas formas próprias de revelar, ou então ocultar, corpos sobre os quais age. A originalidade de Foucault consiste em ligar os dispositivos de visibilidade às trocas entre o visível e o invisível. As ilustrações principais dessa análise são a cidade pestiferada e o panóptico.

Diferenças e afinidades entre três modelos: a exclusão, a quadrícula e o panóptico

O capítulo de *Vigiar e punir* intitulado "O panoptismo" abre pela descrição de um regulamento do fim do século XVII, sobre "as medidas que seria preciso tomar quando a peste se declara numa cidade" (*SP*, 197). A quadrícula da cidade desencadeia então uma "inspeção que funciona sem cessar. O olhar está por toda parte desperto" (*SP*, 198). De quem são esses olhos indiscretos e a que eles aplicam sua atenção? A cidade se vê partilhada em dois grupos, o dos vigilantes (os intendentes, os síndicos, os soldados da guarda) que circulam e permanecem vigilantes, e dos vigiados, por grosso todos os outros habitantes, fechados em sua casa, quer estejam doentes quer não. O método mais simples para se assegurar do estado de cada um consiste em fazer com que se mostrem todos os ocupantes de cada casa: "Cada um encerrado na sua gaiola, cada um na sua janela, respondendo ao seu nome e mostrando-se quando lhe é solicitado, é a grande revista dos vivos e dos mortos". Ainda é preciso, para essa revista, que os corpos se venham mostrar. Os indivíduos vindo um por um às suas janelas, tornando-se visíveis segundo os comandos dados do exterior, encontram-se frente a frente com a administração e os personagens que esta investe com o seu poder. Presente em toda a parte, o poder exige que os indivíduos em quarentena se mostrem de acordo com regras que ele estabelece. Por fim, para que essas diligências possam ter resultado, é indispensável um sistema de registro permanente: relatórios dos síndicos para os intendentes, dos intendentes para os magistrados ou o presidente da câmara. Numa ponta da escala encontramos o presidente da câmara; na outra ponta, cada cidadão de que se registrou "o nome, a idade, o sexo, sem exceção de condição". Assim, capturados pelo funcionamento administrativo, os residentes nas suas gaiolas convertem-se em indivíduos, corpos de que se pode reconhecer oficialmente a identidade.

O tratamento da cidade pestiferada distingue-se do prodigalizado à comunidade afetada pela lepra. "Se é verdade, escreve Foucault, que a lepra suscitou rituais de exclusão que deram até certo ponto o modelo e a forma geral do grande encerramento, a peste, por seu lado, suscitou esquemas disciplinares" (*SP*, 200). Aqui, a repartição entre sãos e leprosos é simples, quer dizer imediata e sem resto. Certamente, essa operação pode dar lugar a um olhar que a comunidade lança sobre si mesma, por intermédio da exclusão dos outros, como mostra a *História da loucura*. Mas não leva nem a uma produção de identidade nem a uma atribuição de lugares, como na quadrícula. Se a separação dos leprosos pode neste sentido ser apelidada de massiva, a dos pestiferados é individualizante. Contra o esquema milenar de exclusão da lepra, o século XVII teria introduzido, segundo Foucault, na circunstância da peste, uma novidade essencial, uma diferenciação oficial dos indivíduos que simultaneamente os igualiza, dado que os reduz ao nome, idade e sexo, "sem exceção de condição". É o ponto de partida de um trabalho realizado sobre cada um e sobre todos, logo, simultaneamente individualizante e global.

Ao grande encerramento e quadrícula da cidade segue-se o estudo do panóptico. Esse edifício representa, no fim do século XVIII, o que a quadrícula representou em meados do século XVII: o esquema purificado do ordenar dos corpos, como meio para os governar. Apresentado pela primeira vez por Jeremy Bentham numa série de cartas de 1787, o panóptico aparece como modelo arquitetural e funcional, ideal para diferentes instituições fechadas, em particular para a prisão.[10] É verdade que o panóptico nunca foi construído como foi imaginado, apesar das diligências do seu autor, durante mais de vinte anos, junto das instâncias políticas inglesas.[11] No entanto, alguns dos princípios da sua arquitetura conheceram um longo destino: a partir do século XIX, lê-se em *Vigiar e Punir*, foram adaptados à construção não somente de novas prisões, mas também de hospitais, fábricas, casernas e escolas. Entre esses princípios contam-se a visibilidade, a individuação e os efeitos sobre a "alma" dos vigiados.

O panóptico é essa edificação circular cujo anel periférico interior está dividido em células. Cada célula tem duas janelas, uma para o interior, correspondendo às janelas da torre de vigilância que se encontra no centro: "a outra, dando para o exterior, permite que a luz atravesse a célula de uma ponta à outra" (*SP*, 201). Para aquele que se encontra na sua célula, é impossível permanecer na penumbra. Somente essa impossibilidade não decorre de uma instrução momentânea do poder, como quando cada cidadão era chamado a comparecer na sua janela, mas é o estado permanente de quem quer que esteja encerrado em cada pequena divisão. Esta já não é uma jaula cujo interior escapa do olhar, mas é, de fato, um espaço iluminado. O indivíduo não se mostra, é simplesmente visto.

Depois da visibilidade, um segundo princípio é o isolamento. Na prisão panóptica, cada detido está encerrado no seu compartimento, sem comunicação com os outros. A separação visa impedir os contatos

---

10 BENTHAM, J. *Works*. Bristol: Thoemmes, 1995, p. 37-248.

11 HUME, D. "Bentham's Panopticon: Análise Administrative History". *In*: Parekh (dir.), *Jeremy Bentham: Critical Assessments*, IV, Londres/Nova Iorque, Routledge, 1993, p. 189-229.

entre os prisioneiros e os delitos que daí decorrem: "conspiração, tentativa de evasão coletiva, projeto de novos crimes para o futuro" (*SP*, 202). Mas Bentham apresenta o panóptico como um modelo para outros locais: a escola, o hospital, a fábrica etc. De acordo com as necessidades, a repartição dos indivíduos a vigiar pode mudar para adotar formas mais adequadas do que as do simples isolamento. Em todos os casos, a organização de pequenos espaços evitará sempre a tagarelice, a dissipação, as rixas, os roubos, as coligações. A massa, qualquer que seja o seu gênero, é dividida e torna-se controlável. Uma vez mais, não se trata de excluir maciçamente, mas de vigiar diferencialmente.

Terceiro ponto e efeito principal do Panóptico: induzir no detido um estado consciente e permanente de visibilidade que assegura o funcionamento automático do poder. A passagem do corpóreo ao incorpóreo, ou do corpo à alma, torna-se patente. Basta então fazer-lhe crer que é efetivamente visto, ou melhor, que pode sempre sê-lo. Para esse fim, Bentham dispõe a torre de vigilância, colocada no centro do edifício, de maneira que o vigilante que nela se encontra possa observar a qualquer hora cada indivíduo isolado, sem que nenhum destes últimos possa, por seu turno, aperceber-se dele. Decorre disso um efeito psicológico permanente que visa restringir as ações dos vigiados não pela força física, mas pela força da consciência. A "alma" é produzida. E se Foucault ainda a rodeia de aspas, é porque ela é apenas o resultado de uma tecnologia material, de uma microfísica – "a alma, prisão do corpo" (*SP*, 34).

Ficam assim esboçadas as características principais do panóptico. Pelo menos três diferenças o separam do modelo da quadrícula. A primeira respeita os estados a que se aplicam. A divisão do território atingido pela peste só pode ser encarada como medida excepcional. A sua duração é relativamente breve, porque termina assim que a doença é suprimida. Inversamente, o panóptico apresenta-se como um dispositivo estável para a existência quotidiana das múltiplas instituições. Representa um modo de organização dos humanos em tempo normal. Não visa, portanto, dominar uma situação de exceção, mas regular um funcionamento social duradouro.

A segunda diferença diz respeito à coação implicada. A divisão da cidade em compartimentos não é separável de um aparelho militar e policial que põe tropas no terreno e ameaça a aniquilação imediata dos civis desobedientes. Como recorda Foucault, "à doença que trazia a morte, o poder opunha sua perpétua ameaça de morte; a vida estava aí reduzida à sua expressão mais simples" (*SP*, 209). Em contrapartida, para Bentham, o modelo ideal da disciplina tem por vocação fazer crescer e multiplicar a produção, a economia, a instrução, a saúde, a moral pública. Está voltado ao progresso geral e não somente ao da segurança e salubridade das prisões. Se a quadrícula visa erradicar uma doença e tem, nesse sentido, uma função digamos que negativa, o Panóptico, pelo contrário, tem um papel de amplificação. Tanto como a primeira impõe interdições sob pena de morte, assim o segundo tem por objetivo o crescimento da produção e da vida.

Por fim, uma terceira diferença se refere à relação entre a eficácia do poder e a sua visibilidade. O esquema clássico põe em jogo um poder que deve ser perceptível para produzir o efeito desejado: o indivíduo expressamente convocado para aparecer na sua janela mostra-se à instituição que, reciprocamente, se torna visível para ele. O projeto moderno supõe uma relação inversa: o indivíduo não se mostra, mas permanece sempre visível, ao passo que o poder se esconde, ao mesmo tempo que faz crer que está sempre presente. Na realidade, só pode alimentar essa crença na condição de não se revelar, de não trair a direção exata do seu olhar num instante preciso, com o risco de dizer aos indivíduos que nesse momento não estão sendo vigiados. O modelo do poder visível se opõe ao dispositivo do poder oculto.

Podemos resumir assim os três modelos da relação de visibilidade. Na exclusão, os corpos do leproso e do louco tornam-se invisíveis imediatamente ao serem afastados. Desse modo, integram uma massa indiferenciada (*SP*, 200). Muito diferentemente, na repartição da cidade há uma dupla visibilidade: intermitente da parte do habitante, permanente da parte do soberano. Por fim, no panóptico o indivíduo vigiado está invariavelmente visível, enquanto o olhar que o vigia permanece mascarado.

Mas a quadrícula e o panóptico não têm apenas diferenças, apresentam também afinidades. Em primeiro lugar, pertencem ao mesmo conjunto coerente de projetos para o governo das pessoas. Embora sofra alterações, o programa disciplinar a que eles pertencem conserva uma unidade essencial, porque visa sempre exercer controles tão apertados quanto possível sobre populações, quer sejam os residentes de uma cidade, os prisioneiros, os trabalhadores ou os estudantes. Aqui e ali, os controles são exercidos sobre cada indivíduo tomado separadamente. São mesmo meios de individuação, que desfazem a massa indiferenciada para impor instruções comuns a cada um. Distinguem-se assim da exclusão da lepra ou do encerramento dos "loucos", que não eram processos disciplinares. Se as disciplinas se definem como "esses métodos que permitem o controle minucioso das operações do corpo, que asseguram o assujeitamento constante das suas forças e lhes impõem uma relação de docilidade" (*SP*, 139), então o seu programa geral atravessa, se bem que de maneira distinta, tanto a vigilância do pestiferado como a do indivíduo objeto do panóptico.

Uma segunda, e muito diferente, afinidade entre a quadrícula e o esquema de Bentham é que ambos podem ser considerados como utopias.

> A cidade pestiferada, toda atravessada por hierarquia, vigilância, olhar, escrita, a cidade imobilizada no funcionamento de um poder extensivo que incide de maneira distinta sobre todos os corpos individuais – é a utopia da cidade perfeitamente governada (*SP*, 200).

E quando Foucault fala do panóptico, lembra que "se fez frequentemente uma utopia do encerramento perfeito. [...] Que ela tenha, ainda até nós, dado lugar a tantas variações projetadas ou realizadas, mostra qual foi, durante perto de dois séculos, a sua intensidade imaginária" (*SP*, 207). Desse ponto de vista, os dois modelos são outros tantos retratos da organização do espaço inteiramente bem-sucedido, tendo em vista um ordenamento rigoroso. A conotação depreciativa associada ao emprego da utopia neste texto não pode surpreender: contrasta, decerto, com o uso que outros puderam fazer dela, mas sabe-se que desde *As Palavras e as coisas* Foucault não deixa passar uma ocasião de desacreditar as utopias (ver mais adiante, 22, A).

Uma terceira e última afinidade vem completar este quadro: a quadrícula e o panóptico são talvez utopias, mas não são simples sonhos. Esta distinção é crucial. Assim, "o Panóptico não deve ser compreendido como um edifício onírico: é o diagrama de um mecanismo de poder reduzido à sua forma ideal" (*SP*, 207). O mesmo raciocínio se aplica à quadrícula: "a peste (pelo menos aquela que fica no estado de previsão) é a provação no decurso da qual se pode definir idealmente o exercício do poder disciplinar" (*SP*, 200). Foucault chega a pôr em paralelo a divisão da cidade e o raciocínio dos juristas da época clássica a respeito de estado de natureza: em ambos os casos, trata-se de modelos ideais, de sonhos no sentido de construções imaginárias destinadas a esclarecer certos problemas e a dar-lhes solução. A sua diferença, deve-se acrescentar, é que se os homens de lei não sonham atualizar o estado de natureza, os autores dos projetos disciplinares aspiram a executar os seus planos. E, todavia, as suas propostas e regulamentos dependem também da imaginação: "sonho político [...] de uma sociedade disciplinada" no que toca ao panóptico, sonho "de uma comunidade pura" pela exclusão dos leprosos. Afinal, podemos nos perguntar, esses sonhos foram realizados?

Sim e não. Sim, na medida em que representam, nas suas épocas, os princípios que se generalizaram a tantas outras instituições estudadas por Foucault. Não, se aceitarmos que o poder disciplinar nunca teve sucesso em apagar inteiramente todas as zonas de sombra. Foucault pode assim recusar a ideia, que alguns lhe atribuíram, de ter pretendido, em *Vigiar e punir*, que se vivia numa sociedade definitivamente disciplinada: "Como se, justamente, todos esses desenvolvimentos não fossem à medida de um insucesso perpétuo".[12]

Como funciona a microfísica?

A análise das relações de visibilidade na cidade atacada pela peste e no panóptico permite lançar um olhar concreto sobre a microfísica do poder. Em *A vida dos homens infames*, um texto de 1977, este conceito regressa com toda a força. Sobre as figuras marginais de que os arquivos judiciais dão testemunho, Foucault escreve:

> Quis também que esses personagens fossem eles próprios obscuros; que nada os tivesse predisposto para brilhar de nenhuma forma, que não tivessem sido dotados de nenhuma dessas grandezas que estão estabelecidas e são reconhecidas – as do nascimento, da fortuna, da santidade, do heroísmo ou do gênio [...]. Eu tinha partido em busca

---

12 "La poussière et le nuage" (1980), *DE* IV, n. 277, p. 15-16.

dessas espécies de partículas dotadas de uma energia tanto maior quanto são elas próprias mais pequenas e difíceis de discernir.

Para que alguma coisa delas chegasse até nós, foi preciso, todavia, que um feixe de luz, pelo menos por um instante, as viesse iluminar. Luz que vem de outro lugar. O que as arranca da noite em que teriam podido, e talvez sempre devido, permanecer, é o encontro com o poder: sem esse choque, nenhuma palavra existiria hoje para lembrar o seu fugitivo trajeto. [...] Todas essas vidas que estavam destinadas a passar para debaixo de qualquer discurso e a desaparecer sem nunca terem sido ditas só puderam deixar traços – breves, incisivos, com frequência enigmáticos – no seu ponto de contato instantâneo com o poder.[13]

Eis aqui a microfísica em ato, o impacto das partículas contra um obstáculo que, por uma alteração de luminosidade, revela sua presença. De onde vem a referência à luz. O contexto científico a que Foucault vai buscar a palavra é evidente, com a alusão à experiência de laboratório. Mas da significação mais literal passamos rapidamente ao aspecto metafórico. Assim, a definição da tecnologia política como uma microfísica liga essa tecnologia ao domínio dos corpos individuais encarados como partículas elementares.

O poder é o agente que torna os corpos perceptíveis. Adquire um sentido institucional, como quando Foucault fala "de uma microfísica do poder que os aparelhos e as instituições põem em jogo" (*SP*, 31). Em contrapartida, os indivíduos são os pacientes do processo, são convertidos à nova dimensão celular. O resultado imediato dessas operações é a vinda dos corpos à luz do dia: os que estavam destinados a permanecer invisíveis, não tendo nenhuma dessas grandezas que estão estabelecidas e são reconhecidas, convertem-se em objetos de atenção. Mas também se convertem em objetos de intervenção (pelas experiências, recompensas e punições) tanto como objetos e sujeitos de discurso, de que os arquivos dão testemunho. Agora, de que maneira é posta em marcha a tecnologia que leva a esses resultados?

O primeiro segredo da microfísica é mostrar os que não eram vistos. A invisibilidade não se confunde com a inexistência, aparenta-se mais com a qualidade do que é indiscernível. Tal como na microfísica

---

13 "La vie des hommes infames" (1977), *DE* III, n. 198, p. 240-241.

científica, entidades invisíveis vêm ao saber, à luz do qual ainda não estavam expostas, assim também na microfísica do poder entes que estavam fora do alcance das instituições tornam-se observáveis como novos objetos. Os ausentes tornam-se presentes, passam de uma região da sociedade em que eram mais ou menos livres, não isoláveis, obscuros, ao campo do poder institucional. São arrancados à invisibilidade pela força luminosa do poder. Por este fato, as instituições alargam o seu domínio de ação, tornando político, ou integrando no seu poder-saber, o que até aí era unicamente social.

Em segundo lugar, essa apropriação do social pelo institucional, ainda que tenha por finalidade exercer um efeito sobre o grupo, efetua-se por meio de uma atenção às singularidades, exercida pelas vias da referenciação e da intervenção. A microfísica de laboratório compõe-se não somente da observação das partículas, mas também da sua manipulação. De igual modo, o poder pretende exercer uma ação real sobre os sujeitos. Se no quadro dos suplícios a justiça prende apenas um pequeno número de criminosos para puni-los de maneira exemplar, o regime disciplinar desagrega os conjuntos e produz uma individuação política. Assim se multiplicam os cruzamentos entre os indivíduos e o poder. Todavia, tanto num caso como no outro, a tomada em consideração de um elemento separado equivale a impor-lhe os parâmetros ou as ordens da instituição. Foucault pode escrever que a luz "vem de outro lado": esse "outro lado" é a região dos aparelhos de governação, sejam ou não estatais. O "outro lado" é o poder na medida em que se abate sobre um corpo supliciado diante da multidão, ou divide os viventes disciplinados para os observar e manipular.

Terceiro, o poder pretende exercer, através da microfísica, um efeito duradouro. Tanto na publicidade dos suplícios como na constituição da "alma" disciplinar, trata-se de defender a ordem social, ponto em que Foucault insiste:

> a justiça apenas detinha uma proporção derrisória de criminosos; argumentava com esse fato para dizer: é preciso que a punição seja estrondosa para que os outros tenham medo. Logo, poder violento e que devia, pela virtude do exemplo, assegurar funções de continuidade.[14]

14 "L'œil du pouvoir" (1977), *DE* III, n. 195, p. 198.

Na sociedade disciplinar, trata-se mesmo de criar um espaço de previsão, o que supõe a ordenação do conjunto por meio da ordenação dos indivíduos e dos pequenos grupos, assegurando ao panoptismo "uma vigilância [...] simultaneamente global e individualizante, separando ao mesmo tempo os indivíduos a vigiar".[15] Daí a importância da generalização dos esquemas disciplinares através da rede social, até que atinjam o maior número de instituições e de indivíduos. O programa disciplinar pretende uma normalização geral: a normalização e a normalidade que dele decorrem supõem a visibilidade. E quando os indivíduos não o aceitam, quando a produção das suas disposições choca com resistências, são encarcerados sob a luz absoluta, até que sejam visíveis e previsíveis no mais alto grau.

Por fim, em quarto lugar, a microfísica se transforma segundo os resultados obtidos. Para ser eficaz, deve responder às novas dificuldades na gestão da vida comum. Adapta-se para melhor enfrentar as resistências. Estas emanam ora dos objetos ora dos sujeitos. Se retomarmos o caso das avaliações psiquiátricas, vemos como os objetos sobre os quais incidem (o inculpado e o seu ato) constantemente se furtam às qualificações e explicações dos psiquiatras; como criam um obstáculo ao discurso de saber que tenta apropriar-se deles e dominá-los, revelando a fragilidade do seu estatuto de objetos de conhecimento. No entanto, a microfísica ocupa-se também das resistências dos sujeitos que se opõem *ativamente* às técnicas de poder. Tomemos por exemplo a atenção a cada elemento singular que, no programa disciplinar, tem como limite o isolamento do indivíduo. Deste ponto de vista, as tentativas de instituir uma política da individualização e a plena visibilidade suscitam, da parte daqueles a quem essas medidas se destinam (prisioneiros, trabalhadores), as oposições mais diversas. De tal modo que a microfísica perfeita aparece, como um sonho: "Com efeito, é um elemento diferente que remete Bentham para o irreal: a resistência efetiva das pessoas".[16] Portanto, se o panóptico e a quadrícula da cidade pestiferada são utópicos, é também porque os seus inventores acreditavam que a sua instalação não chocaria com a oposição dos indivíduos. A consequência dessa

15 *Ibid.*, p. 190.

16 *Ibid.*, p. 205.

dupla resistência do objeto e do sujeito é que a observação de cada elemento (do prisioneiro, do trabalhador, do inculpado) e a previsão do seu comportamento permanecem, em última análise, sempre incertas.

Resumindo, o poder realiza quatro grandes operações ao nível microfísico: torna visível o que não o era, individualiza o que era massivo, aplica-se a produzir um comportamento geral previsível e útil, metamorfoseia-se com o intuito de suprir as suas próprias insuficiências. Os aparelhos e as instituições de poder parecem realizar todos esses movimentos de maneira coerente. Apesar disso, o poder não decide o modo de ser da microfísica, e é até o contrário que se passa: a microfísica decide o modo de ser de um poder que transforma em (e por) os seus recursos às tecnologias políticas dos corpos. Estas não são simplesmente um meio-termo entre o poder e os corpos. São aquilo que funda os termos da relação microfísica.

*

Neste estágio, temos já uma ideia precisa da importância concedida por Foucault aos laços entre a visibilidade e a invisibilidade. O campo, o reticulado, o panóptico, a microfísica são os esquemas e os conceitos cuja análise permite compreender como ele delimita as épocas – Renascimento, idade clássica, modernidade – com a ajuda das trocas entre a sombra e a luz. Os períodos da história diferenciam-se segundo a maneira como colocam em evidência os corpos, como se apropriam deles com o intuito de os integrar num campo e num sistema ou então de os abandonar à obscuridade. A exclusão dos "loucos" e sua medicalização um século mais tarde definem duas encruzilhadas na história da loucura. Antes e depois desses acontecimentos, esse domínio divide-se de maneira tão diferente que só com dificuldade se pode dizer que se trata do mesmo espaço. O mesmo se passa para a ordenação dos corpos dos cidadãos e dos prisioneiros: a quadrícula e panóptico distribuem os indivíduos de uma maneira tão profundamente distinta que eles simbolizam duas épocas diversas. As mutações temporais aparecem intimamente ligadas às metamorfoses dos espaços e, no espaço, às alterações da divisão num plano horizontal. De uma visão temporal das transformações históricas, passamos a uma compreensão da história orientada por princípios espaciais.

CAPÍTULO VII
A espacialidade e a temporalidade

Uma nova questão desponta: que relação existe entre a espacialidade e a temporalidade no tratamento das mutações históricas? É uma interrogação diferente da que incidiu sobre os laços entre a visibilidade e a invisibilidade, e foi posta a Foucault em diversas ocasiões. Ele respondeu sempre da mesma maneira: a escolha de uma abordagem espacial não está em contradição com uma tomada em consideração da temporalidade. Essa escolha implica somente que o tempo nela é considerado segundo uma perspectiva menos habitual. Assim compreendida, a primazia do espaço sobre o tempo aparece como um princípio metodológico. É precisamente essa constatação que nos deixa diante de um problema: o que ganha e o que perde a investigação quando envereda por uma dessas vias de preferência à outra?

1. Os ordenamentos contra a história evolutiva

Numa entrevista de 1976 sobre a geografia, o problema volta a aparecer. Eis o que diz Foucault:

> A utilização de termos espaciais tem um arzinho de anti-história para todos os que confundem a história com as velhas formas da evolução, da continuidade viva, do desenvolvimento orgânico, do progresso da consciência ou do projeto da existência. A partir do momento em que se falava em termos de espaço, é porque se estava contra o tempo. É que se "negava a história", como dizem os tolos, é que se era "tecnocrata". Não compreendiam que [...] o que se fazia aflorar eram processos – históricos, decerto – de poder. A descrição espacializante dos fatos de discurso abre sobre a análise dos efeitos de poder que lhes estão ligados.[1]

A primeira justificativa dessa escolha está, portanto, no que faz aparecer. Por muito tempo se acreditou que certos aparelhos e instituições, ainda que presentes na vida cotidiana, desempenhavam apenas um papel menor face às relações e aos conflitos políticos mais importantes.

---

1 "Questions à Michel Foucault sur la géographie" (1976), *DE* III, n. 169, p. 34.

Eram vistos, por conseguinte, como simples determinações das grandes linhas do processo histórico (concebido, por exemplo, como racionalização geral), ou então como expressões de uma fratura principal, entre dominantes e dominados. Aqui, como em outros casos, a ideia de uma evolução do todo era patente, mesmo que já não fosse pensada em termos de progresso contínuo ou de decadência fatal.

Nesse quadro, a eventualidade de uma inversão radical da situação presente ou a possibilidade de escolher um caminho pessoal para fazer frente ao desamparo nunca foram abandonadas. Daí o peso dado à tomada de consciência, de grupo ou mesmo individual, responsável por tornar presente a todos a lógica que supostamente rege a história: através dela reconhece-se o papel que conviria desempenhar no interior do desenrolar do tempo. Por essa razão, compreende-se bem, nas linhas citadas, a alusão a um certo hegeliano-marxismo indo até Sartre, e segundo o qual, como Foucault tinha escrito anos antes: "o tempo [...] é concebido em termos de totalização e as revoluções não são mais do que tomadas de consciência".[2]

Além disso, a passagem citada contém uma alusão a Heidegger e ao projeto existencial de um *Dasein* próprio, ligado ao apelo lançado à consciência pelo cuidado.[3] Certamente, o resultado final dessas duas maneiras de tomar consciência de si, do mundo e da história, bem como os meios para chegar a elas, são opostos em muitos aspectos. Mas contribuem na mesma medida para o menosprezo do papel e do funcionamento das instituições menores, às quais nossas vidas estão presas. É o que permite juntá-las na mesma frase: o "progresso da consciência" e o "projeto da existência". Dissolver a lógica globalizante que subsume as instâncias de poder-saber sob leis de conjunto é então uma vantagem do recurso às categorias espaciais.

Simultaneamente, as contra-histórias que esta escolha torna possíveis fazem o contrário de uma tradição filosófica considerável. Os "tolos", declara Foucault, são os derradeiros representantes da concepção

---

2 "Michel Foucault explique son dernier livre" (1969), *DE* I, n. 66, p. 775, e *AS*, 22.

3 HEIDEGGER, M. "Être et temps". MARTINEAU (trad.) (a partir da 10. ed., Tübingen, Max Niemeyer, 1963). Paris: Authentica (fora de mercado), 1985. *Sein und Zeit* (1927), GA 2, § 53, 56-57 e 60.

de uma historicidade evolutiva "tão profundamente [constituída] que é ainda hoje, para muitos, uma evidência" (*SP*, 162). Essa inteligência da história teve os seus monumentos maiores, entre eles os filósofos responsáveis pelo anátema lançado sobre o espaço:

> Entre todas as razões que induziram durante tanto tempo uma certa negligência relativamente aos espaços, explica, citarei apenas uma, que diz respeito ao discurso dos filósofos. [...] Desde Kant, o que é a pensar, para o filósofo, é o tempo. Hegel, Bergson, Heidegger. Com uma desqualificação correlativa do espaço que aparece do lado do entendimento, da analítica, do conceitual, do morto, do inteiriçado, do inerte.[4]

Seria preciso pôr aqui uma reserva. Com todo o rigor, Heidegger não é somente um pensador do tempo. À primeira vista, poderíamos pensar que sua obra se imporia no século XX como o exemplo principal da submissão filosófica do espaço ao tempo. Com efeito, não colocou Heidegger o tempo no centro da sua ontologia fundamental? Todavia, ficar por aí seria ignorar a profundidade da viragem do seu pensamento, que o transporta do tempo para o espaço, como condição do aparecimento dos entes e do desvelamento do Ser.[5] Daí a importância acrescida dos conceitos de *Ereignis*, de *Lichtung* e de *aletheia*, todos ancorados na espacialização dos movimentos de vinda à presença e de retirada para a ausência. Não deveríamos sequer hesitar em escrever que, no coração do século passado, Heidegger foi o símbolo maior da transição filosófica para o espaço, depois da sua última e monumental tentativa, em *Sein und Zeit*, de alicerçar o pensamento do ser na temporalidade. Acabar a lista dos monumentos por Heidegger não é mais do que uma maneira de confundir as pistas para a compreensão da influência real desse pensador no trabalho de Foucault.

Isso é tão verdadeiro quanto a importância dos esquemas heideggerianos para compreender perspectivas históricas foucaultianas é fácil de demonstrar. Esses esquemas, que se distinguem e mesmo se opõem aos de Aristóteles, convidam a reatar com a questão da relação

4 "L'œil du pouvoir" (1977), *DE* III, n. 195, p. 193.

5 Ver Franck, *Heidegger et le problème de l'espace*. Paris: Minuit, 1986, p. 13-14, 59 e o capítulo IX, "Espace et temporalité".

entre o nascimento, a morte e as mudanças locais no plano da visibilidade. Quando Aristóteles distingue dois grandes tipos de mudança, submete o movimento à geração e corrupção. Segundo ele, é preciso em primeiro lugar ter a certeza da existência de um ser, para descobrir em seguida como ele é afetado pelo movimento. Heidegger raciocina de maneira muito diferente: segundo ele, a existência e a não-existência só são pensáveis sobre um fundo de movimento prévio. Partindo de duas palavras do vocabulário aristotélico – *genesis*, a geração, e *phthora*, a corrupção –, o texto intitulado *La parole d'Anaximandre*[6] muda inteiramente seus significados. Doravante, é preciso pensá-las a partir da *phusis*, e no interior desta última, como modos do alvor e do ocaso que se aclaram.[7] Neste movimento, já não há geração e corrupção como Aristóteles as compreende, mas há, pelo contrário, aclaração (vinda à luz) e obscurecimento (partida para a penumbra).

Regressamos com isso ao plano da visibilidade. A aparição e desaparição ocupam o lugar ontológico central e deixam apenas um lugar menor ao nascimento e à morte, para não dizer que as apagam por completo. Se, de maneira tão notável, toda a temática da morte, crucial em *Ser e tempo*, se dissipa nos *Caminhos da floresta*, quer dizer que o esforço de Heidegger é compreender o desabrochar e a aniquilação como idas e vindas à presença, e não à existência. Heidegger escreve:

> O que é passado e aquilo que está para vir estão também na presença, mas no exterior da região em que tudo se descobre. O que está na presença, mas no exterior do tempo presente é o ausente. Como tal, o ausente relaciona-se essencialmente com o que está na presença, mas no tempo presente, na medida em que ou vem da região onde tudo se descobre, ou a abandona.[8]

---

6 HEIDEGGER, M. "La parole d'Anaximandre." BROKMEIER (trad.). *In*: Heidegger, *Chemins qui ne mènent nulle part*, p. 387-449. "Der Spruch des Anaximander" (1946), *Holzwege*, GA 5, p. 321-373. A tradução é modificada conforme necessário.

7 "Vielmehr sind *genesis* und *phthora* aus der *phusis* und innerhalb dieser zu denken: als Weisen des sich lichtenden Auf- und Untergehens." *Ibid.*, p. 341-342; tr. p. 411.

8 *Ibid.*, p. 347; tr. p. 418: "Auch das Vergangene und Zukünftige ist Anwesendes, nämlich außerhalb der Gegend der Unverborgenheit. Das ungegenwärtig Anwesende ist das Ab-wesende. Als dieses bleibt es wesensmäßig auf das gegenwärtig

Assim, o passado, o presente e o futuro são apenas momentos que se sucedem na existência, sendo o momento presente o único que existe realmente, o passado já não existindo e o futuro ainda não existindo. Por isso, passado, presente e futuro são copresentes, no sentido de que *estão* no mesmo plano, o do Ser doravante compreendido como presença.

Ora, quanto mais Foucault se afasta das rupturas radicais em proveito dos envolvimentos e das variações, mais parece se aproximar dessa maneira de raciocinar. Na ética, sobretudo, as categorias de geração e de corrupção (entendidas como nascimento e morte) são inteiramente absorvidas pela visibilidade e pela invisibilidade. Estas últimas operam ambas como conjuntos de elementos que entram sempre (pelo menos, são sempre suscetíveis de entrar) em novas combinações originais.

Regressemos agora à oposição entre os pensamentos tendo por eixo o tempo e os pensamentos fundados no espaço, para pôr a claro uma relação essencial. No momento em que Foucault relança esta oposição no encontro sobre a geografia, a ideia de que a época da história temporalizada tinha chegado ao seu termo já não constituía uma novidade.[9] Ele próprio tinha feito a apologia de um pensamento espacial dez anos antes, na sua conferência de 1967 intitulada *Des espaces autres*. Esse pensamento, explica então, não pretende esquecer o tempo, mas unicamente destroná-lo. Na sua conferência, atesta a transição do tempo para um estatuto secundário, nomeadamente no interior da corrente estruturalista:

> A época atual seria antes a época do espaço. Estamos na época da simultaneidade, [...] da justaposição, [...] do próximo e do longínquo, do lado a lado, do disperso. Estamos num momento em que o mundo se experimenta, creio eu, menos como uma grande via que se desenvolveria através do tempo do que como uma rede que liga os pontos e que

---

Anwesende bezogen, insofern es entweder in die Gegend der Unverborgenheit hervorkommt oder aus ihr weggeht."

9 Outros o tinham descoberto muito antes, como Max Weber. Sobre a sua ruptura "com as premissas da filosofia da história, bem como com as hipóteses fundamentais do evolucionismo", e sobre "o parentesco" das suas posições com a genealogia nietzschiana "anti-histórica" de que se vale Foucault, ver Catherine Colliot-Thélène. *Études wébérienne*. Paris: PUF, 2001, p. 11-16.

> entrecruza o seu labirinto. [...] O estruturalismo, ou pelo menos aquilo que se agrupa sob este nome um pouco geral, é o esforço para estabelecer, entre elementos que podem ter estado repartidos através do tempo, um conjunto de relações que os faz aparecer como justapostos, opostos, implicados uns pelos outros, numa palavra, que os faz aparecer como uma espécie de configuração; e, para dizer a verdade, não se trata com isso de negar o tempo; é uma certa maneira de tratar o que se chama o tempo e o que se chama a história.[10]

Assim, tal como certos filósofos lançaram sobre o espaço um anátema poderoso, também uma das tarefas dos saberes do ser humano é recuperar essa dimensão, para pensar um novo período da história. Para a filosofia que nasce então na França, e depois de um século XIX e princípio do século XX incontestavelmente dedicados ao tempo, a tarefa urgente, insiste Foucault, é trazer a esse regresso ao espaço a sua razão de ser teórica. Nada há de estranho, portanto, que em 1967 Foucault associe as ciências humanas e a sua arqueologia sob a mesma designação geral de estruturalismo.

Os que pensam a partir do espaço, observa, fazem aparecer configurações. Nas suas pesquisas, Foucault obtém esse efeito pelo cruzamento de dois planos, o primeiro vertical, ligando a superfície à profundidade, o segundo horizontal, permitindo as trocas entre a luz e a sombra. Aquele tem a ver com o nascimento e a morte dos entes, este com a sua visibilidade ou invisibilidade. Mas dado que essa configuração complexa junta o que anteriormente só era apreendido como "elementos [...] repartidos através do tempo", diz-se então que ela espacializa o que era apenas temporalizado. Assim, a configuração toma a figura da época: esta é um período definido pela estabilidade de uma organização, determinada pelo cruzamento dos planos vertical e horizontal.

Se o pensamento foucaultiano da ordem das coisas e da sua transformação é dominado por esquemas e terminologias espaciais, o tempo, todavia, desempenha nele um papel. Foucault afirma-o: tal como o discurso de uma época não pode pretender enunciar os critérios de toda a cientificidade, também nenhuma técnica microfísica poderia estabelecer de uma vez todas as regras de funcionamento do poder. Assim, a análise deve sempre ter em conta uma relação sólida entre o espaço e o

---

10 "Des espaces autres" (1967), *DE* IV, n. 360, p. 752.

tempo, ainda que essa relação leve a uma ancoragem radical na época, a um "ninguém pode saltar por cima do seu tempo".

Depois de ter dissolvido a lógica globalizante que subsumia as instâncias microfísicas sob leis ou princípios abstratos, a escolha espacial revela-nos a sua segunda grande consequência: liberta a reflexão do jugo do futuro, dessa obrigação de fazer projetos para o amanhã, como se este se deixasse prever a partir do hoje, como se ele fosse a sua continuação provável, ou até necessária. Não é preciso dizer que tal "previsão" não é mais do que uma projeção, sobre o futuro, dos valores do presente, como se estes fossem constantes. A razão espacial, ao substituir a temporalização da história pelas descontinuidades, interdita esse tipo de raciocínio.

2. A espacialidade vertical

Vejamos agora mais de perto cada uma dessas perspectivas (horizontal e vertical), dado que elas nos permitem captar diferentes características do pensamento foucaultiano da história. Sob o ângulo da verticalidade, as configurações serão dominadas por um fundo que subentende todo o resto. No entanto, a partir do momento em que se raciocina-a em termos de fundamento, tudo o que assenta no fundo deve ser reconduzido a ele. Essa lógica, que encontramos em ação desde o início da nossa investigação, desemboca em conclusões surpreendentes, simultaneamente pela sua força e sua inverossimilhança. Um caso tão concreto como exemplar é o da interpretação do panóptico.

Em *Vigiar e punir*, Foucault toma a invenção de Bentham como sendo a expressão depurada das regras e da essência do programa disciplinar moderno. Assim reencontra nela cada uma das linhas da microfísica características da época: aplicação ao grupo de procedimentos estritos de saber e de poder visando a individualização, procura da plena visibilidade, produção de uma "alma" embebida em princípios de vigilância do seu próprio corpo, manutenção e reforço quotidiano do funcionamento do dispositivo, e por fim, acréscimo pacífico da produção e das condições de vida (saúde, educação, segurança). Esses elementos que constituem a base de uma microfísica estão disseminados por toda a parte em que são empregadas técnicas de poder-saber. Além disso, suportam a arquitetura macrofísica. Daí a pretender que estamos "na máquina panóptica" (*SP*, 219), não vai mais do que um pequeno passo, que Foucault não hesita em transpor:

> A nossa sociedade não é a sociedade do espetáculo, mas a da vigilância; sob a superfície das imagens, investem-se os corpos em profundidade; por detrás da grande abstração da troca, prossegue o adestramento minucioso e concreto das forças úteis; os circuitos da comunicação são os suportes de uma acumulação e de uma centralização do saber; o jogo dos signos define as ancoragens do poder. [...] Somos de fato muito menos gregos do que pensamos. Não estamos nas bancadas nem no palco, mas na máquina panóptica, investidos pelos seus efeitos de poder que nós mesmos reconduzimos dado que somos dela uma engrenagem (*SP*, 218-219).

É requerida uma boa dose de precaução para ler estas linhas. Será que exprimem realmente o pensamento de Foucault? Ou pertencem aos discursos que constituem o seu objeto, mas que ele não subscreve? Foucault afirma que frases como "o aparelho disciplinar produz poder" ou "pouco importa quem exerce o poder" não dão conta da sua visão pessoal; antes retomam o que pensavam outros autores, Bentham em primeiro lugar.[11] E, numa referência ao panóptico, acrescenta: "dignem-se reportar-se ao texto citado sem qualquer equívoco possível, é a análise do programa benthamiano".[12] Seria este também o caso para esse extrato sobre a sociedade da vigilância?

Voltando à obra do criminalista alemão Nikolaus Heinrich Julius, autor de um conjunto de *Lições sobre as prisões* proferidas em Berlim em 1827,[13] Foucault resume seus comentários sobre o programa panóptico: "Julius lia como um processo histórico acabado o que Bentham tinha descrito como um programa técnico". As palavras que imediatamente se sucedem são as já citadas: "Nossa sociedade não é a sociedade do espetáculo, mas a da vigilância". Assim, mergulhamos na perplexidade: a ideia da "máquina panóptica" é de Julius ou de Foucault? Seria um contrassenso pensar que ela é de Foucault e não do autor comentado?

---

11 "La poussière et le nuage" (1980), *DE* IV, n. 277, p. 17-18.

12 *Ibid.*, p. 18.

13 JULIUS, N. H. *Leçons sur les prisons présentées energia forme de cours au public de Berlin, energia l'année 1827*. LAGARMITTE (trad.). Paris: F. G. Levrault, 1831.

Perante a dúvida, só podemos seguir o conselho de nos reportarmos ao texto original. Todavia, constata-se que a procura é vã. Podemos esquadrinhar o livro de Julius que não encontramos nada disso. Ao mesmo tempo que alude à construção e distribuição de edifícios destinados a vigiar simultaneamente uma grande multitude de pessoas,[14] o criminalista não faz nenhuma generalização de um panoptismo que cobriria a totalidade da nossa sociedade. De modo que a ideia segundo a qual estaríamos, enquanto sociedade, na máquina panóptica só pode vir de Foucault. Assim, compreende-se melhor o sentido de uma passagem de *Vigiar e punir*:

> O panoptismo por todo o lado disseminado [na sociedade moderna] faz funcionar [...] uma maquinaria simultaneamente imensa e minúscula que sustenta, reforça, multiplica, a dissimetria dos poderes e torna vãos os limites que se lhe traçaram. As disciplinas ínfimas, os panoptismos de todos os dias [...] foram [...] a contrapartida política das normas jurídicas segundo as quais se redistribuía o poder (*SP*, 224-225).

Desta vez, Foucault matiza um pouco a sua afirmação precedente. Substitui pela difusão e dispersão de um mesmo tipo de funcionamento a ideia de uma máquina que poderia parecer total e sem interstícios. No entanto, isso não altera nada o fato de que esse tipo de interpretação generalizadora é típica de *Vigiar e punir*. Não é um decalque de outro autor.

Essa clarificação suscita um problema capital. Ao contrário do que pretende Foucault, não é seguro de modo algum que não estejamos na sociedade do espetáculo, se de qualquer forma fazemos questão de manter este vocabulário. Ao espetáculo, ele opõe a vigilância. O primeiro diz respeito às imagens e às trocas como meios de comunicação, ao passo que a segunda tem a ver com a dominação e o adestramento dos corpos. Contudo, no que parece uma exclusão do espetáculo, Foucault negligencia um lado da vida das sociedades ocidentais modernas, o lado da representação ou da redistribuição do poder como uma das suas dimensões essenciais. Em nossas sociedades, as escolhas coletivas pelas quais o poder é redistribuído desenrolam-se em circunstâncias espetaculares, desde que impliquem um teatro ou uma assembleia, em suma, um espaço em que a maior parte dos homens e das

14 *Ibid.*, p. 385.

mulheres, vendo e ouvindo um número reduzido de atores, votam a favor de uns, e contra outros. Geralmente, os assuntos submetidos ao voto são medidas que respeitam a vida de todos, e, portanto, também daqueles que votam. Em última análise, isso nos impede de comparar essa forma de espetáculo com o circo romano, onde se tratava, para uns, de decidir sobre a vida e, para outros, sobre a morte.

Em contrapartida, um princípio essencial do panóptico – quer ele seja criado na prisão, no hospital ou na fábrica – é a ausência de governo do grupo por ele próprio. Os que são submetidos à vigilância não têm o direito de escolher o modo de funcionamento da microssociedade a que pertencem. Assim, encontram-se numa "máquina panóptica". Foucault cita as palavras de Bentham, segundo as quais:

> qualquer membro da sociedade terá o direito de verificar com seus próprios olhos como funcionam as escolas, os hospitais, as fábricas, as prisões. Por conseguinte, não há qualquer risco de que o acréscimo de poder devido à máquina panóptica possa degenerar em tirania; o dispositivo disciplinar será democraticamente controlado, dado que será incessantemente acessível ao grande comitê do tribunal do mundo (*SP*, 209).

Isso nada tem de democrático, porque a democracia supõe que os governados tenham uma palavra a dizer sobre o governo, ou mesmo que sejam eles próprios os governantes. Ora, na máquina panóptica não há, falando estritamente, governados, mas unicamente vigiados. Em nenhum caso podemos dizer de nós próprios que, enquanto sociedade, estamos numa máquina desse tipo.

Opor o espetáculo à vigilância só pode ser uma afirmação redutora. Julius colocava em evidência a invenção do seu tempo, que tornava possível que um pequeno número de pessoas olhasse para um grande número. Ao fazê-lo, opunha efetivamente esses dois grupos. Mas essa oposição não era, com todo o rigor, mais do que uma diferenciação, e ele estava longe de sugerir que os velhos esquemas, por meio dos quais um conjunto reduzido de objetos era tornado visível para um grande número de pessoas, tinham desaparecido ou tinham ficado obsoletos. Aqui ainda, é Foucault, e não Julius, quem faz a exclusão do velho (o espetáculo) pelo novo (a vigilância), o que nos leva à seguinte conclusão: enquanto o problema for posto sob a forma de uma escolha entre espetáculo e vigilância, não teremos de decidir entre os dois, mas será preciso que os pensemos em conjunto.[15]

Daí decorre um segundo problema. Por que é que, na sua generalização, Foucault negligencia o espetáculo em proveito da vigilância? A palavra negligenciar não é a correta. Com efeito, trata-se de *fazer depender* o espetáculo da vigilância. Reaparece assim a relação de fundação. À sua maneira, Foucault pensa os dois termos em conjunto. Só que lhes concede estatutos tão diferentes que no fim um fica inteiramente subordinado ao outro, e, por consequência, a inteligência do todo nos aparece como completamente desequilibrada.

Contra a temporalização da história, Foucault faz uma escolha *fundamental*: pensa a história dos domínios da experiência (saber, poder, ética) sob o modelo das épocas cujo modo de ser mergulha suas raízes num fundo que subentende as determinações visíveis. No caso do poder, que ocupa aqui a nossa atenção, a época moderna pode ser dita disciplinar no seu gênero e panóptica na sua espécie. Que existam por outro lado estruturas microfísicas (jurídicas, políticas ou econômicas) de um certo tipo, é coisa que lhe parece secundária. Na medida em que as manifestações do poder se dividem em microfísicas-fundamentais e macrofísicas-superficiais, a espacialidade introduzida por essa divisão determina a temporalidade das épocas. A espacialidade prima sobre a temporalidade.

Tentemos pensar isto de maneira concreta. Como a quadrícula da cidade para a idade clássica, o panóptico é o símbolo do programa disciplinar para a época moderna. Antes de ser um sonho jamais realizado, é a condensação de princípios reais, já em ação quando Bentham escreve suas cartas. A capacidade persuasiva do discurso de Foucault reside em que ele rebate sobre essa figura todos os outros princípios de funcionamento em instituições de tipos diferentes no mesmo período. Assim, o espetáculo é posto em segundo plano, em benefício da vigilância, e a sociedade reduzida em última instância aos panoptismos de todos os dias, que não são no fundo mais do que a versão mitigada da máquina panóptica. Portanto, não é surpreendente que

---

15 Agamben associa com razão a vigilância ao espetáculo, mesmo que para o fazer vá, ao mesmo tempo que afirma o contrário, ao encontro de Foucault. Agamben, "Introduction", *Homo sacer, I*. Paris: Seuil, 1997.

Foucault possa crer que a nossa sociedade se caracteriza fundamentalmente pelos sistemas panópticos que tentam disciplinar até o infinito. Essa conclusão decorre naturalmente da escolha prévia de reconduzir tudo a uma única raiz: as técnicas microfísicas.

Isso lembra a reviravolta da ordem dos domínios. Daqui em diante, as implicações dessa reviravolta são mais nítidas. Recordemos a importância da generalização de certas técnicas a todo o corpo social. Não é conveniente perguntarmo-nos novamente qual é a sua significação real? A resposta é a seguinte: a ideia de que este desdobrar das técnicas, na modernidade, atinge o estágio do panoptismo disseminado por toda parte, é a marca essencial de uma época que só é possível através de uma generalização prévia de natureza não histórica, mas metodológica. Essa generalização original é o que permite olhar o poder a partir de um setor tão específico como o das prisões, e mais ainda ver as prisões a partir de um único modelo, o de Bentham. Se escolhermos medir todas as formas do poder pela norma do sistema prisional, nada é mais previsível do que nos vermos, no fim de tudo, prisioneiros, em todo caso apanhados na armadilha dessa grelha do olhar, e da história que construímos a partir dela. A extrapolação teórica é a base sem a qual a generalização foucaultiana não seria possível. A este título, o primeiro inconveniente da via espacializante de Foucault é o privilégio que ela concede a um lugar, em detrimento dos outros. A macrofísica e o espetáculo ficam sob a dependência da microfísica e da vigilância. Não são pensados em conjunto, mas antes na subordinação dos primeiros aos segundos. O resultado só pode ser a miséria da liberdade face ao poderio do assujeitamento.

O esquema da espacialidade vertical é duplamente radical, simultaneamente fundamental e aplicado com a maior das determinações. Assim, ele permite reduzir à maldade da microfísica, além das estruturas da macrofísica, os saberes do ser humano. Com efeito, *Vigiar e punir* anuncia desde o início sua intenção de reconduzir as teorias morais e as positividades às tecnologias:

> Em lugar de tratar a história do direito penal e das ciências humanas como duas séries separadas [...], investigar se não há uma matriz comum e se elas não dependem ambas de um processo de formação

> 'epistemológico-jurídico'; em suma, pôr a tecnologia do poder no princípio quer da humanização do castigo quer do conhecimento do homem (*SP*, 28).

O programa relativo a este último é realizado no capítulo intitulado "O panoptismo". Lemos nele a seguinte frase: "Essas ciências com que a nossa 'humanidade' se encanta há mais de um século têm a sua matriz técnica na minúcia hesitante e maldosa das disciplinas e das suas investigações" (*SP*, 227). Para apreender plenamente o que está em questão aqui, lembremos que a matriz é o que permite reproduzir objetos discursivos ou práticas conformes com o original. Há, portanto, aqui uma relação evidente com o tempo, segundo a qual a espacialidade vertical instaura um modo de ser *que perdura*, pela sua capacidade de transmitir sua forma aos objetos. Mais ainda, essa relação com o tempo não é válida somente no interior de uma época, mas existe uma espécie de repetição das diferenças entre os períodos da história do poder. Já tínhamos pressentido, a aproximação entre a quadrícula e o panóptico só é possível porque ambos são modelos de que o poder se serve para adestrar os corpos. De igual modo, o grande encerramento e a psicologia repetem de maneira distinta e em épocas separadas o esquecimento da loucura. Com a busca de uma "matriz comum" das ciências da natureza e das ciências do ser humano, recebemos uma nova prova desse mesmo retorno sob formas diferentes. Para *Vigiar e punir*, os procedimentos inquisitoriais fornecem o modelo para as investigações sobre esses dois reinos da ciência: alguma coisa de decisivo herdado da "Inquisição – essa imensa invenção que a nossa doçura recente colocou na sombra da nossa memória" – subsiste no exame disciplinar e na "inquisição judiciária" (*SP*, 227-228). "Outro poder, outro saber" (*SP*, 227), resume Foucault. Ao que não pode deixar-se de acrescentar: a mesma maldade.

Pelo menos, no que diz respeito à abordagem do poder, há um segundo inconveniente da escolha espacial. O poder não designa apenas o conjunto das relações de força em ato, mas também e sobretudo as instituições e aparelhos que colocam em jogo a microfísica. É precisamente neste sentido que ele nos aparece como maldoso. Essa maldade, componente, ao que parece, imperecível do poder-saber, toma formas diferentes consoante às épocas: ora suplicia ora vigia, ora se mostra ora se oculta, ora pune ora recompensa. Mas está sempre presente. Acabou-se a história temporalizada, já não há lugar a falar de progresso nem de decadência. Em lugar destes, encontramos a mesma maldade que regressa para nos atacar.

3. A espacialidade horizontal

O segundo plano das configurações é a horizontalidade, de que a noção de campo, examinada mais acima, é um caso importante. Muitas outras passagens nos remetem constantemente para essa dimensão; assim, este extrato de *Eu, Pierre Rivière*:

> Creio que se decidimos publicar estes documentos, todos estes documentos, foi para, de alguma maneira, traçar o plano dessas lutas diversas, restituir essas confrontações e batalhas, reencontrar o jogo desses discursos, como armas, como instrumentos de ataque e de defesa em relações de saber e de poder.[16]

Eis-nos de uma vez no plano das relações de poder, ou sobre o poder compreendido como plano.[17] Encontramos assim uma superfície na qual discernimos linhas, deslocações, trocas, campos com os seus personagens, atos, palavras, narrativas e, bem entendido, as interferências entre eles. De tal modo que a configuração horizontal nos é apresentada como um espaço singular, um terreno de conflito.

Exclusão e inclusão

Na horizontal, os dois momentos mais importantes são, sem dúvida, a exclusão e a inclusão. A alternância entre a expulsão de certos

---

16 FOUCAULT, M. (dir.). *Moi, Pierre Rivière.* Paris: Gallimard/Julliard, 1973, p. 12.

17 Sobre o "campo das relações de força" e o "campo das relações de poder", ver *VS*, 128-129. A ideia do poder como campo relacional permanecerá até o fim: "Sabem, eu não procurava verdadeiramente descrever figuras de dominação quando falei dos médicos e outros personagens do mesmo tipo, mas antes descrever pessoas através das quais o poder passava ou que são importantes no *campo das relações de poder*. O paciente de um hospital psiquiátrico vê-se colocado no interior de um *campo de relações de poder* assaz complexo, que Erving Goffman tão bem analisou." "Espace, savoir et pouvoir" (1982), *DE* IV, n. 310, p. 277; grifo nosso.

seres para fora da comunidade e a sua integração em outros espaços é um sinal do que se altera entre dois períodos históricos. A exclusão dos leprosos, que fornece o modelo para o encerramento dos "loucos", e a inclusão do cidadão pestiferado, que leva ao extremo os mecanismos de vigilância na primeira fase do programa disciplinar, são exemplos deles. Por meio do estudo dessas ligações, Foucault distingue as eras históricas, nomeadamente clássica e moderna.

Olhando mais de perto, percebemos que tanto os leprosos como os "loucos" são excluídos em massa da sociedade, ao passo que os pestiferados são, decerto, capturados pela disciplina, mas por individuação. Com o intuito de decifrar o que se joga nesses dois movimentos vamos colocar duas perguntas precisas. Em primeiro lugar, quem exclui quem de quê, e como? Reciprocamente, quem inclui quem em quê, e como? No caso do louco no século XVII, é fácil saber quem o expulsa: é o poder central, e mesmo do rei.[18] O expulso é o "louco". É expulso da vida social. Esse banimento é aproximadamente contemporâneo do banimento da insensatez pela razão no domínio do saber, que Foucault assinala entre Montaigne e Descartes (*HF*, 67-70).

Aqui e ali, os seres e os princípios rejeitados perdem parte da sua visibilidade e mesmo da sua positividade. Mergulham numa penumbra que é quase uma noite. Inversamente, o citadino pestiferado surge à luz de um poder que o integra na sua rede. Os agentes das inclusões disciplinares podem ter rostos e nomes, como Tuke e Pinel que, no fim da idade clássica, "pestiferam" os "loucos", submetendo-os aos procedimentos de individuação disciplinar (*HF*, 576-632). Fazendo isso, os dois homens simbolizam a integração da loucura nos campos da medicina e da psiquiatria. A medicalização da loucura depois da Revolução é uma forma de inclusão. Os gestos dos médicos marcam o início de uma nova época das relações entre razão e loucura, e assinalam uma mudança de era. As exclusões e as inclusões redesenham a divisão de uma superfície de penumbra e luz, reconfigurando a atenção prestada aos entes que nela encontram o seu lugar.

As questões do *quem* e do *quê* permitem evitar toda a confusão. Compreendemos a partir daí em que medida a execução, o banimento

---

18 Ver as múltiplas referências da *História da Loucura* "a esse édito real de 27 de abril de 1656 que trazia a criação do Hospital geral" (*HF*, 90).

da sociedade e da medicalização dizem respeito a espaços diferentes. Podemos mais facilmente nos perguntar que espaço a individuação disciplinar faz intervir. Esta última é o procedimento pelo qual cada ser humano é diferenciado dos seus semelhantes de acordo com características que lhe são próprias. Em Foucault, é sempre uma incorporação dos entes num espaço dito social. Ele pode declarar:

> Ilusão de acreditar que a loucura – ou a delinquência, ou o crime – nos fala a partir de uma exterioridade absoluta. Nada é mais interior à nossa sociedade, nada é mais interior aos efeitos do seu poder do que a desgraça de um louco ou a violência de um criminoso. Por outras palavras, estamos sempre no interior. A margem é um mito. A palavra do exterior é um sonho que incessantemente refazemos. Põem-se os 'loucos' no exterior da criatividade ou da monstruosidade. E, no entanto, eles são apanhados na rede, formam-se e funcionam nos dispositivos do poder.[19]

Assim que os loucos e os criminosos constituem objetos de saber de poder, são recolhidos no espaço da sociedade, são incluídos nele. A individuação é uma inserção. Agora, não se deve confundir dois sentidos da palavra *sociedade*. Num primeiro sentido, ela designa o espaço de circulação mais ou menos livre de cada um nos seus contatos com os outros. Por exemplo, diz-se que um prisioneiro está excluído da sociedade, única razão pela qual se pode pretender reinseri-lo nela quando a sua pena é cumprida. Mas o termo *sociedade* pode significar também o conjunto de todas as formas de relações entre os seres humanos e, por consequência, também as das relações de saber e de poder. Nesse caso, os discursos médicos ou judiciários, com os seus sujeitos e objetos respectivos, pertencem igualmente à sociedade, sem que ainda exista margem: tudo está no interior, tudo é social. Ser excluído *da sociedade* ou incluído nela pode pois querer dizer duas coisas bem diferentes, consoante a maneira como se concebe o espaço social.

Com isso é desfeito o paradoxo aparente sobre o mito da margem. De resto, Foucault é o primeiro a reconhecer que as intervenções disciplinares visam em muitos casos justificar exclusões, ou até reforçá-las:

> De um lado, "pestiferam-se" os leprosos; impõe-se aos excluídos a tática das disciplinas individualizantes; e por outro lado a universalidade dos

19 "L'extension sociale de la norme" (1976), *DE* III, n. 173, p. 77.

> controles disciplinares permite marcar quem é 'leproso' e fazer atuar contra ele os mecanismos dualistas da exclusão (*SP*, 201).

Assim, incluem-se primeiramente certos sujeitos nas disciplinas, que são formações sociais. Mas só se faz isso para em seguida pôr de lado alguns deles de maneira mais científica e com mais autoridade. A inclusão na sociedade disciplinar é o meio de novos procedimentos de exclusão. É a razão da existência de novas margens.

Vigiar e punir não distingue entre as instituições em que este fenômeno tem lugar. O livro o mostra num único nível, que reúne, "desde o início do século XIX [,] o asilo psiquiátrico, a penitenciária, a casa de correção, o estabelecimento de educação vigiada e, em parte, os hospitais, de uma maneira geral todas as instâncias de controle individual" (*SP*, 201). Aproximando esses espaços e outros ainda sob o princípio geral do panóptico, Foucault pode finalmente reconduzir todos a um único, a instituição de vigilância por excelência: "O que tem de espantoso que a prisão se assemelhe às fábricas, às escolas, às casernas, aos hospitais, que se assemelham todos às prisões?" (*SP*, 229).

No plano vertical, já vimos, essa perspectiva é devedora da escolha de tomar as técnicas de punição como base de toda a análise. Agora, no plano horizontal, essa maneira de seguir o caminho da espacialidade tem ainda a consequência desagradável de misturar diferentes espaços de exclusão disciplinar. Com efeito, a partir do momento em que Foucault define a disciplina como "procedimento técnico *unitário* pelo qual a força do corpo é, com o mínimo de custos, reduzida como força 'política', e maximizada como força útil" (*SP*, 223; grifo nosso), torna-se difícil distinguir os múltiplos funcionamentos dessa mesma disciplina segundo os espaços a que se aplica. Em uma palavra, torna-se impossível encontrar diferenças reais que separam os múltiplos "de quê?" da exclusão.

E, no entanto, seria preciso perceber bem essas diferenças. Assim, a ideia de que certos sujeitos estão submetidos a um procedimento técnico unitário pelo qual a força do corpo é, com o mínimo de custos, reduzida como força "política", e maximizada como força útil, tem um sentido muito preciso quando se pensa na fábrica. Nesse caso, como explica Jacques Rancière, o trabalho é simultaneamente motivo de inclusão, dado que efetivamente os proletários são apanhados na rede, formam-se e funcionam nos dispositivos do poder, e de exclusão, porque o proletário "não é contado como pertencendo ao corpo político porque não é mais do que um corpo produtivo e reprodutor".[20] O trabalhador é incorporado pelos e nos dispositivos de poder, e, paralelamente, sua força política é minimizada: para ele, o espaço da política permanece interditado. Esse raciocínio, que convém muito para o caso da fábrica, não pode ser transportado para o asilo psiquiátrico ou para a prisão. No caso da prisão, o trabalho não desempenha de modo algum o mesmo papel de operador de inclusão e de exclusão, dado que toda a atividade faz parte da punição que se aplica a qualquer pessoa que se encontre encarcerada. Por certo, proletários e criminosos podem ser, todos eles, sabiamente mantidos afastados de certos espaços pelas disciplinas; não é menos verdade que esses espaços não são os mesmos. Para uns, é a política; para outros é simplesmente a rua.

Aceitemos, apesar disso, que as disciplinas integram os indivíduos para melhor excluir alguns deles, no sentido que acabamos de descrever. Três consequências decorrem daí. Em primeiro lugar, essa nova exclusão pertence ao interior e não ao exterior da sociedade. É, portanto, interior:

> estamos sempre no interior [e] a margem é um mito, afirma Foucault. As disciplinas são então da esfera de um tipo de formação de poder-saber que inclui ainda sempre as suas próprias 'margens' (e, portanto, os seus próprios 'marginais'), e afinal só conhece *exclusão interior*, como sugere Étienne Balibar?[21]

Em segundo lugar, a integração dos indivíduos é acompanhada de uma produção de categorias que serve para os distribuir hierarquicamente:

> as disciplinas caracterizam, classificam, especializam; distribuem ao longo de uma escala, repartem em torno de uma norma, hierarquizam os indivíduos uns em relação aos outros, e no limite desqualificam e invalidam (*SP*, 224).

---

20 Rancière, "Entretien: La communauté comme dissentiment", *Rue Descartes*, n. 42, novembro de 2003, p. 87.

21 BALIBAR, E. *Les Frontières de la démocratie*. Paris: La Découverte, 1992, p. 202.

É assim para o mundo da loucura, que desde o início do século XIX se decompõe em todo um leque de grupos: os monomaníacos, os degenerados, os obcecados, os vampiros, os homossexuais, os esquizofrênicos (*An*, 110, 137 e 269-270). Além disso, esses conjuntos não se encontram todos ao mesmo nível, mas ocupam lugares diferentes conforme o seu grau de periculosidade, de curabilidade e de readaptabilidade. Entre essas figuras, a do degenerado – "o que é portador de perigo [...] aquele que, faça-se o que se fizer, é inacessível à pena [...] aquele que, seja como for, será incurável" (*An*, 300) – parece ter sido o ponto culminante da escala psiquiátrica. A captura dos sujeitos pelas grelhas do saber constitui um aperfeiçoamento das técnicas por meio das quais eles são mantidos numa margem que, mesmo que interior, os priva do acesso a um certo estatuto bem como do desfrute dos direitos correspondentes. Foucault nos mostra a inclusão disciplinar como um refinamento da velha arte de excluir.

A terceira consequência respeita ao objeto dessa exclusão interior. Ao primeiro olhar, são os loucos que são banidos da sociedade por ocasião do grande encerramento, de fato, a *História da loucura* mostra, não são eles que se são expulsos, mas antes um conjunto heteróclito de personagens: o ocioso, o mendigo, o debochado, o homossexual, a prostituta, o bêbado, o insano. Que uma população tão diversa possa, depois, merecer o qualificativo comum de "louca" não significa que "os loucos" foram proscritos. Pelo contrário, os elementos dessa população são primeiramente excluídos e depois é aplicado a eles um qualificativo comum. Não é porque são loucos que são encarcerados, mas exatamente o contrário: só puderam ser considerados como loucos porque foram primeiramente postos de lado. Assim não há lugar a amalgamar o objeto da exclusão (o "quem é excluído?") e o sujeito cuja constituição será tornada possível por essa mesma operação. O colocar de lado apoia-se em sujeitos cuja "natureza" transforma e, ao fazê-lo, mostra que esses sujeitos não existem como tais, mas são os produtos de certas operações, entre as quais estão a exclusão e a inclusão.

Mais ainda, o encerramento coloca diante dos nossos olhos uma característica adicional dessas mutações: os que são expulsos *de fato* foram previamente expulsos *de direito*. Nos termos de Balibar:

> os 'excluídos' são pessoas que não têm nenhuma positividade, *de que se excluiu previamente que tenham uma*, quer dizer que tenham uma opinião, uma cultura, capacidades, que possam ter ideias ou tomar iniciativas.[22]

Os que são rejeitados são já o resultado de subjetivações anteriores, de produções de sujeito: "Os homens insanos são tipos que a sociedade reconhece e isola; há o debochado, o dissipador, o homossexual, o mágico, o suicidado, o libertino" (*HF*, 140-141). Se a exclusão é uma condição de produção de subjetividade, a produção de subjetividade é previamente uma condição da exclusão.

Podemos até dar mais um passo, e sustentar que a inclusão é uma fonte produtora de sujeito. Como prova, a medicalização dos loucos por pessoas como Tuke e Pinel. Os doentes mentais e a loucura como doença mental só podem ser modernos, enquanto sujeitos e objetos construídos sobre a base da produção prévia dos "loucos". De fato, não é porque foram afetados por uma doença que os loucos vieram ao poder e ao saber médico e psiquiátrico; é antes o inverso: são considerados como doentes a partir do momento em que vêm a um certo saber médico. O que é excluído ou incluído não existe sob uma forma única ou essencial, independente da operação a que é submetido. Não é dotado de uma natureza, nem sequer é o sujeito em quem se converterá no seguimento. Pelo contrário, são realizadas subjetivações ao longo de todo o processo: antes, durante e depois. Tanto a montante como a jusante, o que será, é ou foi objeto da inclusão ou da exclusão é já um resultado.

Cada época conhece variações desses fenômenos, mas os próprios mecanismos que estão em ação não parecem mudar radicalmente. Desse modo, Foucault pode fazer uma história da microfísica do poder, por mais diferentes que sejam os modos de ser deste. A vinda dos corpos-partículas ao domínio do poder-saber não é uma originalidade moderna; é uma constante histórica, uma componente do funcionamento da microfísica. Daí a insistência de Foucault no poder e no saber que investem o corpo na Inquisição e nos suplícios, e que recorrem a técnicas de gestão da dor. Essa constante histórica enuncia-se da maneira seguinte: a luz que vem de alhures é a mesma em casos tão diferentes como os de Damiens o supliciado ou de Charles Jouy o psiquiatrizado (*SP*, 9 sgs.; *An*,

---

22 *Ibid.*, p. 193.

276 sgs.; *VS*, 43-45). Porque nenhuma dessas figuras teria sido arrancada à noite por ocasião do seu encontro com o poder. Quer este se manifeste pelo brilho ou "objetive insidiosamente aqueles a quem se aplica" (*SP*, 222), o princípio a que obedece é fazer vir os corpos à luz. Em todos os casos, a luz que ilumina é política. E este fato permanece constante, ainda que a maneira como o poder se apodera de e trabalha os corpos seja tão diverso conforme as épocas.

Provindo do poder, essa luz racionaliza, põe em ordem. Primeiramente, investe os corpos para os qualificar. Separa-os e marca de modo binário, procedendo a distinções: louco-sensato, perigoso-inofensivo, normal-anormal, mas também criminoso-inocente, herético-ortodoxo. Ao fazê-lo, objetiva-os – melhor, subjetiva-os. Em segundo lugar, subjuga-os para melhor fixar neles a identidade previamente encontrada ou determinada. Deste modo, atribui-lhes de maneira coerciva os seus lugares na "repartição diferencial" (*SP*, 201) ou na hierarquia. Então diz a cada um quem ele é; ou deve ser. Com isso, o poder consegue conhecer, talvez mesmo dominar, o que desconhecia, o que permanecia "no estado livre",[23] fora dos seus domínios. (Portanto, há realmente um exterior. Todavia, não é o dos marginais, mas o dos que permanecem desconhecidos, não tendo – ainda? – sido transformados em objetos de disciplina.) Em terceiro lugar, a mesma luz produz não somente sujeitos, mas ainda saberes, novos poderes, objetos, valores, campos, sistemas concretos. Assim que é lançada sobre o que permanecia obscuro, a luz microfísica integra novas partículas no domínio do poder e do saber.

As resistências ativas e passivas; a sua inferioridade em relação ao poder

Há, contudo, outro componente a assinalar nesses movimentos horizontais. O poder pode muito bem ser produtor de ordem, isso não impede que se choque a todo momento com as resistências que destroem os seus sonhos e desmascaram seus projetos. Se fazemos questão de considerar com Foucault que o funcionamento microfísico do poder-saber se deixa apreender como um trabalho de trazer à luz, então será preciso acrescentar que as resistências perpetuam os espaços de sombra, que escapam do olhar.

---

23 "La vie des hommes infames" (1977), *DE* III, n. 198, p. 241.

É legítimo distinguir (coisa que Foucault não faz) duas espécies de resistências. Primeiro uma resistência passiva de alguns seres, bem como de certos espaços que não se conformam com as ordens das instituições ou dos aparelhos. Pensemos nas masmorras, que o poder descobre um dia como lugares de obscuridade propícios às revoltas. Contra a sua sombra protetora, lança-se então "a plena luz e o olhar de um vigilante" que fazem da nova visibilidade uma armadilha (*SP*, 202). Recordemos também a medicalização das famílias, esses inumeráveis núcleos que tardam a submeter-se às medidas de higiene modernas. A constituição da família celular no século XIX, que toma a seu cargo o corpo e a vida das suas crianças, que organiza o espaço do seu lar para evitar a promiscuidade e o incesto, é um exemplo claro do trabalho e das lutas constantes tendo em vista a penetração das técnicas microfísicas nos meios privados (*An*, 249-274). Nos dois casos, o poder choca com oposições *por inércia*: estas não visam um derrube da partilha do poder, mas contentam-se com escapar, tanto quanto possível, das técnicas inclusivas.

Em contrapartida, a resistência ativa ambiciona alterar essa partilha. Foucault encontra casos dela nas lutas dos prisioneiros para melhorar as suas condições de vida. Todavia, o exemplo clássico antes dele é o dos operários. Estes opuseram-se mais ativamente às técnicas microfísicas modernas, mais do que os doentes mentais, os militares, os prisioneiros ou os alunos. Incluídos na sociedade pelas disciplinas, impedidos, contudo, de desfrutar de vários direitos, os proletários resistem ativamente à marcação binária e à atribuição de lugares, desejados pelos poderes panópticos. O mesmo raciocínio se aplica aos prisioneiros ou às mulheres, talvez também aos doentes mentais, e seguramente às figuras da arte e da filosofia. Em todos esses casos, há uma invasão do espaço luminoso do poder pelas forças "obscuras", as que lhe escapam e que ambicionam pôr em questão a partilha das identidades e dos locais que nos esforçamos por lhes impor. De cada vez, há uma irrupção da desordem na ordem, que força uma nova configuração das visibilidades e dos espaços.

Nos seus textos de intervenção sobre as prisões, a Polônia ou a revolução iraniana, Foucault dá um lugar central às resistências ativas. Tudo é muito diferente nos seus livros, onde até o mundo operário não está no centro das suas preocupações. Foucault explica-se:

> ocupei-me de pessoas que estavam situadas fora dos circuitos de trabalho produtivo: os loucos, os doentes, os prisioneiros, e hoje as crianças. O trabalho, para eles, tal como o devem efetuar, tem um valor sobretudo disciplinar.[24]

Decerto, a sua abordagem do poder de punir é motivada pela experiência das prisões, e das revoltas que nelas têm lugar nos anos 1960 e 1970. Foucault lembra, de resto, a importância dos levantamentos populares contra a violência dos suplícios, que apresenta como uma das causas da mudança do regime dos castigos. No entanto, seu esforço principal e constante é reconduzir essas oposições e reivindicações às necessidades dos aparelhos de poder. A tal ponto que a resistência nunca é considerada por si mesma. Como enuncia *A Vontade de saber*, a resistência "nunca está em posição de exterioridade em relação ao poder" (*VS*, 125-126). Pelo contrário, faz parte dele. A história das resistências pertence de pleno direito à genealogia do poder.

O sinal do estatuto menor das resistências ativas é que nunca são suficientes para provocar uma mudança de época. Segundo a narrativa foucaultiana, não têm capacidade de desfazer uma configuração dada e, segundo *a fortiori*, não têm força para a substituir por uma organização nova. Encontramos aqui um esquema aparentado com o de *As Palavras e as coisas*, segundo o qual os acontecimentos de superfície são incapazes de fazer mover, nem que fosse de uma polegada, a disposição fundamental. Outrora, as teorias revolucionárias se inscreviam pacificamente nos modos de ser do saber; doravante, é o mito da revolução que cai por terra, arrastando consigo a ilusão da tomada do poder. Para o ilustrar, lembremos uma pergunta da historiadora Michelle Perrot: "e, para os prisioneiros, apoderarem-se da torre central [do panóptico] não tem sentido?" A que Foucault responde:

> Sim. Na condição de que não seja o sentido final da operação. Os prisioneiros fazendo funcionar o dispositivo panóptico e sentando-se na torre, acredita que isso seria muito melhor do que com os vigilantes?[25]

---

24 "L'œil du pouvoir" (1977), *DE* III, n. 195, p. 203.

25 "L'œil du pouvoir" (1977), *DE* III, n. 195, p. 207.

Nessa brincadeira, captamos uma ideia essencial: toda inversão das posições pelo efeito de uma auto-inclusão violenta dos excluídos tende principalmente a reconduzir as tecnologias do poder já em funcionamento.

Com a tomada do poder assim esvaziada, a potência de derrube da resistência ativa assim limitada, a teoria do contrato assim desacreditada por desnudar seu subsolo de dominação, resta-nos como horizonte do poder-saber a imagem da batalha – mais ainda, da "batalha perpétua" (*SP*, 31). Eis-nos de novo em pleno cruzamento da espacialidade com a temporalidade. Desta vez, no entanto, compreendemos que a segunda adquire os contornos de uma luta sem fim entre o poder e a resistência, que são, tudo bem pesado, duas partes do poder. Decerto, nesta luta há sempre qualquer coisa a fazer contra a dominação: a resistência é inapagável. Mas não altera a organização fundamental, microfísica, do poder. No saber, havia uma história das positividades e das teorias que não tinha a ver com o destino da disposição arqueológica. De igual modo, há agora no poder uma história das lutas, mas que não diz respeito à organização fundamental das tecnologias políticas dos corpos.

A posição em que nos deixam *Vigiar e punir* e *A Vontade de saber* pode ser sintetizada em três momentos. Primeiro, na medida em que é uma batalha, o exercício do poder tem lugar num terreno ocupado por adversários múltiplos. Em seguida, dado que essa batalha é perpétua, nenhum dos adversários levará definitivamente a melhor sobre os outros. Por fim, os diferentes momentos da batalha deixam-se captar por configurações, que são partilhas do poder em que as resistências estão incluídas. Resulta daí que, de uma certa maneira, o combate está sempre já ganho pelo poder, compreendido não como instituição ou aparelho, mas como espaço organizado em que se desenrola a ação. As resistências não lhe escapam, não somente porque são constitutivas do poder, mas ainda porque são incapazes de derrubar a forma de base da dominação: se as épocas mudam, é no modo segundo o qual os aparelhos e as instituições exercem a sua capacidade de colocar os corpos em ordem. Na análise, são estes que tomam a iniciativa. É por isso que Foucault pode bem, em *A vida dos homens infames*, registar a "sua incapacidade para transpor a linha"[26] do poder: a via espacial deixa-o então desprovido de escapatória, sem margem e sem exterior.

A ideia de que a resistência não é exterior ao poder, mas faz parte dele, dissipa toda a oposição radical entre o que, para um olhar precipitado, poderia aparecer como duas dimensões do mesmo plano. Mais ainda, torna o poder e a resistência visíveis não simplesmente em uma tensão, mas em um acordo. Com efeito, os corpos não podem ser inteiramente refratários à luz nem radicalmente outros relativamente a ela, de outro modo seriam inacessíveis. E ainda que contrariem as estratégias a que se pretende submetê-los, não lhes são exteriores, mas interiores: os corpos são apanhados na rede, formam-se e funcionam nos dispositivos do poder. Dizer que a sombra ou a resistência irrompem na visibilidade significa que elas têm lugar, ou que encontram finalmente o seu lugar, no plano do poder. Neste sentido, o poder e a resistência imbricam-se e cruzam-se – numa palavra, conciliam-se – em lugar de serem contraditórios ou simplesmente se oporem como duas forças estranhas uma à outra, num dualismo radical.

Em contrapartida, é preciso reconhecer que só o poder é suscetível de fundar uma sociedade, dado que nenhum grupo se pode constituir ou conservar na base da simples resistência. As formas desta última são em si mesmas efêmeras e acabam por se dissolver na ordem de um poder redefinido, ou se transformar por seu turno numa nova ordem. A resistência passiva pode suscitar mutações na microfísica, por meio das quais esta tenta vencer aquela. A resistência ativa é muito diferente: a partir do momento em que exerce a sua força, converte-se em poder e por consequência numa nova partilha. De modo que só perturba a configuração das forças para instaurar imediatamente um novo arranjo. Em outras palavras, afeta o que permanece, mas só o poder permanece, não como estrutura rígida ou congelada, mas como plano que torna possível todo o resto. Em suma, nenhuma sociedade pode existir sem uma organização mais ou menos estável, no interior da qual múltiplas forças se entrechocam. Essa organização nos é dada pela configuração espacial. A época é o símbolo da sua estabilidade temporal.

---

26 "La vie des hommes infames" (1977), *DE* III, n. 198, p. 241. Deleuze põe em evidência este extrato antes de abordar a passagem do poder à ética em Foucault. Deleuze, *Foucault*, p. 101 sgs.

Daí uma consequência de monta: há no poder uma autonomia, uma preeminência, que torna secundários a resistência e seus agentes. Tudo se passa como se estes últimos estivessem sempre condicionados por uma força de inércia de conjunto que, além disso, lhes impõe um modo de ser e acaba mesmo os reconduzindo a si, por absorver o seu impacto e assimilá-los. Com a diferença de que a inércia não é uma imobilidade, mas, ao contrário, uma força, na medida em que a dominação é um foco de atividade permanente, de efervescência e de produção.[27] Decerto, as lutas induzem alterações nas relações de poder. Os seus agentes, individuais ou coletivos, podem mesmo estar conscientes daquilo que os opõe à força do estado de coisas. Todavia, isso não chegará para abandonar a configuração fundamental, que se mantém sempre como uma base sólida, mesmo que não fique inalterada.

Essa onipresença da ordem entendida como configuração horizontal é o resultado tão inegável quanto problemático do pensamento espacial. Essa verdadeira razão espacial faz aparecer o mundo como dominado por um conjunto de forças e de movimentos que permanentemente se opõem e se harmonizam, um mundo de onde não se pode sair e de que não se esquivam os princípios, ainda que se trate do princípio da batalha perpétua, essa espécie de eterno retorno da maldade combinado com as relações de força. A análise dos laços entre o poder e a resistência nos faz compreender o plano do poder como o único que merece ser considerado uma base que perdura, e sobre a qual se podem produzir resistências.

No entanto, essa conclusão não esgota o que está em jogo na investigação. Pelo contrário, deixa-nos capazes de abordar um último aspecto do princípio espacial, o dos lugares concebidos como sendo suscetíveis ora de se oporem à configuração horizontal da dominação, ora de constituírem uma possibilidade diferente dela, ora de a cercar para imobilizá-la e, tanto quanto possível, arruiná-la. Estes lugares que talvez permitissem escapar do plano horizontal e do vaivém da sua imanência são a utopia e a heterotopia. A resistência está ainda demasiado próxima do poder para não manter com ele afinidades equívocas. Passa-se o mesmo para os dois outros termos? Ou a utopia

---

27 Ver "Précisions sur le pouvoir. Réponses à certaines critiques". (1978), *DE* III, n. 238, p. 629.

e a heterotopia abrem espaços radicalmente originais? Se for o caso, como se definem e que laços mantêm com a espacialidade? É a estas questões, em que se jogam as últimas consequências do pensamento espacial, que convém agora responder.

4. Um exterior imanente

O fim das utopias

Por estar frequentemente associada à ideia de um derrube do estado de coisas, a utopia é incapaz de inquietar a ordem do saber.

> As *utopias* consolam, dizem-nos *As Palavras e as coisas*: é porque se elas não têm lugar real, desabrocham, no entanto, num espaço maravilhoso e liso; abrem cidades com vastas avenidas, jardins bem plantados, países fáceis, mesmo que o seu acesso seja quimérico (*MC*, 9).

No seu estilo implacável, essa tese tem dois efeitos. Em primeiro lugar, remete a utopia para o seu quadro de origem, do espaço ou do lugar. Precisamente, o faz por meio de uma privação que é também uma projeção: um certo *topos* "*é* negado ou deslocado pela utopia".[28] De modo que o princípio geral de procurar as configurações não se altera para abordar esse tipo de discurso e de figura: permanecemos no plano horizontal.

Em seguida, a mesma tese atenua a capacidade contestatária das utopias. Para o fazer, reintroduz a verticalidade como eixo que faz com que todo o discurso se refira a uma disposição de saber. Um exemplo muito apreciado por Foucault é o do marxismo. Sobre ele, ficamos a saber que

> ao nível profundo do saber ocidental, [ele] não introduz nenhum corte real; alojou-se sem dificuldade, como uma figura plena, tranquila, confortável no interior de uma disposição epistemológica que o acolheu favoravelmente (*MC*, 274).

O marxismo na sua dimensão de *figura consoladora* é aqui apresentado como utopia. Seria possível, no entanto, objetar que um discurso

---

28 RANCIÈRE, J. "Sens et usages de l'utopie". *In*: Riot-Sarcey (dir.). *L'Utopie en questions*. Saint-Denis: Presses universitaires de Vincennes, 2001, p. 65.

utópico, na medida em que visa transformar uma ordem política dada, não deixa de ser válido pelo fato de não tocar a ordem do saber. Por que não aceitar que os fenômenos políticos simplesmente pertencem a outra camada que não a das profundezas epistemológicas? Em última análise, as utopias sequer pretendem transformar a ordem do saber (e caso o quisessem, seriam incapazes disso). Isso não altera em nada a sua capacidade de influência sobre a organização do poder, nem lhes retira nenhuma dimensão revolucionária em nome da qual valeria a pena nos empenharmos.

Apesar disso, a crítica de Foucault atinge também este argumento. O potencial de mobilização dessas "utopias de realização" (*MC*, 274), fundadas na preeminência da historicidade, emana de uma leitura errônea da história, apoiada numa falsa concepção do tempo. O marxismo, na medida em que pensa o futuro como um "estado livre de toda a dominação", baseia-se numa concepção que degrada a história para o nível de etapa preparatória do futuro cuja promessa é reproduzida em permanência e se mantém reprodutível.[29] Transforma assim toda a história da sociedade em pré-história do comunismo. Mas isso não faz mais do que trair a sua pertença a uma *épistémè* para a qual o tempo se dá como acabado: "O grande sonho de um fim da História é a utopia dos pensamentos causais" (*MC*, 275). Contra a sua pretensão de que haveria um exterior potencial que se deixaria descrever antecipadamente e que deveríamos atualizar, a arqueologia ancora toda a quimera do futuro na "profunda espacialidade que permite ao pensamento moderno pensar sempre o tempo – conhecê-lo como sucessão, prometê-lo a si próprio como realização, origem ou retorno" (*MC*, 351). As utopias permanecem encerradas nas disposições que as tornam possíveis, mas que elas, por seu turno, não podem desestabilizar.

Se a utopia tinha sido fustigada em *As Palavras e as coisas*, não o foi menos em *Vigiar e punir*. Identifica-se então com os "sonhos" de poder, sobretudo na quadrícula da cidade e no panóptico. Nesses dois casos, trata-se de projetos que levam até a perfeição técnicas já em ação na sociedade, projetos que descrevem na utopia de um sistema geral mecanismos particulares que existem realmente.[30] É isso que impede que

---

29 KOSELLECK, R. *L'Expérience de l'histoire*. Paris: Gallimard/Seuil, 1997, p. 86.

30 "L'œil du pouvoir" (1977), *DE* III, n. 195, p. 207.

os qualifiquemos como puros sonhos. Todavia, o mais importante é observar como essas construções ideais e malevolentes são o reverso de outras, benevolentes Assim Bentham é o Fourier de uma sociedade policial,[31] constituindo o Panóptico e o Falanstério duas espécies do mesmo espaço genérico, dois ramos de um ponto de heresia nunca dissolvido. É também o que convém para pensar conjuntamente Bentham e Rousseau, dois autores da sociedade transparente, duas faces da mesma moeda: "Assim, sobre o grande tema de Rousseau [de uma sociedade simultaneamente visível e legível em cada uma das suas partes] – que é de certo modo o lirismo da Revolução – enxerta-se a ideia técnica de um poder 'omni-observante', que é a obsessão de Bentham; juntam-se os dois e tudo funciona: o lirismo de Rousseau e a obsessão de Bentham".[32] Cada um à sua maneira, esses teóricos da plena luz lançada sobre cada recanto da vida social dão voz a uma mesma esperança. As Luzes e as suas utopias da liberdade são complementares da plena luz e da utopia da prisão.

Essa complementaridade fica bem clara na capacidade que as duas espécies de utopia têm para instaurar técnicas policiais. Isso é evidente no espaço prisional, mas o é, sem dúvida, menos em outros casos. Pensemos, por exemplo, nas descrições que Foucault faz em *Des espaces autres*, como a de certas colônias fundadas na América do Norte por iniciativa das sociedades puritanas inglesas e que eram outros tantos lugares absolutamente perfeitos. Ou ainda as instituídas pelos jesuítas na América do Sul, colônias maravilhosas, absolutamente regradas, em que a perfeição humana era efetivamente cumprida. Para descrevê-las, Foucault sublinha sua "disposição rigorosa", onde dois eixos em torno dos quais são dispostas as cabanas das famílias reproduzem exatamente a cruz de Jesus Cristo: "A cristandade marcava assim com o seu signo fundamental o espaço e a geografia do mundo americano".[33] Essa "estetização integral da comunidade",[34] típica das utopias, é partilhada pela quadrícula e pelo panóptico.

---

31 *Ibid.*, p. 190. Ver *SP*, 226.

32 "L'œil du pouvoir" (1977), *DE* III, n. 195, p. 195.

33 "Des espaces autres" (1967), *DE* IV, n. 360, p. 761.

34 Rancière, "Sens et usages de l'utopie", art. cit., p. 70.

> Nessas mesmas colônias americanas, a vida quotidiana dos indivíduos era regulada não pelo apito, mas pelo sino. O acordar estava fixado para todo mundo na mesma hora, o trabalho começava para todo mundo na mesma hora; a refeição ao meio-dia e às cinco horas; depois deitavam-se, e à meia-noite havia o que se chamava o despertar conjugal, quer dizer, com o toque do sino do convento cada um cumpria o seu dever.[35]

Com toda evidência, o que é representado aqui não está longe das descrições dos regulamentos para a vida no interior das prisões-modelo do século XIX, preocupadas com empregos do tempo rígidos e generalizados. Isso mostra quanto a utopia, a partir do momento em que se torna real, se revela como uma nova forma de partilha policial. Pode muito bem parecer que abre um espaço original para a vida, pelo fato de que projeta a partilha atual sobre um espaço possível que ou permanece sem lugar, ou impõe uma nova dominação. Em ambos os casos, a utopia é devedora de um modo de ser do saber e do poder já instalado. Acaba assim por se harmonizar com um presente a que pretensamente se oporia.

Partindo da ideia de que o poder e a resistência não estão em contradição, compreendemos que a utopia também não é fundamentalmente oposta ao poder. Que se passa então quanto às relações da resistência com a utopia? Na sua luta contra esta última, Foucault faz pouco caso da possibilidade de que ela seja uma mola da primeira. Melhor, considera que toda a resistência baseada numa utopia, a partir do momento em que vence, tende a impor uma nova dominação: esse tipo de resistência não introduz, portanto, nada de realmente novo. Em contrapartida, se as utopias atualizadas são novas dominações, nada mais natural do que suscitarem por seu turno outras resistências. Estas desnudam o caráter ilusório das organizações perfeitas, como a "resistência efetiva das pessoas"[36] às tecnologias panópticas reenvia Bentham para o irreal e mostra que o seu programa não era mais do que um sonho. Da mesma maneira, o mito clássico da sociedade transparente, no seio da qual uma opinião justa por natureza exerceria uma espécie de vigilância democrática, é desfeito pelo advento do jornalismo: na medida em

35 "Des espaces autres" (1967), *DE* IV, n. 360, p. 761.

36 "L'œil du pouvoir" (1977), *DE* III, n. 195, p. 205.

que é "necessariamente comanda[do] por interesses econômico-políticos", o jornalismo manifesta "o caráter utópico de toda essa política do olhar".[37] Em parte, pelo menos, a realidade desagrega o sonho.

Em conclusão, nem a resistência nem a utopia nos afastam do poder compreendido como partilha de um plano horizontal. Mais ainda, não nos arrancam aos modos de ser do que funda o saber ou o poder--saber. Ou a utopia é incapaz de alterar, e *a fortiori* de derrubar, uma disposição epistemológica que, de resto, reflete. Ou é impotente para pôr fim a uma tecnologia política dos corpos, que, tudo bem pesado, ela relança num espaço sem lugar. Este lugar imaginado não é mais do que um avatar do espaço existente. Aqui também, o gesto que reduz a utopia a uma espacialidade essencial é o mesmo que torna a teoria incapaz de transpor a linha da dominação.

A heterotopia

Para preencher o hiato aberto pelo fim da capacidade libertadora da utopia, Foucault apela por vezes à heterotopia. Este "lugar outro" seria talvez o único em que um derrube da ordem das coisas se tornaria possível. O nosso mundo (epistêmico, político) encontraria aí um possível que seria também uma esperança? Diferentemente da utopia, formação ligada ao saber e ao poder de que, ainda por cima, reflete os modos de ser atuais, a heterotopia abre para uma verdadeira alteridade?

O mesmo texto ensina, todavia, uma segunda lição: há heterotopias que são a realização de projetos utópicos. É o caso das colônias americanas mencionadas mais acima. De tal modo que a utopia só perde sua dimensão quimérica para se atualizar sob a forma de uma heterotopia ordenada até o paroxismo. Foucault reúne assim, sob o mesmo termo de *heterotopia*, as utopias que se tornaram reais, que não são mais do que novas formas de dominação, e as heterotopias, que se opõem ao mundo "real" ou ao ordenamento quotidiano dos espaços. Tal como à partida separa a utopia da heterotopia, afastando a primeira com base na sua irrealidade intrínseca, assim também as cruza finalmente para as pensar em conjunto. O que nos mostra este novo cruzamento? Duas coisas. Primeiro, a heterotopia não nos emancipa necessariamente da presença

37 *Ibid.*, p. 204.

constante e proteiforme da dominação, na medida em que ela pode ser a realização de uma utopia. Segundo, quando consegue nos emancipar, como nos casos do jardim ou do teatro, representa finalmente uma contestação mítica do espaço em que vivemos. Em última análise, nunca derruba a ordem desse espaço, mas mantém-se afastada dele: permanece numa reserva que assegura a sua heterogeneidade relativamente ao espaço principal que a rodeia. Cada heterotopia é uma margem (uma região, ou ainda uma dobra, um interstício) da sociedade.

A palavra *heterotopia*, que encontramos em dois contextos determinados, tem diferentes sentidos e cumpre funções diversas. Em *As Palavras e as coisas*, contribui para a análise arqueológica da *épistémè*, como elemento que vem perturbar a configuração moderna. Heterotópica por excelência é a "questão que sem dúvida parece aberrante, a tal ponto está em discordância com o que tornou historicamente possível todo o nosso pensamento. Essa questão consistiria em perguntar se verdadeiramente o homem existe" (*MC*, 332). A heterotopia projeta, para o interior de um ordenamento estabelecido, um princípio de estranheza de que o efeito pretendido é destruir a ordem da configuração atual. Daí o seu efeito perturbador:

> As *heterotopias* inquietam, sem dúvida porque minam secretamente a linguagem, porque impedem de nomear isto *e* aquilo, porque quebram os nomes comuns ou os emaranham, porque arruínam antecipadamente a "sintaxe", e não apenas a que constrói as frases – mas a menos manifesta que faz "manterem-se juntas" as palavras e as coisas (*MC*, 9).

O embaraço que provocam provém de que indicam o lugar interno a partir do qual um saber qualquer se poderia desmoronar. Diferentemente da utopia, a heterotopia não se serve daquilo que a disposição lhe oferece, para a partir daí imaginar o que poderia vir a ser melhor, ou mesmo perfeito. Pelo contrário, ela é o "outro" da ordem presente, a qual subtrai o ponto de apoio. Mesmo que se formule no interior de um quadro epistemológico, permanece um princípio de desordem que aponta para um além, para a possibilidade de um novo acontecimento e, por consequência, de uma disposição radicalmente distinta.

Todavia, e ainda diferentemente da utopia, a heterotopia não propõe nada de substancial para substituir a configuração em curso. É inquietante porque é vazia. Isso contrasta com o marxismo tal como é descrito na mesma obra, e que nos fornece três características da utopia. Tal como este é "uma figura plena, tranquila, confortável no interior de uma disposição epistemológica que a acolheu favoravelmente" (*MC*, 274), assim a sua contrária, lemos nas entrelinhas, será não somente uma figura vazia, mas também inquieta e inquietante. Maioria de razão para que a sua presença seja olhada com desconforto, esse mal-estar risonho de que Foucault dá testemunho quando pensa na enciclopédia chinesa de Borges. A monstruosidade da classificação que essa enciclopédia instaura decorre de que aponta simultaneamente para o interior e o exterior de uma ordem conhecida: no seu interior, dado que segue uma série alfabética identificável; mas também fora dela, dado que destrói "o espaço comum dos encontros" (*MC*, 8) familiares. Retirando dos saberes do ser humano o seu ponto de apoio, o discurso de Foucault pretende ter o mesmo efeito. A tarefa de devolver ao solo da cultura ocidental "as suas rupturas, a sua instabilidade, as suas falhas" (*MC*, 16) toma o aspecto de uma espera, dado que abre a possibilidade de um ordenamento diferente do espaço do saber, tanto como de uma ameaça, porque não propõe nada além de um vazio para tomar o lugar da ordem presente.

A significação da heterotopia se altera completamente a partir do momento em que abandonamos o quadro da linguagem para nos dirigirmos ao espaço físico. É então compreendida como lugar existente de fato, por oposição às utopias, que "são espaços [...] fundamentalmente irreais". Deixando de lado estas últimas, aprendemos uma primeira lição: a heterotopia é o lugar de uma "contestação simultaneamente mítica e real do espaço em que vivemos". Essa contestação torna-se sensível nos ordenamentos simbólicos que o lugar heterotópico contém ou torna possíveis, e que suspendem, neutralizam ou invertem[38] as relações mais frequentes na nossa vida quotidiana. Tomemos um exemplo: o teatro "faz suceder no retângulo do palco toda uma série de lugares que são estranhos uns aos outros".[39] Por esse fato, tem o poder de justapor num só lugar real vários espaços, várias localizações que são elas próprias incompatíveis. Outro exemplo é o jardim:

---

38 "Des espaces autres" (1967), *DE* IV, n. 360, p. 755-756.

39 *Ibid.*, p. 758.

> O jardim tradicional dos Persas era um espaço sagrado que devia reunir no interior do seu retângulo quatro partes representando as quatro partes do mundo, com um espaço ainda mais sagrado do que os outros que era como [...] o umbigo do mundo no seu centro.[40]

O estatuto da heterotopia já não é capital no domínio estrito do saber. Com todo o rigor, ela mantém com a disposição fundamental uma relação duvidosa. Lugar de desordem na ordem, a heterotopia deveria pôr a nu a fragilidade da natureza do saber no momento em que esta parece mais segura. Não obstante, este diagnóstico só pode ser paradoxal. Porque onde é que a heterotopia encontra a sua razão de ser, se não for na disposição que torna possíveis todos os discursos? Dessa maneira, ela suscita o mesmo espanto que a arqueologia que, não mais do que as outras construções epistêmicas, não pode vir de um exterior, mas deve manter-se submetida às mesmas condições de base. A *épistémè* moderna nos dá uma arqueologia das ciências humanas, da mesma maneira que funda a heterotopia da ausência do ser humano. De tal maneira que o princípio de desordem é interior à ordem do saber, um pouco como a resistência será, alguns anos mais tarde, interior à ordem do poder. Este princípio é imanente, apesar de apontar para um além, para a possibilidade de um ordenamento da linguagem que já não fará depender o saber da ideia do indivíduo. A isso acresce o fato de que a heterotopia é, com toda verossimilhança, impotente para desencadear um novo acontecimento radical. Este, já o vimos, era desprovido de causa. A heterotopia também não consegue esboçar "nem a forma nem a promessa" (*MC*, 398) de uma metamorfose vindoura. É desprovida da força que permitiria levar a bom termo uma transmutação de todos os saberes.

*

Embora abrindo perspectivas prometedoras, a heterotopia levanta mais questões novas do que resolve questões antigas. O seu estatuto precário deixa-a sempre na dependência da configuração principal, ainda que tente contrariá-la. Na ordem epistemológica, ela permanece um discurso tornado possível por uma disposição a que parece se opor, mas essa oposição é interior, e a heterotopia mantém com o fundo de todos

40 *Ibid.*, p. 758-759.

os discursos uma relação vertical que não é mais do que a relação de fundação. E no plano horizontal, permanece afastada da vida quotidiana, como espaço de um derrube tanto marginal como mítico do modo de ser dessa vida. Em todo o caso, as suas capacidades para criar um obstáculo à ordem existente são consideravelmente reduzidas. É sem dúvida por isso que, a partir de 1967, ela desaparece dos textos de Foucault. No lugar que deixa vazio, aparecerá mais tarde a figura da resistência.

CONCLUSÃO DA SEGUNDA PARTE
O pensamento reduzido à topologia

Esta análise deixa-se resumir na ideia seguinte: com a elevação da espacialidade à posição de categoria dominante, o saber e o poder transformam-se em sucessões de lugares (*topoi*), de não-lugares (*u-topoi*) e de lugares outros (*hetero-topoi*). Um mundo assim dividido convida a reduzir o pensamento a uma topologia, para não dizer que o obriga a isso.

Ora, a análise mostrou que essa topologia é o resultado da escolha metodológica de dividir a experiência em domínios dotados de um fundo e de uma superfície. Por outro lado, um lugar predominante está presente, que é modulado por espaços na aparência alternativos. Porque, pensando bem, o que são a utopia e a heterotopia senão deslocamentos de um lugar já existente? A sua natureza só se torna inteligível na proporção direta das relações que elas mantêm com o espaço ordenado por excelência, independentemente de saber se essa ordenação se apresenta sob a forma da disposição ou de um conjunto de dispositivos. Assim, a utopia e a heterotopia fazem muito mais do que nomear dois modos distintos de nos colocarmos à margem do *topos*, ora em um não-lugar ora em um lugar outro: exercem um efeito de retorno, que chama a atenção para o próprio *topos*, entendido simultaneamente como ordem que permanece e como triunfo da espacialidade. Sem equívoco, o *u-* e o *hetero-* são prefixos que não fazem mais do que modular um espaço fundamental.

Voltamos agora à questão da relação entre a temporalidade e a espacialidade na concepção das metamorfoses. Já é claro que a primeira está submetida à segunda. Isso explica a dificuldade de encontrar conceitos e esquemas para explicar as alterações temporais, o que contrasta com a profusão de recursos para compreender as configurações e trocas espaciais. Tendo em conta o interesse de Foucault pela história, poderíamos imaginar que o tempo desempenharia para ele um papel primordial. No entanto, o seu elogio do pensamento espacial nos faz compreender que o tempo é finalmente empurrado para a segunda posição. Assim, é a ideia de configuração que permite cernir melhor o esquema foucaultiano. Este consiste em descrever a ordem do saber, do poder e da ética em certas épocas, entre as quais alguma coisa se passa que representa uma descontinuidade temporal. Não é que o tempo tenha feito o que quer que seja, nem que tenha cessado de fazer alguma coisa, que se tenha acelerado ou tenha parado. É unicamente que as configurações gerais mudaram, que se transformaram massivamente. Então o tempo torna-se visível. Mas só o vemos como momento dessas metamorfoses: a descontinuidade temporal designa, na realidade, a alteração do ordenamento do espaço. Em outras palavras, para o pensamento espacial, dizer que o tempo é descontínuo é apenas uma maneira de exprimir o seguinte: uma configuração desfez-se e outra tomou o lugar dela. Partir o tempo não é mais do que partir a configuração. Então, o aparecimento do tempo como descontínuo é possível porque ele foi primeiro transformado em espaço.

Os resultados da razão espacial, por inovadores e mesmo enriquecedores que possam ser, não são menos problemáticos. Um desses resultados é que, no interior de uma época, o tempo não existe; em seu lugar, há apenas modulações de uma ordem fundamental, de uma base que permanece. A noção de rede em *As Palavras e as coisas* ilustra bem esse fato. As teorias apresentadas pelos cientistas durante um período histórico – digamos a idade clássica –, mesmo que pareçam gerar-se umas às outras ou opor-se "como temas sucessivos", não são no fundo mais do que uma "rede única de necessidades" (*MC*, 77). Nessa simultaneidade, o curso do tempo fica como que suspendido. O mesmo fenômeno se produz no poder. Aqui, uma época se inicia por um momento de invenção de técnicas no seio de algumas instituições. No entanto, o que se segue é apenas a generalização dessas técnicas até sua circulação no estado livre (*SP*, 213). A unidade da época é dada por um princípio que, depois de se ter constituído, se espalha. Mas o próprio princípio não se altera, não sofre metamorfose essencial.

Outra consequência embaraçosa da insistência no espaço é que ela nos deixa diante da perspectiva de estarmos, aos poucos, prestes a voltar a cair nas malhas da ordem, se de fato conseguirmos furtar-nos a ela. Assim, nenhum discurso de saber escapa à disposição que o subentende. Pelo contrário: "a rede arqueológica [...] dá as suas leis ao pensamento" (*MC*, 85), torna possível um jogo de opiniões simultâneas e aparentemente contraditórias, é uma "rede fundamental" (*MC*, 89-90). Assim, as construções supostamente alternativas às suas leis, sob as formas da utopia e da heterotopia, pertencem inteiramente à *épistémè* e não podem perturbar a configuração de que dependem. O mesmo se passa para o poder. O plano horizontal que é o campo de uma batalha perpétua reconduz a si os outros lugares que, à primeira vista, se opunham a ele. A utopia não é mais do que o quadro acabado ou depurado de técnicas de governo que realmente já existem. Pela sua parte, a heterotopia é ora o lugar marginal no interior do mundo quotidiano de que inverte provisoriamente e de maneira mítica os ordenamentos, caso em que se mantém incapaz de derrubar uma estrutura de dominação dada; ora a realização de uma utopia, sob a forma de uma partilha ainda mais rigorosa dos corpos, dos lugares e das identidades, e então limita-se a destruir uma forma de dominação para impor uma outra. Por fim, a resistência ativa pode turvar a divisão do plano, mas não encontramos nenhum exemplo nos textos de Foucault que ilustre uma capacidade, da parte da resistência, para mudar radicalmente um modo de ser das tecnologias políticas, para destruir uma configuração para instaurar uma nova. Pelo contrário, é o movimento próprio dos quadros jurídicos, econômicos e sociais (aumentos demográficos, alterações na produção, modificações legislativas, tudo o que chamamos uma *resistência dos elementos*) que leva as instituições e os aparelhos a alterarem as suas técnicas e, por um efeito de conjunto, a redefinirem a ordem do poder-saber. De modo que nunca nos afastamos da ordem da dominação: em cada momento, fazemos parte dela de maneira diferente.

Isso é tanto mais verdade quanto cada nova configuração, tal como as que a precederam, retoma o ordenamento em modo fundamental. Assim, as ciências dependem sempre de um *a priori* que não dominam e que, no entanto, lhes impõe as suas leis. Os corpos, por seu turno, veem inelutavelmente abater-se sobre eles a malevolência do poder. As suas resistências e as suas lutas podem perturbar a partilha da sombra e da luz, mas estão desde o início condenadas a harmonizarem-se com uma divisão qualquer do poder, com uma dominação. Desse modo, essas lutas estão sempre já ganhas antecipadamente por uma dominação qualquer; ou ficamos encerrados no fecho de um círculo, ou somos levados numa espiral que, se bem que seja aberta, nos deixa sempre prisioneiros dos seus movimentos. Talvez devêssemos dizer que se, para Foucault, não há projeto substancial de futuro, é porque o futuro é apenas a repetição incansável do mesmo, não no seu conteúdo, decerto, mas na sua forma, a forma da substituição perpétua e do recomeço. Na história espacializada, o tempo apresenta-se como um calendário em que poderíamos inscrever os momentos de um retorno interminável de que não obstante conhecemos, desde o início, os resultados.

A escolha foucaultiana da espacialidade em detrimento da temporalidade deixa-nos numa espécie de impasse. Na verdade, o problema está menos na própria escolha do que no que Foucault dela faz. Decerto, a solução que ele adota torna difícil a compreensão das metamorfoses. Mas esse não é o ponto importante. Com todo o rigor, fazer passar para o segundo plano a questão das mutações temporais é uma condição exigida para o abandono, de uma vez por todas, das tentativas continuístas do ponto de vista histórico. Em contrapartida, experimentamos frequentemente um sentimento de impotência relativamente ao quadro no interior do qual nossas ações se desenrolam.

Um sentimento não é, contudo, exatamente o termo que convém para designar esse estado de coisas: trata-se bem mais de uma constatação. Assim, uma época de saber é o período durante o qual nenhuma teoria escapa de uma disposição geral que, simultaneamente, a torna possível e a subentende. Mesmo as heterotopias, construções que teriam descoberto a via para contrariar e ameaçar essa disposição, permanecem na dependência do ordenamento geral. São, de resto, impotentes para lançar as bases de uma organização nova e até para prever a instalação de uma configuração futura.

O mesmo se passa para o poder-saber. As suas épocas definem-se por um certo modo de ser das técnicas políticas dos corpos. Estando instaladas essas técnicas, as resistências ao seu funcionamento podem multiplicar-se e conseguir alterar as partilhas dos poderes. É por isso que Foucault insiste na importância das lutas com vista à melhoria das condições de vida dos presos, dos combates pela libertação dos povos polaco ou iraniano, e em geral das confrontações entre o povo e as instituições, em nome do acesso igual aos direitos ou da invenção de novas liberdades. Não é menos verdade que as resistências são incapazes de tocar a raiz das relações de poder, e de derrubar uma certa técnica geral para impor outra, menos escravizante. Se as técnicas mudam, isso significa que o tipo de império sobre os corpos se transforma, para se tornar eventualmente mais sutil, mas não mais complacente. Aqui como em outros casos, a ação está maculada de impotência, como se uma certa dimensão lhe permanecesse sempre interdita, como se ela nunca fosse *radical*.

TERCEIRA PARTE

A SINGULARIDADE DA ÉTICA E AS SUAS CONSEQUÊNCIAS

Contra a ideia da impotência radical da ação, o estudo da ética abrirá um espaço plenamente ocupado pela livre escolha de um novo sujeito. Porque se a ética se organiza também em uma superfície e um fundo, este último não é exterior à ação do sujeito, mas é essa própria ação.

As relações de si consigo, vimos na primeira parte deste estudo, não se confundem nem com os códigos inculcados pela sociedade nem com os comportamentos reais, que ora se aproximam ora se afastam desses códigos. Antes dizem respeito à maneira como os humanos se constituem como sendo capazes de escolher o que são e o que fazem, numa relação consigo próprios e com os outros. Em vez de que forças exteriores os adestrem, são eles que dão testemunho de uma liberdade interior, sob a forma de uma capacidade de se moldarem a si mesmos. Isso bastaria já para que víssemos nesta terceira região da experiência a razão de um revolucionamento na obra de Foucault.

No entanto, é preciso juntar a essa reviravolta de fundo uma novidade de estrutura, pela qual a ética se separa ainda mais nitidamente do saber e do poder: a ausência de um princípio de ordenação das suas determinações. Com efeito, na ética, nenhuma instância desempenha um papel semelhante ao da disposição epistemológica ou do dispositivo político. De tal modo que se junta à liberdade de escolher uma indeterminação formal, caracterizada pela inexistência de uma instância ordenadora. Juntas, essa liberdade e essa indeterminação constituem dois traços originais do terceiro domínio. Por outro lado, quando sabemos que a reflexão sobre a ética antiga leva Foucault a repensar as suas apreciações do poder, do saber, do sujeito e da modernidade, uma nova questão se apresenta como urgente: o que é que torna tão inovador esta última vertente do seu trabalho?

A ética introduz no universo da experiência as relações do indivíduo consigo e com os outros. Há aí uma dupla tensão, simultaneamente interior e exterior ao sujeito. Ao lado dela, outras oposições presentes em estudos anteriores serão retomadas com novos esforços, que ligam a individualidade e a coletividade, a exclusão e a inclusão, o dentro e o fora. Para compreender como é que a ética vem interromper uma lógica comum ao saber e ao poder, é preciso centrar a análise sobre essa rede de oposições. O primeiro capítulo desta última parte servirá assim para definir rigorosamente o estatuto das relações consigo e com os outros: quem pode iniciar uma relação ética consigo? A via ética está aberta a todos? Como podemos enveredar por ela? Aonde leva? E em que condições permite contornar tanto a necessidade associada à disposição da linguagem como os constrangimentos implicados nas relações de poder? Essas interrogações conduzem-nos a regressar a *O Uso dos prazeres* e *O Cuidado de si*, os livros sobre a Antiguidade.

Depois, o segundo e último capítulo será consagrado à modificação mais vigorosa desencadeada pela terceira região da experiência: o fato de que ela abre o caminho à concepção final de uma composição epistemológico-político-ética. Vimos por qual razão era legítimo delimitar uma parte importante da obra de Foucault a partir da sequência desses três domínios: é que a estrutura que serve para os constituir se mantém invariável durante vinte e cinco anos; ela se deixa captar pela bipartição entre um fundo e uma superfície, ligados entre si por uma relação fundamental. O pôr a descoberto dessa sistematicidade constante, ou dessa rede de coerência que se mantém aquém das múltiplas variações e alterações, foi tornada possível por um trabalho analítico, que delimitou cada região no seu modo de ser específico e que mostrou como os fenômenos de cada domínio são sempre reconduzidos a um fundo singular. É agora tempo de realizar outra tarefa, que poderíamos, por contraste, chamar sintética. Esta já não consiste em delimitar as três regiões de maneira separada, mas, pelo contrário, em interrogar as relações que fazem delas as partes de um todo. Assim, atinge-se uma nova dimensão da sistematicidade.

De uma vez por todas, não tenhamos mais receio de utilizar essa palavra, dado que o próprio Foucault se serviu dela, e a sublinhou. Lemo-la em *O que são ao Luzes?* onde ele esboça o programa do que chama uma ontologia crítica e histórica de nós mesmos. No momento de explicar em que consiste, declara: "Este trabalho tem a sua generalidade, a sua sistematicidade, a sua homogeneidade e a sua aposta".[1] A sua sistematicidade, caráter que está aqui em questão, tem a ver com o que ele designa sucessivamente como "os três grandes domínios" e os "três grandes eixos" – saber, poder, ética – "de que é preciso analisar a especificidade e a imbricação".[2]

1 "Qu'est-ce que les Lumières?", *DE* IV, n. 339, p. 575.

2 *Ibid.*, p. 576.

Que ele se fixe a esse objetivo já não nos deveria surpreender. Certamente, os trabalhos a que se dedicou anteriormente tentam captar na sua especificidade cada um dos domínios. Mas a partir do início dos anos 1970, experimenta com uma intensidade crescente a necessidade de inquirir dos seus laços. O poder-saber representa já o esforço para pensar duas regiões tanto nas suas dissemelhanças como nas suas relações. Pouco tempo depois, esse esforço transforma-se em necessidade de perscrutar o todo "ético-epistemológico-político".[3] É exatamente sobre este ponto que convém que agora nos debrucemos.

Algumas perguntas tomam forma. De onde vem essa exigência teórica? A que princípios obedece a síntese reclamada? Não estamos inteiramente desprovidos de recursos para lhes responder. Sabemos que uma sistematicidade analítica pôs em pé de igualdade as três regiões, primeira condição para que se possa refletir sobre sua articulação. Além disso, se Foucault associa o poder ao saber, poderíamos esperar que refletisse mais tarde sobre a ética aproximando-a também dos dois domínios precedentes. Todavia, este gênero de respostas deixa intacto o cerne do problema. Para o abordar, é necessária uma mudança de perspectiva.

Além das suas especificidades, já trazidas à luz, a ética tem a particularidade de suscitar a comunicação entre as diferentes regiões: transforma-as em elementos de um todo, como se convidasse para um jogo em que as três tomam parte. De súbito, tudo parece passar-se como na terceira *Crítica* de Kant: tal como a faculdade de julgar é uma descoberta que vem no fim para constituir o objeto de uma terceira investigação, assim a ética chega no seguimento de um percurso teórico durante o qual tinha sempre sido, se não posta de lado, pelo menos profundamente ignorada. Além disso, para Kant como para Foucault, o terceiro objeto de investigação exerce uma reação sobre os objetos precedentes, e mostra que o tratamento destes ainda não tinha tomado a sua forma definitiva. Poderíamos assim perguntar: a ética tem uma aptidão semelhante à faculdade de julgar, consistindo em abrir o caminho a uma dinâmica coletiva e até a reclamar um livre jogo entre elementos distintos? Inquirindo sobre uma sistematicidade sintética,

3 "Politique et éthique: une interview", *DE* IV, n. 341, p. 587.

chega-se ao problema de uma inteligibilidade da estrutura geral e, mais precisamente, à questão de uma arquitetônica.

As semelhanças entre a terceira faculdade da alma e o terceiro domínio da experiência seriam uma pura coincidência? Ou, convidando a pensar o novo à luz do já conhecido, quer dizer, vindo a ler Foucault à luz da filosofia crítica, essas semelhanças seriam afinal enganadoras e empobrecedoras? Ou ainda, derradeira possibilidade, existiria nessa aproximação inesperada um ponto de apoio pertinente para a investigação, um paradigma que permitiria fazer sobressair de maneira ainda mais vigorosa a originalidade de Foucault? Precisamos olhar para isso mais de perto.

CAPÍTULO VIII
A ética do assujeitamento a si

Na Grécia clássica e no Império romano, Foucault descobre a possibilidade de um mundo completamente diferente do nosso. No universo das disciplinas, as regras de conduta deveriam idealmente ser impostas a todos de maneira unitária, como se fossem leis universais. Em contrapartida, nas sociedades antigas, essas regras eram veiculadas como princípios amplos, comuns a todos, é certo, mas permitindo que se desenvolvessem ao lado delas complexas técnicas de existência, no quadro das relações consigo. É neste plano que se põe doravante a questão particular da ética. Esta, já o vimos, não se confunde nem com os comportamentos nem sobretudo com os códigos. Qual é, precisamente, o seu estatuto? Como é que a escolha ética se distingue dos outros tipos de escolha? E quais são as suas vantagens e os seus inconvenientes? Essas três questões são outros tantos caminhos para penetrar na leitura foucaultiana dos antigos e perceber o contraste relativamente ao saber e ao poder clássicos e modernos.

1. A escolha radical como luxo de uma minoria

Uma passagem esclarecedora, extraída da Introdução de *O Uso dos prazeres*:

> No pensamento antigo [...] as exigências de austeridade não estavam organizadas numa moral unificada, coerente, autoritária e imposta da mesma maneira a todos; eram antes um suplemento, e como que um "luxo" relativamente à moral correntemente aceita (*UP*, 31).

Foucault organiza toda a sua leitura dos antigos a partir desta ideia. Há de um lado a moral corrente, que se compõe de alguns princípios genéricos e difundidos, como por exemplo a valorização da atividade em detrimento da passividade ou o estabelecimento do isomorfismo entre a relação sexual e a relação social (inferior e superior, dominado e dominante). Do outro lado, há os princípios e preceitos éticos, apresentados como exigências de austeridade. No entanto, essas exigências não se dirigem a todos de maneira indiferenciada. Também não constituem um corpo de regras definitivamente estabelecido, o que significa que podem mudar consoante as circunstâncias.

Ficamos a saber por outro lado que são um suplemento e um luxo. De imediato se distinguem das formas do saber e do poder. Este é um domínio assentado numa disposição da linguagem que se oferece aos discursos de maneira irrecusável. A partir do momento em que um discurso de verdade é enunciado, a adequação entre o que é dito (as palavras) e o que é significado (as coisas) depende de um fundo previamente estabelecido pelo modo de ser da linguagem; esse fundo não é objeto de nenhuma escolha. Por sua vez, o modo de ser do poder não depende, ele também, de uma escolha dos sujeitos, mas é fato o contrário que acontece: a constituição dos sujeitos como sujeitos depende dos ordenamentos do poder. Lembremos que a microfísica dos corpos funda as relações de poder e, por consequência, os polos dessas relações. Aqui como em outros casos, toda escolha é condicionada e limitada por qualquer coisa de mais radical do que aqueles que escolhem, por qualquer coisa que, para começar, os investe e atravessa. Assim, as formas particulares que tomam as disposições epistemológicas e os dispositivos políticos em nada se parecem com um luxo. Impõem-se tanto às ações como às experiências, individuais e coletivas.

De maneira completamente diferente, sendo um luxo ou excedente, a ética representa um refinamento da arte de viver. Por conseguinte, faz ressaltar tensões já presentes nos outros domínios, em primeiro lugar entre a exclusão e a inclusão, porque essa procura de uma maior sutilidade está longe de ser acessível a todos: alguns não têm o direito de tomar parte nela, ao passo que a outros faltam os meios para o conseguir. Olhemos mais de perto esses dois casos, começando pelo exemplo mais eloquente da exclusão que os dois últimos tomos da *História da sexualidade* dão a ver. É o exemplo das mulheres.

A moral antiga, lembra Foucault, "é uma moral de homens: uma moral pensada, escrita, ensinada por homens e dirigida a homens, evidentemente livres" (*UP*, 33). Em contrapartida, as mulheres são excluídas, ou melhor: nunca são incluídas nela. O luxo moral não lhes convindo, em que outra dimensão, imediatamente anterior, elas podem se relacionar com outros? Na dimensão – incontornável – do poder:

> Moral viril, por conseguinte, em que as mulheres aparecem a título de objetos ou no máximo de parceiras, que convém formar, educar e vigiar, quando as temos sob o nosso poder, e de que é preciso abstermo-nos quando estão sob o poder de um outro (pai, marido, tutor) (*UP*, 33).

O laço ético entre os homens – que pode tomar a forma de um acompanhamento e de uma amizade, particularmente presentes entre o mestre e o discípulo – é o suplemento então ausente das relações dos homens com as mulheres. Entre estes últimos, a vigilância das segundas pelos primeiros dá a tonalidade determinante de um poder sem acessórios.

Esses dois tipos de relação – entre homens por um lado, e entre os homens e as mulheres, por outro – são completamente diferentes. Para aclarar essa diferença com um exemplo tirado de uma dimensão prática, tomemos a gestão da casa:

> o princípio, escreve Foucault, que liga o homem à obrigação de não ter parceira fora do casal que forma é de uma natureza diferente do que liga a mulher a uma obrigação análoga. No caso desta, é na medida em que está sob o poder do seu marido que essa obrigação lhe é imposta (*UP*, 197).

Compreendamos bem: *de uma natureza diferente*, dado que o primeiro princípio é essencialmente ético, ao passo que o segundo respeita, na realidade, a um exercício de poder sobre os outros. Poderíamos ilustrar com um grande número de exemplos esse duplo afastamento entre o homem e a mulher e entre a ética e o poder. Assim, mais adiante na mesma obra, lemos o seguinte:

> Nessa ética da vida de matrimônio, a "fidelidade" que é recomendada ao marido é algo bem diferente da exclusividade sexual que o marido impõe à mulher [...]. A temperança do marido é da esfera de uma arte de governar, de se governar e de governar uma esposa que é preciso manter e respeitar simultaneamente, dado que ela é, face ao marido, a senhora obediente da casa (*UP*, 215).

A mulher nunca se eleva, portanto, do nível do poder ao nível da ética. É um direito excluído dela.

No entanto, não é somente a mulher que é posta de lado. Se levarmos a sério a ideia de luxo, será de fato preciso pensar em todos os que, se bem que tenham direito a ele, não têm os meios de se permitirem esse luxo. É o que nos ensina o curso intitulado *A Hermenêutica do sujeito*: "o indivíduo não pode ocupar-se de si sem ter, diante de si, ao seu lado, uma vida tal que pode – perdoem-me a expressão – pagar o luxo da *skholê* ou do *otium*" (*HS*, 109). À exclusão sexual vem acrescentar-se a discriminação consoante as condições de vida. Desde logo, os cidadãos repartem-se em dois grupos: os que, por condições econômicas e sociais, podem conceder a si próprios uma ociosidade que transformarão depois numa atenção acrescida a si, e os que não podem "pagar" semelhante luxo. A ética põe em cena (ou talvez opere) uma cisão entre cidadãos iguais.

Eis o ponto em que Foucault insiste:

> De fato, só alguns podem ter acesso a essa prática de si [...]. E as duas formas de exclusão, de rarefação, se quiserem, [...] era: ou a pertença a um grupo fechado – em geral era o caso dos movimentos religiosos –, ou ainda a capacidade de praticar o *otium*, a *skholê*, a ociosidade cultivada, o que representa uma segregação que é mais de tipo econômico e social. Era isso, as duas grandes formas a partir de que se definia ou se davam os instrumentos para que certos indivíduos, e eles somente, pudessem aceder pela prática de si ao estatuto pleno e inteiro de sujeito (*HS*, 122).

Assim, o estatuto pleno e inteiro de sujeito não se confunde com o estatuto pleno e inteiro *de cidadão*. Um pouco como no caso da mulher, embora por outras razões, um cidadão pode conservar-se no mundo do poder e, todavia, permanecer excluído do domínio da ética. Em contrapartida, há de fato indivíduos que sobem a um degrau superior da escala da subjetivação. Para nos referirmos a eles, já não basta designá-los como cidadãos, mas é conveniente chamá-los *sujeitos de si*. Tiraremos assim, do que acaba de ser exposto, uma primeira lição: do ponto de vista da ética, todos os sujeitos de si são cidadãos, mas nem todos os cidadãos são sujeitos de si.

Mas tira-se também uma segunda lição, capital: a ética pode bem apoiar-se numa relação de si consigo, isso não impede que, para ser exercida, tenha necessidade em muitos casos de mediação de um grupo. Daí a importância dos movimentos religiosos e das comunidades fechadas. É o caso do "famoso grupo dos Terapeutas que descreve Fílon de Alexandria no seu *Tratado da vida contemplativa*" (*HS*, 112) e que tanto impressiona Foucault. Instalada em pequenos jardins nos arredores de Alexandria, esta comunidade praticava uma vida ascética estrita. Para aceder a ela, a origem social dos membros contava indubitavelmente menos do que a sua formação cultural e a sua capacidade de meditação e de aprendizagem: "Sobre a origem social dos indivíduos que fazem parte dela, não possuímos nenhuma informação", e Foucault acrescenta: "Não há nenhuma razão para supor que viessem de meios aristocráticos ou privilegiados" (*HS*, 114). De tal modo que as exclusões religiosas e socioeconômicas "não ocorriam no estado puro, mas sempre numa combinação" (*HS*, 122). Vemos assim que o nível de vida e a pertença a um grupo fechado eram os critérios para a exclusão ou a aceitação dos indivíduos na via que abria o acesso à subjetividade plena.

Ora, é precisamente sobre este ponto que encontramos o antagonismo entre a pertença e a exclusão, presente noutras obras e transposto agora para o nível da ética. Poderíamos afirmar que Foucault nunca escondeu que as práticas de si estavam rodeadas de formas de exclusão. Todavia, isso não diria o suficiente. Com todo o rigor, é preciso perguntar por que é que Foucault insistiu tão vivamente neste fenômeno. A resposta é que o seu interesse pelos procedimentos de exclusão servia para acentuar um traço determinante da ética, a saber, o fato de que ela foi sempre *assunto de uma minoria*. Vemo-lo: o universo das relações consigo é concebido a partir de exclusões muito severas, condição necessária para a constituição de um pequeno grupo, ou de um conjunto de pequenos grupos, de uma minoria "luxuosa", em todo caso. Isso pode passar por exclusões tanto de direito, para as mulheres, como de fato, para os cidadãos que não reúnem as condições materiais necessárias à prática da *skholê* ou do *otium*, ou ainda para os que não dão provas das capacidades espirituais necessárias à sua aceitação num círculo religioso de austeridade.[1] Em todos os cenários, o essencial é que não existe comunidade ética sem a fixação de fronteiras que sancionam as pertenças e as exclusões. A ética está longe de ser um domínio ao alcance de todos.

---

1 Sobre as dificuldades da interpretação foucaultiana do estoicismo, nomeadamente a divisão entre os que são capazes de um certo estilo de relação consigo e os que não o são, ver Jaffro, "Foucault et le stoïcisme", art. cit., em particular p. 55-64.

Ainda é preciso que se queira integrá-la. Porque todos os que teriam o direito e os meios de desenvolver uma relação mais rica consigo não o desejam fazer. Esboça-se uma nova alternativa, de certo modo complementar da precedente, que sugere duas novas possibilidades. Ela já não consiste em ser aceito ou rejeitado por um grupo existente, mas antes em decidir pela via ética ou então por outro caminho que se mantém, tudo considerado, próximo do caminho do poder. Se nos casos que acabamos de analisar era questão de ser ou não escolhido por outros, trata-se presentemente de se empenhar a si mesmo por uma escolha ativa, liberdade que é posta em relevo em *A Hermenêutica do sujeito*:

> Logo, de fato, nunca na cultura antiga, na cultura grega e romana, o cuidado de si foi efetivamente percebido, postulado, afirmado como uma lei universal valendo para todos os indivíduos, qualquer que fosse o modo de vida que adotam. O cuidado de si implica sempre uma escolha do modo de vida, quer dizer, uma divisão entre os que escolheram esse modo de vida e os outros (*HS*, 109-110).

Diante dos nossos olhos toma forma uma nova contrapartida da inexistência de "uma moral unificada, coerente, autoritária e imposta da mesma maneira a todos" (*UP*, 31). A primeira contrapartida era a exclusão de alguns; a segunda, é a autoexclusão de alguns outros. Se a região das relações de si consigo é um suplemento, é também porque nem todos os indivíduos sentem a necessidade de nela encontrar o seu lugar. Como vimos, não se trata, para uma história da ética, de retomar o que fazem todos ou a maior parte dos indivíduos relativamente aos códigos. Isso seria uma história da moralidade dos comportamentos. O importante é o que uma minoria preocupada concebe como a sua maneira de se comportar a partir desses códigos e para além deles.

Temos diante de nós diferentes caminhos possíveis. Uma primeira alternativa distingue dois grupos: os que, como as mulheres, são simplesmente relegados para o fundo das relações de poder e, ainda mais, de obediência; e os que não têm as capacidades ou simplesmente os meios de prosseguir no caminho da ética. Mas uma segunda alternativa separa dois outros tipos de indivíduos: os que, tendo a liberdade e o poder de estabelecer uma relação consigo, não sentem necessidade dela; e, por fim, os que optam por esse tipo de vida. Essas quatro possibilidades principais determinam o luxo ético, ou a ética entendida como luxo.

Não é tudo. Porque se olharmos de perto a segunda alternativa, veremos que ela respeita uma escolha verdadeiramente *radical*, em dois sentidos. Primeiro, como explica Pierre Hadot, aquele que segue a via ética deve "mudar toda a sua maneira de pensar e sua maneira de ser".[2] O pensamento antigo, prossegue, separa nitidamente duas origens possíveis das desditas, para apenas conservar uma, a "verdadeira": para as escolas helenísticas, sem exceção, "o mal não está nas coisas, mas nos juízos de valor que os homens fazem sobre as coisas". Por consequência, decidir-se pela vida ética significa transformar de alto a baixo "os seus juízos de valor: todas essas filosofias se querem terapêuticas".[3] Assim, Hadot não hesita em chamar a essa "escolha de vida [...] uma certa opção existencial" ou ainda uma "escolha radical".[4]

Em segundo lugar, a radicalidade da escolha liga-se, uma vez mais, à relação entre o fundo e a superfície. Os diferentes modos de vida indicados mais acima não decorrem todos de uma decisão do sujeito. Assim, a mulher não pode decidir-se por uma vida ou por outra, e poderíamos dizer de maneira brutal que uma vida "lhe acontece". O homem excluído também não escolhe, se bem que tenha um estatuto diferente da mulher. Por fim, o indivíduo que prefere não pagar o "luxo" de uma austeridade fica, ele também, no plano do poder e da moral corrente, mesmo que nele desfrute dos seus direitos e das suas liberdades. A verdadeira divisão se desenha "entre os que escolheram esse modo de vida [ética] e os outros" (*HS*, 109-110). Só os que abraçam uma nova vida estabelecem uma relação de si consigo. Abandonam a superfície dos simples códigos e dos comportamentos para se instalarem noutro plano, o das relações consigo. Se os códigos e os comportamentos constituem a superfície do mundo moral de que a ética é o fundo, então a preferência ativa pela vida ética é a única que pode, para falar propriamente, ser considerada como radical.

A investigação já trouxe à luz certas particularidades da ética. Sabemos agora que ela é um luxo ou um suplemento, o que a distingue imediatamente do saber e do poder. Compreende-se que esse

2 HADOT, P. *Qu'est-ce que la philosophie antique?* Paris: Gallimard, 1995, p. 162.

3 *Idem.* Sobre a interpretação do que Foucault chama "essa noção fundamental" de *therapeuin*, ver *HS*, em particular p. 95.

4 Hadot, *op. cit.*, p. 161-162.

luxo implica um conjunto cerrado de exclusões e de pertenças, através das quais se formam grupos a que o acesso é reservado. Mas, no fim, encontramos a diferença mais original relativamente aos outros trabalhos de Foucault, a que separa os homens livres, que no interior de uma comunidade se aplicam a desenvolver uma relação mais rica consigo mesmos, e os homens igualmente livres que escolhem não levar uma vida ética. A possibilidade de se decidir ou não por essa via, ao contrário do que se passava com as simples exclusões e admissões, inaugura uma oposição desconhecida: a partir do momento em que já não se trata de saber quem é livre de escolher, o problema já não se põe entre os excluídos e os outros, mas entre os que pertencem ao mundo da sabedoria e os que a ele renunciam de sua plena vontade. Em outras palavras, o antagonismo dos modos de vida separa daqui em diante os incluídos e os autoexcluídos, todos igualmente soberanos. Se, num primeiro momento, nos esforçamos por captar o antagonismo entres os candidatos admitidos e os que tinham sido excluídos contra vontade, é daqui em diante crucial pensar a oposição entre os incluídos e os que, na plena posse das suas liberdades, se autoexcluem.

2. Desprender-se de si mesmo: uma nova crítica do sujeito

Se este ponto é tão digno de atenção é porque nele aparece de forma notável a singularidade da ética, na maneira que ela tem de permitir o estabelecimento dos laços intersubjetivos. No quadro do poder, os sujeitos eram vistos como resultado de uma dimensão mais profunda do que eles; nas suas maneiras de ser, dependiam das tecnologias políticas dos corpos dominantes numa certa época. Por esse fato, "si mesmo" e "os outros" não existiam como tais, mas somente como corpos capturados por forças, práticas e aparelhos exteriores. As técnicas microfísicas explicavam ao mesmo tempo o modo de ser dos sujeitos (enquanto indivíduos celulares, por exemplo) e o das formas macrofísicas, como as liberdades e as instituições políticas gerais, por exemplo. Doravante, o papel primordial da escolha vem perturbar essa maneira de conceber os laços entre o indivíduo e a coletividade. Introduz dois modos de exercício da liberdade: podemos abraçar a vida ética ou ficar fora dela. Essa alternativa, ausente das obras anteriores, cria uma distância que permite encarar numa relação inédita os diferentes sujeitos. Perante as mesmas circunstâncias, há os que se tornam sujeitos de si, e outros que renunciam a estabelecer uma relação fundamental consigo mesmos. De que maneira exatamente se distinguem estes dois modos de exercer a liberdade? Em outras palavras, qual é a forma exata da escolha ética?

A resposta encontra-se numa passagem decisiva de *O Cuidado de si*. Foucault detém-se na heterogeneidade das respostas dos Gregos e dos Romanos da época imperial às alterações das condições da vida política. É a ocasião de distinguir dois tipos de reações divergentes no grau de experiência que o indivíduo tem de si próprio. Os Romanos respondem a essas transformações acentuando os

> comportamentos pelos quais nos afirmamos na superioridade manifestada sobre os outros. [...] Mas, no extremo oposto, encontramos a atitude [dos Gregos] que consiste, ao contrário, em fixar aquilo que somos, numa pura relação conosco: trata-se então de nos constituirmos e nos reconhecermos como sujeitos das nossas próprias ações, não através de um sistema de signos marcando poder sobre os outros, mas através de uma relação tão independente quanto possível do estatuto e das suas formas exteriores, porque ela se realiza na soberania que exercemos sobre nós mesmos. Às novas formas do jogo político, e às dificuldades de se pensar a si mesmo como sujeito de atividade entre um nascimento e funções, poderes e obrigações, tarefas e direitos, prerrogativas e subordinações, pôde responder-se por uma intensificação de todas as marcas reconhecíveis de estatuto ou pela procura de uma relação adequada consigo mesmo (*SS*, 118).

Essas linhas suscitam duas observações. É preciso, em primeiro lugar, pôr em evidência uma característica fundamental da abordagem foucaultiana da ética, explicitamente formulada algumas páginas mais acima em *O Cuidado de si*. Foucault pretende então explicar a razão do "desenvolvimento da cultura de si e [da] inflexão que se opera na ética dos prazeres" (*SS*, 97) na época do Alto Império. Para esse fim propõe a "hipótese de conjunto" (*SS*, 97) seguinte:

> A cultura de si não seria a "consequência" necessária dessas modificações sociais [na prática matrimonial e nas regras do jogo político]; não seria a expressão delas na ordem da ideologia. Constituiria em relação a elas uma resposta original sob a forma de uma nova estilística da existência (*SS*, 97).

Assim, um modo geral das relações consigo é uma *resposta* a certos fenômenos da vida em sociedade, quer tenham lugar no plano social, político, econômico, epistemológico ou outro. Quer dizer que a cultura de si não se constitui num sentido único, mas em dois sentidos. A resposta não é nem uma consequência sem efeito visível sobre a sua causa, nem uma expressão de alguma coisa cuja natureza permaneceria inalterada depois de se ter manifestado. Pelo contrário, supõe um duplo movimento da não-ética para a ética e desta de novo para a não-ética. Por outras palavras, uma estilística da existência, com os preceitos de austeridade que a integram, não se contenta com ser um efeito de certos fenômenos; só tem sentido numa troca pela qual ela age sobre a conduta dos indivíduos no interior de domínios que a suscitaram como resposta. É exatamente o que se passa entre os Gregos e os Romanos, que respondem, cada um à sua maneira, às mesmas circunstâncias da vida política. Vemos por aí que a ética repele a lógica da pura determinação em proveito de uma lógica de troca permanente.

A segunda observação consiste no seguinte: aparentemente, estamos em presença de duas respostas divergentes; na realidade, elas são muito mais do que isso, porque apresentam formas absolutamente distintas. Assim, os Romanos têm um *comportamento*, ao passo que os Gregos adotam uma *atitude*. Embora sutil, essa diferença é e permanece capital. Devemos tê-la em mente se queremos compreender o que há de essencialmente inovador na contribuição de Foucault para a filosofia ética. Porque o comportamento é *superficial*, tal como uma história dos comportamentos é uma história da superfície da moral. Em contrapartida, a atitude depende de uma ética e dirige-se a outra dimensão da existência. O comportamento combina a moral vulgar com o poder, fica ao nível do governo dos outros e deixa-se captar pela ideia de intensificação, de um impulso que não abandona o campo onde nasce. A atitude reata com a ideia de luxo, passa do nível do governo dos outros ao do governo de si, eleva-se do nível do poder ao nível da ética e é por isso que, em lugar de uma intensificação, toma a forma de uma procura. Entre estes dois modos de resposta joga-se a diferença crucial entre a via moral que se confunde com o poder e a via ética que inaugura um espaço original para a formação do sujeito.

Daí uma consequência que não podemos negligenciar: a ética garante um afastamento relativamente ao poder que contrasta explicitamente com a proximidade entre este e a moral. Isso não é inteiramente novo, dado que o parentesco entre a moral e o poder, evidente em *Vigiar e punir* e *A Vontade de saber*, foi já posto em evidência. Era esse parentesco que, nesses livros, permitia fazer a genealogia dos códigos e dos comportamentos a partir dos mecanismos de punição e adestramento dos indivíduos. Presentemente, recebemos uma nova prova dessa afinidade: a moralidade do comportamento romano permanece ligada às relações de poder, apoiadas na exterioridade das marcas reconhecíveis de estatuto. A via moral requer unicamente a existência vulgar do indivíduo, a sua capacidade para se movimentar no terreno quotidiano das práticas, dos saberes e dos poderes. Muito pelo contrário, o assujeitamento ético, a partir do momento em que constitui uma resposta *original*, supõe uma efetivação da potência do sujeito num *novo* domínio. É por isso que a atitude grega toma forma no quadro de "uma pura relação consigo". Essa relação, a partir do momento em que é *pura*, supõe o abandono de outras relações, nomeadamente de poder, logo uma esquiva dessa força que, Foucault pretendia-o outrora, estava por todo lado porque vinha de todo lado (*VS*, 122).

Passagem intrigante, é preciso reconhecer, esta de "uma pura relação consigo". Obriga-nos a perguntar de onde emana a possibilidade de semelhante emancipação em relação ao "resto". O si antigo não seria atravessado pelo poder, contrariamente ao que se passa com o sujeito moderno? A esta pergunta convém, sem dúvida, responder pela afirmativa, tanto mais que Foucault atenua imediatamente a sua expressão: a atitude, retifica, desenvolve-se através de uma relação tão independente quanto possível das marcas de poder sobre os outros. Ainda é preciso perguntar se essa relação tem sucesso em desprender-se de uma instância arqueológica de saber, se o si se pode pensar sem o intermediário anteriormente apresentado como irrefragável de um modo de ser particular da linguagem. A Antiguidade não conhece essa instância profunda de determinação? Ou a grande particularidade da atitude seria a sua capacidade para definir um espaço de emancipação, de liberdade, que se furtaria do saber e do poder simultaneamente? Com toda a evidência, não dispomos ainda de elementos que nos permitam decidir, razão por que estas questões reclamam a continuação do exame.

De momento, contentemo-nos com observar como Foucault pensa espacialmente este afastamento da ética, nomeadamente em relação ao poder. Se confrontarmos a profundidade da ética com a superficialidade da moral, veremos que a primeira tem um sentido bem particular: não abre para a descida a um subsolo, mas, pelo contrário, para uma subida até as alturas. Isso é notável na análise de certos escritos de Sêneca, sobretudo as *Questões naturais* e as *Cartas a Lucílio*. Essa filosofia estoica, que "não olha para os homens, [mas] olha para os deuses" (*HS*, 262), não se ocupa "de um conhecimento das regras da existência e do comportamento" (*HS*, 263), mas diz respeito a "um movimento real do sujeito, movimento real da alma que se eleva assim acima do mundo e que é arrancada às trevas, a essas trevas que de que esse mundo é feito" (*HS*, 263). A finalidade dessa deslocação é menos dirigir o olhar para um além do sensível do que voltá-lo para a superfície do mundo, de maneira a percebê-la sob uma nova perspectiva. O estoico mantém-se numa pura imanência, na medida em que não se dirige para nem se instala em qualquer coisa que seria uma outra realidade: "Não se trata, insiste Foucault, de abandonar um mundo de aparências para alcançar enfim uma esfera que seria a da verdade" (*HS*, 264). Em consequência, a atitude estoica, mas mais geralmente greco-latina, distingue-se tanto da atitude platônica como da cristã, que procuram ambas as alturas como ponto de passagem para um outro mundo. O olhar estoico põe-nos "num ponto tal, ao mesmo tempo tão central e tão elevado, que podemos ver abaixo de nós a ordem global do mundo, ordem global de que nós mesmos fazemos parte" (*HS*, 271). Atinge-se assim uma "visão mergulhante de si sobre si que engloba o mundo do qual se faz parte e que assegura assim a liberdade do sujeito nesse mesmo mundo". A importância dessas observações é tão grande que Foucault não hesita em considerar este tema como "uma das formas de experiência espiritual mais fundamentais que se encontraram na cultura ocidental" (*HS*, 271). Ideia corroborada por Hadot, segundo o qual exercícios espirituais como "viver no presente" ou "ver as coisas de cima" se encontram tanto em Goethe como em Nietzsche ou Wittgenstein.[5]

O olhar de cima nos reenvia para a espacialidade da ordem. Com uma diferença considerável, todavia: a superfície é doravante um plano desdobrado entre duas profundidades, a primeira composta por estratos subterrâneos, a segunda desdobrando-se em altura. Esta última

---

5 Hadot, *Qu'est-ce que la philosophie antique?*, Paris, Gallimard, p. 420-421.

pode certamente ter funções diferentes, como é o caso nos três grandes modelos éticos retidos por Foucault: platônico, greco-romano e cristão. A verdade é que ela permanece por excelência o espaço do estabelecimento das relações de si consigo. Ao lado da superficialidade da vida quotidiana, há não somente as profundidades da disposição de saber e das tecnologias de poder, mas também a altura que é a dimensão suprema para o trabalho sobre si mesmo. Por oposição à vida de superfície, dominada pelo exercício dos poderes e pelas marcas de exterioridade, a vida ética representa uma emancipação porque é uma elevação.

Só nesse quadro teremos a medida exata do retorno de Foucault ao sujeito. Poderíamos crer que à força de usar essa palavra e até de anunciar a sua hermenêutica, Foucault lhe teria finalmente concedido um estatuto que havia recusado desde há muito. Para a escolha ética, o sujeito poderia finalmente constituir-se a si mesmo de maneira (tanto quanto possível) independente dos outros e independente também das formas do saber e do poder que o produziam antes. De fato, isso seria ignorar a contrapartida do olhar de cima, que é nada menos do que uma nova redução do sujeito. Porque, na sua subida às alturas, o sujeito não atinge nenhum estado definitivo, longe disso. Pode então olhar para si mesmo, visto de cima, à superfície que, no fim das contas, não abandona. É o que se lê nesta passagem notável de *A Hermenêutica do sujeito*:

> É deste ponto de vista [...] que podemos reintegrar essas famosas glórias históricas de que Sêneca dizia [...] que era delas que nos devíamos afastar. Não são elas que são importantes porque, revistas do alto deste ponto em que estamos agora colocados pelo percurso da natureza toda inteira, vemos quanto elas contam e quão pouco duram. E é isso que nos permite, uma vez chegados a esse ponto, não somente pôr de lado, desqualificar todos os falsos valores, todo esse falso comércio no interior do qual estávamos presos, mas ainda determinar a medida do que somos efetivamente sobre a terra, a medida da nossa existência – dessa existência que não é mais do que um ponto, um ponto no espaço e um ponto no tempo –, da nossa pequenez. Do alto, diz Sêneca, o que são para nós os exércitos, se os vemos depois de termos percorrido o grande ciclo do mundo? Todos os exércitos não são mais do que formigas. Como formigas, de fato, agitam-se muito, mas num pequeno espaço. "É sobre um ponto", diz ele, e nada mais do que um ponto, "que vós navegais". Acreditais ter percorrido espaços imensos: ficastes sobre

> um ponto. É sobre um ponto que fazeis a guerra, é sobre um ponto, e um ponto somente, que distribuís os impérios. Vedes para que vai servir esse grande percurso da natureza, não é [para] arrancar-nos do mundo: é [para] permitir que nos reapoderemos de nós mesmos no lugar onde estamos. Não em absoluto num mundo de sombras e de aparências [...], é para medir muito exatamente a existência perfeitamente real que somos, mas que é apenas uma existência pontual. Pontual no espaço, pontual no tempo. Ser para nós mesmos, aos nossos próprios olhos, o que somos, a saber, um ponto, pontualizarmo-nos no sistema geral do universo; é esta libertação que realmente efetua o olhar que podemos lançar sobre o sistema inteiro das coisas na natureza (*HS*, 266).

Na sua clareza eloquente, este extrato deve ser lido como uma nova crítica do sujeito. Agora já não é questão de o reconduzir a um modo de ser do saber ou do poder; trata-se antes de compreender, a partir da nova dimensão ética, como vão a par a consolidação de si, a dureza que o sujeito tem de conquistar por meio de uma soberania interior e a dissolução da importância desse mesmo sujeito no mundo. É por isso que não há outro sujeito que não o *sujeito de si*, que deveríamos mesmo escrever o sujeito *do* si. O si ético reduz o sujeito à modicidade do seu tamanho real.

Para compreender isso melhor, detenhamo-nos num aspecto desse discurso. Porque nele encontramos, sem dúvida, a chave para compreender o último Foucault da transformação de si por si, melhor: o Foucault dessa expressão que tanto perturbou Deleuze – "desprender-se de si mesmo".[6]

Com efeito, encontramos aqui os três grandes marcos de algumas frases da Introdução de *O Uso dos prazeres*:

> Tal é a ironia desses esforços que fazemos para alterar a nossa maneira de ver, para modificar o horizonte do que conhecemos e para tentarmos afastar-nos um pouco. Levaram eles efetivamente a pensar de maneira diferente? Talvez tenham permitido, no máximo, pensar de outra maneira o que já pensávamos e apercebermo-nos do que fazemos segundo um ângulo diferente e sob uma luz mais nítida. Pensávamos afastar-nos e encontramo-nos na vertical de nós mesmos. A viagem rejuvenesce as coisas, e envelhece a relação consigo (*UP*, 19).

---

6 *UP*, 15; Deleuze, *Foucault*, p. 103.

Como em Sêneca, o envelhecimento (*HS*, 105-108) e a viagem aparecem aqui intimamente ligados: são os dois primeiros marcos. Sêneca percorre o mundo. Ora ele é velho. Quando se é velho, é preciso ocupar-se do seu domínio de si (*HS*, 260). Falando do estoico, Foucault não diz: "depois de ter percorrido o grande ciclo do mundo?" Sulcar o mundo é menos deslocar-se de um lugar para outro na horizontal do que encontrar o lugar a partir do qual o olhar da alma pode abarcar todos os lugares. Pelo menos as duas coisas confundem-se, talvez até coincidam, dado que:

> uma vez que se fez o percurso do mundo no seu círculo geral, é olhando do alto do círculo das terras ("*terrarum orbem super ne despiciens*"), é nesse momento que se podem desprezar todos os falsos esplendores criados pelos homens (*HS*, 256-266).

Vê-se isto nitidamente: a grande viagem não se faz na horizontal, mas sim na vertical. E o envelhecimento é o preço da nova perspectiva, que põe diante dos olhos tantas coisas antigas, banhadas a partir desse momento por um dia insólito, "uma luz mais nítida". Essas coisas antigas, quais são elas? Exércitos, impérios, os falsos valores, o falso comércio, toda a natureza, certamente. Mas, infinitamente mais importante, si mesmo. Assinalar-se pelo novo olhar não é somente reconhecer *onde* se está; é descobrir *o* que se é *relativamente ao todo*, ao "sistema geral do universo", e é ainda mais medir-se pelo metro desse sistema. Nada de menos surpreendente que só possamos então percebermo-nos como infinitamente pequenos. Terceiro marco, portanto, depois da viagem e do envelhecimento, comum a Sêneca e a Foucault, o valor da vertical de um ponto, quer esse ponto seja um exército ou um homem, os outros ou si mesmo.

Nesta perspectiva, se é possível falar de uma nova dissolução do sujeito, é porque o próprio sujeito toma a iniciativa de se "pontualizar". O desdobramento do ser humano em sujeito de superfície e em si ético é a condição necessária para que haja um sujeito *do* si. E atinge-se, por fim, a plena compreensão do que significa "permitir que nos reapoderemos de nós mesmos no lugar onde estamos": é voltar a ser senhor de si, à superfície do mundo, através de um desdobramento na vertical. Ficar à superfície ao mesmo tempo que nos olhamos do alto, eis sem dúvida o sentido de "a vertical de si mesmo", como de todo o esforço que implica o gesto de se desprender de si.

3. A conjunção paradoxal da austeridade e da liberdade

No esforço para captar a singularidade da ética, já demos dois passos. Este domínio apareceu-nos primeiramente como um luxo, para se desvelar em seguida como um espaço de emancipação. Por um lado, é atravessado, e mesmo composto, por uma rede complexa de pertenças e de distanciamentos, através dos quais algumas minorias conseguiam constituir-se e assegurar a sua existência. Por outro lado, garante um afastamento da vida quotidiana dominada pelas relações de poder, as sujeições e os comportamentos, aos quais opõe uma atitude de atenção privilegiada a si. Fazendo-o, a ética relança o antagonismo entre a exclusão e a inclusão e introduz uma tensão entre si e os outros. No fim, a possibilidade e a vontade de fazer uma escolha de vida radical opera a divisão entre os que se preocupam com si mesmos e os que se preocupam antes de tudo com as suas relações com a exterioridade.

Convém agora prestar atenção a um derradeiro problema. Este diz respeito a "o preço a pagar" pela emancipação tornada possível pela ética. Porque parece de fato que o preço é nada menos do que uma profunda austeridade. Em *O Uso dos prazeres* e *O Cuidado de si*, a austeridade aparece como uma condição *sine qua non* da relação de si consigo. É o que nos ensinam as linhas seguintes: a reflexão moral, escreve Foucault, dirige-se aos homens gregos "a propósito das condutas onde justamente têm que usar o seu direito, o seu poder, a sua autoridade e a sua liberdade" (*UP*, 34). "É preciso compreender esses temas da austeridade sexual [...] como elaboração e estilização de uma atividade no exercício do seu poder e na prática da sua liberdade" (*UP*, 34).

Nenhuma dúvida subsiste sobre o fato de que, no empenhamento ético, a liberdade e a severidade vêm juntas. Essa conjunção, pelos termos em que se encontra formulada, só pode ser perturbadora. Se a atitude ética representa um uso da liberdade no interior de si, e se, por outro lado, a escolha e a liberdade se dão a ver pela primeira vez nos livros publicados por Foucault, como compreender que elas sejam imediatamente orientadas para uma nova coação? Em outras palavras, se a relação consigo emancipa o sujeito dos entraves de uma vida quotidiana monopolizada pelos outros, por que é que essa emancipação passa, de uma maneira que parece inelutável, por novos obstáculos impostos pelo sujeito a si mesmo? Essas questões, tão claras que já não podemos nos furtar delas, deixam-se resumir numa única: qual é, rigorosamente falando, o sentido desse entrelaçar da liberdade e da austeridade?

A distinção entre os Gregos e os Romanos contribui com um primeiro elemento de resposta. Foucault descreve a atitude dos Gregos como consistindo "em fixar o que se é, numa pura relação consigo". Embora elíptica, esta expressão encerra três linhas de força: a primeira tem a ver com o estabelecimento dos limites de si mesmo. Porque a ideia de *fixar* o que se é seria incompreensível fora de um arranjo das fronteiras, de uma definição de si mesmo, tomando a palavra *definição* no seu sentido mais estrito.

Todavia, uma segunda linha de pensamento diz respeito à ideia de *o* que se é. Estas palavras mostram bem que a atitude comporta uma dimensão ontológica essencial. Com efeito, a resposta grega não se limita a tornar visível uma natureza que já existiria, fosse ela previamente dada ou progressivamente construída. Pelo contrário, a atitude produz um novo ente, definido por uma natureza original. De tal modo que a fixação dos limites de si não se pode harmonizar com a revelação de linhas preexistentes, por exemplo as linhas de uma natureza humana. Inversamente, admite a possibilidade de um arranjo que nenhuma instância exterior ao si seria capaz de lhe impor.

Por fim, uma terceira linha capital da ética é a do quadro no interior do qual ocorrem essas operações. O trabalho sobre as fronteiras, tanto como sobre o ser de si mesmo, cumpre-se "numa pura relação consigo". Por aí, regressamos à tensão entre si mesmo e os outros, que percebemos doravante a partir de outra perspectiva que, dado que se liga à definição de "o que se é", é a de uma ontologia de si.

Lembremos de passagem que a dimensão ontológica não é nova. Vimos como o acontecimento epistemológico apresenta, ele também, um caráter ontológico, na medida em que representa a morte de certas empiricidades e o nascimento de seres radicalmente diferentes, em torno dos quais novas positividades se instalam. O sujeito é apenas um desses seres, cuja existência depende de uma disposição geral. Em contrapartida, no domínio do poder, as tecnologias formam o indivíduo, que dotam de uma alma ao mesmo tempo que permanecem na base dos discursos de verdade e das estruturas macrofísicas. De novo, a produção de sujeito é aqui exterior ao sujeito e o subentende. Agora, a atitude vem romper com essa determinação a partir do exterior; relaciona o sujeito consigo, visto que é por ela que ele se constitui e se reconhece como sujeito das suas próprias ações. O sujeito ético não pode ser confundido com o que produziam o saber e o poder. Na ética, os poderes da linguagem e das relações de força cedem o seu lugar à força do mesmo. É por isso que a ética não é um simples auto-assujeitamento que se assemelharia a uma servidão voluntária, mas antes (para retomar um conceito kantiano) um *heauto*-assujeitamento, pela qual o sujeito dá a si mesmo as regras de ação a que obedece.

Estabelecimento de limites, trabalho do ser sobre si mesmo, primazia da relação consigo, outros tantos focos que era preciso pôr em evidência. Eles arrastam, todavia, uma consequência muito importante para a compreensão do sujeito ético: este mostra-se como sendo, para consigo mesmo, conjuntamente ativo e passivo. Ativo, na medida em que é sujeito de ação e dá a si mesmo uma forma que escolhe livremente. Mas, por esse mesmo fato, passivo, na medida em que é sobre ele que a sua própria ação exerce o seu poder. Deleuze soube bem exprimir essa tensão ao falar de *uma relação da força com o si, um poder de se afetar a si mesmo, uma afecção de si por si*. E precisa: "Isto é o que fizeram os Gregos, dobraram a força, sem que ela cesse de ser força".[7] Se ela não cessa de ser força é porque, pelo rigor, ela molda, ela subjetiviza. Os limites do que se é determinam-se num exercício de soberania, e a ética é de fato uma forma de poder: instala coações, tal como implica supremacias, combates entre as diferentes partes do si, diria Deleuze.[8] Não obstante, essa soberania não é exercida sobre um objeto que seria passivo, mas sobre um sujeito que é simultaneamente ativo e passivo, simultaneamente sujeito e objeto da mesma ação.

Podemos compreender por aqui como a ética relança uma tensão diferente, que opõe o interior ao exterior. Na submissão que ela implica, submissão voluntária, procurada uma e outra vez, a uma instância

---

7 Deleuze, *Foucault*, p. 108; ver p. 111 e 121.

8 *Idem*, "Pour en finir avec le jugement", *Critique et clinique*. Paris: Minuit, 1993, p. 165.

interior, ela toma a forma de uma contração do espaço do si, não de uma dilatação. É assim que, na Grécia clássica do século IV, a renúncia a certos prazeres encontra um alicerce nas noções de temperança, de ordem e justiça. Essas noções, explica Foucault, ajudam a formar

> uma estética da existência. E com isso devemos compreender uma maneira de viver cujo valor moral não depende da sua conformidade a um código de comportamento, nem de um trabalho de purificação, mas de certas formas, ou melhor, de certos princípios formais gerais no uso dos prazeres, na distribuição que deles se faz, nos limites que se observam, na hierarquia que se respeita (*UP*, 120-121).

Estamos de fato no plano da ética ou da atitude que se liga ao respeito de certos limites e de uma relação de ordem representada aqui pela figura da hierarquia. Mas o trabalho sobre os limites e a construção dessa ordem não representa um alargamento do espaço de vida e de escolha. Pelo contrário, ilustra a maneira de se encerrar a si mesmo num espaço mais acanhado do que anteriormente e, no fim, reduzir a paleta de escolhas possíveis.

Além disso, essa é a tese central de Foucault contra a teoria das interdições, esse encerramento do si pode ter lugar apesar de uma certa flexibilidade dos costumes. É o que lemos nas duas oposições seguintes:

> os Gregos praticaram, aceitaram, valorizaram as relações entre homens e efebos; e os seus filósofos, todavia, construíram e edificaram a esse respeito uma moral da abstenção. [...] Nunca conceberam que o prazer sexual era em si mesmo um mal [...]; e, no entanto, os seus médicos preocuparam-se com as relações da atividade sexual com a saúde e desenvolveram toda uma reflexão sobre os perigos da sua prática (*UP*, 129).

São dois exemplos eloquentes da tensão entre a dilatação e o estreitamento do espaço do si. O que o exterior da vida quotidiana autoriza, o interior da ética pode proibi-lo.[9]

O contraste entre a ética e o poder não poderia ser mais evidente. Neste último, os sujeitos reclamam, e por vezes adquirem, direitos já

---

9 Para um outro exemplo, o do amor dos efebos, que "era prática disseminada", mas que "foi objeto de uma preocupação moral particular", ver *UP*, 249.

conferidos a alguns ou então inventam novas liberdades. Em contrapartida, na ética impõem a si mesmos obrigações que não são comuns a todos, mas antes definem minorias preocupadas com a sua austeridade. A ética não somente problematiza práticas, mas ainda elabora os princípios das suas limitações. Tal como a filosofia os dá a ver, os limites éticos tanto na Grécia clássica como no Alto Império estão sempre em contração, nunca em expansão.

Daí um paradoxo: a partir do momento em que a relação consigo iniciada com vista à emancipação é concebida sob o modelo privilegiado da austeridade, entendida como heauto-assujeitamento, ou mesmo como ascetismo, o suplemento ou a estilização tornam-se coercivos. O luxo é intrinsecamente austero. A emancipação não pode ter lugar sem que uma nova coerção seja imediatamente criada. Em outras palavras, a liberdade não tem outro sentido que não o de se transformar em abstenção. A relação consigo só emancipa o sujeito de um poder vindo de fora na condição de o submeter a outra soberania não menos coerciva, exercida por si mesmo sobre si mesmo. Eis, em suma, "o preço a pagar" para que se abra diante de nós a via de uma subjetividade plena.

Se prestarmos atenção aos exemplos dados por Foucault dos motivos para essa abstenção, podemos suspeitar que o sentido da conjunção entre a liberdade e a austeridade passa igualmente por uma dimensão diferente do estreitamente dos seus próprios limites. É a dimensão do que se poderia chamar a *proteção de si*. Porque a resposta ética apresenta, sem nenhuma dúvida, um caráter defensivo, como o ilustram os médicos gregos que propõem uma moderação nas relações sexuais em nome da conservação da saúde. Nesta perspectiva, a resposta ética é uma reação à inquietude, não sob o modo da expansão ou do contra-ataque, mas sob o modo da moderação e do recuo.

*

Podemos agora resumir as respostas às três questões enunciadas mais acima. Elas incidem no estatuto da ética, na natureza da escolha que ela implica e, por fim, no preço a pagar pela emancipação que ela torna possível. Sobre este último ponto, seria ilusório acreditar que, na ética, a liberdade reinaria enfim sobre a experiência humana. O estudo dos textos antigos não permite nenhuma oposição simplista entre as vias da submissão ao poder e da emancipação. De fato, põe diante dos nossos olhos três espécies de assujeitamento.

Em primeiro lugar, o assujeitamento dos excluídos que, como a mulher, estão sob a autoridade de outrem e privados imediatamente de liberdade, dado que a mulher está sob a coação daquele a quem deve obediência, e por conseguinte o seu papel nessa relação é passivo.

Em seguida, o assujeitamento do homem da vida moral corrente, que está, ele também, submetido às coações exteriores que são os custos dos jogos de poder. Ainda que goze da liberdade para levar uma vida de moralidade, esse homem não faz uso dela no domínio da interioridade e, por consequência, vê-se sempre na dependência das relações exteriores.

Por fim, o assujeitamento a si é uma submissão a uma nova autoridade que é a sua própria, se é verdade que na via ética cada um se torna sujeito dos princípios, dos preceitos e das regras que ele próprio instaura. A liberdade converte-se em heauto-assujeitamento e, inversamente, o heauto-assujeitamento é o símbolo de um novo exercício da liberdade.

O sentido do encontro entre a austeridade e liberdade é agora claro. É o de uma constituição de si por si, da instalação de uma estilística da existência através da qual o sujeito aplica sobre si mesmo as suas forças e as suas capacidades criativas.

Decerto, fica por fazer uma última pergunta: que coerência pode existir entre esta afirmação da liberdade do sujeito ético e a privação de liberdade do sujeito epistemológico e político? Depois de ter percorrido os três domínios, é esta última dificuldade que devemos enfrentar agora.

CAPÍTULO IX
A sistematicidade sem fim

No esforço do último Foucault para reconstituir a coerência do seu próprio percurso, nenhum texto é mais eloquente do que a primeira versão do Prefácio a *O Uso dos prazeres*, pela honestidade com que ele convida a compreender, posteriormente e como um conjunto estruturado, o que ao longo de todo o caminho apenas apareceu como inflexões e rodeios. Foucault sabe quanto estão em tensão as perspectivas da coerência e da dispersão, e quanto daquilo de que quer mostrar a lógica interna é apenas, em grande parte, o fruto de descobertas inesperadas. Confessa-o, aliás: "Sei que esquematizo com esta leitura; as coisas, na realidade, descobriam-se pouco a pouco e, pelo caminho, as obscuridades e hesitações eram numerosas. A verdade é que"[1] há efetivamente um sentido, aí onde poderíamos crer que há apenas dispersão.

Sabemos já, depois de descobrir a relação fundamental subjacente a toda a compreensão do saber, do poder e da ética, que a obra de Foucault é bem mais do que um conjunto heteróclito de problemas e domínios de investigação. Tínhamos compreendido – fundados na razão, mas na própria razão do esquema orientador do seu pensamento da ordem das coisas – que esses três domínios são comparáveis, muito mais comparáveis do que o são as abordagens empíricas da loucura, do crime ou da sexualidade. No entanto, é preciso acreditar que a sua imbricação final representa mais do que uma simples adição. Em outras palavras, se é verdade que os três domínios foram pensados sucessivamente sob um mesmo esquema, não é menos verdade que a imbricação, como existência simultânea e interdependente das partes, aponta para um conjunto cujo funcionamento deve ter uma lógica diferente da que rege os movimentos de cada domínio tomado isoladamente dos outros. A imbricação convida a interrogar o que se poderia chamar uma dinâmica da experiência no seu todo.

Tratar-se-á, no presente capítulo, de delimitar esta nova dinâmica bem como trazer à luz o princípio a que ela obedece. A nossa hipótese é

---

1 "Prefácio à 'História da sexualidade'" (1984), *DE* IV, n. 340, p. 581.

que esse princípio já não tem a ver com um fundo, mas, pelo contrário, tem a ver com um jogo livre, jogo que, todavia, não é inteiramente desprovido de regras. Quais são essas regras? E que dificuldades levanta a ideia de um jogo? É a estas perguntas que vamos responder.

1. Dois modelos para pensar a articulação dos domínios: Pascal e o ponto de heresia, Kant e o jogo das faculdades

O problema da sistematicidade sintética é o mais complexo dentre aqueles que somos obrigados a enfrentar. Ao mesmo tempo, é o mais difícil de resolver, dado que com ele chegamos ao cume do trabalho de Foucault, talvez mesmo ao seu mais importante legado.

Se, hoje ainda, estamos confrontados com um desafio lançado pela sua reflexão sobre a ordem da experiência, este está incontestavelmente ligado à visão derradeira de um todo coerente, formado pelas regiões previamente explicitadas. A esta perspectiva de conjunto associa-se um requisito de sistematicidade. No entanto, é legítimo ver nesta última uma maneira de conciliar elementos à primeira vista incompatíveis? Nos *Pensamentos*, Pascal escrevia, a propósito das contradições aparentes das Escrituras, que "todo o autor tem um sentido com o qual todas as passagens contrárias se harmonizam, ou não tem sentido de todo".[2] Este princípio muito dificilmente poderia orientar a nossa investigação. Foucault atacou com frequência uma coerência de que o acusavam que não tinha de um livro para outro. À regularidade de um percurso que seguiria a rotina, preferiu mudar constantemente de objeto e de método de trabalho. Registremos o que compõe uma das vertentes mais originais – e por vezes desconcertantes – da sua investigação, a saber, uma falta de coerência intencional, e não tentemos sujeitar essa investigação a conceitos ou esquemas que não lhe conviriam.

E ainda é preciso não esquecer que, mesmo que a alternativa pascaliana entre o sentido absoluto e a absoluta falta de sentido não possa vir em nosso auxílio, há de fato um período da sua vida em que Foucault levou em conta um esquema da coerência tornado célebre pelos

2 PASCAL, B. *Pensées*, frag. 684 (ed. Brunschvicg). *In*: Pascal, *Œuvres completes* (ed. Le Guern), t. II. Paris: Gallimard, 2000, p. 628 (frag. 241).

Pensamentos: o ponto de heresia.[3] As alusões que lhe faz em *As Palavras e as coisas* são transparentes, quando procura reconstituir a unidade epistemológica de uma época aquém das suas contradições aparentes. Por intermédio desse esquema, Foucault reconduz à mesma disposição de saber teorias que se opõem em terrenos específicos. Um exemplo é o da gramática geral clássica quando ela se vê "diante da necessidade de uma escolha: ou prosseguir a análise por baixo da unidade nominal [...], ou reduzir por um procedimento regressivo essa unidade nominal" (*MC*, 115). O fato de tomar os dois caminhos simultaneamente faz aparecer o momento da constituição das duas possibilidades como "o ponto de heresia que divide a gramática do século XVIII" (*MC*, 115). A escolha de que assim se trata é uma escolha entre duas verdades que o arqueólogo não tem de separar. A sua compatibilidade de fundo contrasta com a sua aparente contradição explícita, ou de superfície, tal como com a sua diferença real, dado que elas não formam nem uma identidade nem uma unidade. Apesar disso, o ponto de heresia não deixa de ser um *ponto*, que é preciso compreender não como origem, mas como condição de possibilidade que permanece. Vias ou possibilidades opostas se desenvolvem, "a partir do mesmo ponto de heresia" (*MC*, 116), frente a frente.

Um fenômeno semelhante tem lugar na história natural clássica. Este pode organizar o seu objeto de duas maneiras distintas, consoante da preferência à "rede contínua de seres" ou então à "série dos acontecimentos" (*MC*, 162). A primeira possibilidade, que se apoia na continuidade espacial, distingue-se da segunda, baseada na preeminência do tempo. Também se pôde ver naquela um fixismo e nesta um evolucionismo. Para Foucault, elas não constituem mais do que um novo ponto de heresia:

> vê-se como é superficial opor, como duas opiniões diferentes e confrontadas nas suas opções fundamentais, um "fixismo" que se contenta com classificar os seres da natureza num quadro permanente e uma espécie de "evolucionismo" que acreditaria numa história imemorial da natureza e num profundo crescimento dos seres através da sua continuidade. [...] São duas exigências simultâneas na rede arqueológica que define o

3 *Ibid.*, frag. 862 (ed. Brunschvicg). *In*: Pascal, *Œuvres completes* (ed. Le Guern), t. II, p. 794 (frag. 624).

> saber da natureza na idade clássica. Mas estas duas exigências são complementares. Logo irredutíveis (*MC*, 163).

De novo, o ponto de escolha é a fórmula privilegiada para dar conta da compatibilidade de fundo, constitutiva das diferenças visíveis num campo de saber qualquer, bem como da sua separação irreversível, do seu caráter irreconciliável no seu desenvolvimento e no seu fim.

Numa observação sobre os *Pensamentos*, precisamente sobre o ponto de heresia, Gérard Lebrun explica que, para Pascal, "é sempre possível encontrar um ponto de vista a partir do qual a 'contrariedade' poderá ser dissolvida, porque numa verdadeira contradição é sempre possível decidir por um ou por outro dos termos contraditórios".[4] Assim, a heresia é essa decisão, esse exercício de uma escolha que vem dissociar o que na realidade é complementar. Pode dizer-se que Foucault se inspira em Pascal quando sustenta que a *épistémè* é um terreno, não de contradições, mas de "contrariedades": para o arqueólogo, não se trata de escolher entre os termos destas últimas, mas de captá-las na sua compatibilidade de disposição. Cada *épistémè* é o solo comum que permite formular linhas de pensamento que só são contraditórias na aparência; de fato, se juntam umas às outras para compor a trama dos diferentes corpos de saber. Em outras palavras, cada ciência aparece como obrigada, num certo momento da sua formação, a fazer uma escolha e a dividir-se em duas grandes linhas. Todavia, não somente estas não representam a cisão do corpo no seio do qual aparecem, mas ainda são prescritas pelo modo de ser do saber que as subentende (*MC*, 115). E dado que é com a ajuda do ponto de heresia que a arqueologia das ciências humanas interpreta sempre a coerência do que parecia ser incompatível, pode-se dizer que a sombra de Pascal está constantemente presente nela.[5]

O poder-saber marca a passagem a outra dimensão da coerência. Decerto, continuamos a encontrar nele o esquema da compatibilidade entre elementos que parecem contrários, ou muito simplesmente

---

4 LEBRUN, G. *Pascal. A doutrina das figuras*. Fortaleza, Brasil: Imprensa universitária do Ceará, 1962, p. 9.

5 Sobre o ponto de heresia entre Maupertuis e Robinet, *MC*, 166; entre Condillac e os fisiocratas, *MC*, 204; entre Ricardo e Marx, *MC*, 273-274.

opostos, como Rousseau e Bentham (ver mais acima, 21). No entanto, o essencial não está aí. O essencial é a concordância principal que nele se realiza entre dois domínios, na medida em que eles continuam a ser encarados como diferentes. Sabemos ainda que, a seguir ao saber e ao poder, a ética aparecerá como uma terceira região da experiência, mantendo com as duas precedentes relações que ainda não foram elucidadas. Começa assim a esboçar-se os contornos de um novo problema, o das relações entre as três regiões. Com todo o rigor, não se trata simplesmente de um novo problema, mas do problema último com que parece chocar toda a investigação sobre a ordem da experiência no pensamento de Foucault, porque nele culminam as duas sistematicidades que, desde o início, nos esforçamos por explicitar: a que respeita a cada região tomada de maneira separada, e a do conjunto das três regiões nos seus entrecruzamentos.

Em relação a isso, e se procurarmos na história da filosofia um exemplo que possa servir de inspiração para – por contraste com ele – fazer sobressair com ainda mais vivacidade o que constitui a singularidade do esquema foucaultiano, a encontraremos menos em Pascal do que em Kant. A descoberta feita por Foucault na viragem dos anos 1970 e 1980 lembra em certos aspectos a de Kant, quando este pensou em escrever a sua terceira Crítica. A aproximação só à primeira vista pode espantar, dado que para os dois autores se trata efetivamente de expor então uma terceira face dos seus empreendimentos, cujas particularidades vêm alterar de maneira considerável as aquisições dos trabalhos precedentes. É assim em Kant, em que a crítica da faculdade de julgar dá a ver sob outra luz as relações entre a faculdade de conhecer e a faculdade de desejar; o mesmo se passa em Foucault, cujos textos sobre a ética terão repercussões profundas sobre o seu pensamento do saber e do poder. Ao que acresce, tanto num como no outro, que uma reviravolta acompanha o advento do terceiro elemento das suas indagações.

Assim, o ponto de partida para Kant é sempre o sujeito autônomo, que legisla no domínio dos conceitos da natureza bem como no domínio do conceito de liberdade. No entanto, o seu ponto de chegada é o de um sujeito que não dá leis à natureza (porque a faculdade de julgar não tem domínio), mas se dá uma lei a si mesmo: "essa faculdade [...] dá uma lei somente a si mesma, e não à natureza".[6] Assim, a autonomia cede o seu lugar ao que ele chama uma *heautonomia*.[7] Pela sua parte, Foucault insiste muitas vezes num sujeito a contas com a heteronomia, dado que ele é o produto teórico e prático de instâncias que lhe são exteriores. Todavia, o seu ponto de chegada é também surpreendente (e talvez mesmo mais) do que o de Kant, porque vemos então aparecer um sujeito suscetível de se constituir numa relação de si consigo e não numa submissão à exterioridade. Essa relação, de resto, parece estar na base de uma autonomia garantida ao sujeito pela ética, como espaço liberto das instâncias epistemológicas e políticas, relação que é ao mesmo tempo o pedestal de uma heautonomia pela qual o sujeito dá a si mesmo as regras de ação a que obedecerá. De tal modo que, nos dois autores, o terceiro momento dos seus percursos é o da relação consigo mesmo, do *heauto*.

Sublinhadas essas correspondências, convém chamar a atenção para um ponto importante que respeita a diferença de estatuto que, em Kant, separa a terceira faculdade das duas primeiras. Para sublinhar bem a sua heterogeneidade, Kant escreverá que, diferentemente das faculdades de conhecer e de desejar, que têm cada uma delas o seu domínio próprio, a faculdade de julgar não terá nenhum. Por esse fato, separa-se das suas congêneres, que se agrupam, por seu turno, segundo uma afinidade essencial. Um fenômeno simétrico pode ser assinalado em Foucault: a singularidade da ética cava um fosso que a separa do saber e do poder, ambos marcados por estruturas semelhantes (disposição, dispositivo). Agora, se tomarmos à letra a palavra *domínio*, conservando no espírito o uso rigoroso que dela faz a *Crítica da faculdade de julgar*, parecerá judicioso inquirirmos da pertinência do uso que dela fizemos para designar indistintamente o saber, o poder e a ética. Em outras palavras, se a ética interrompe a lógica de condensação do domínio num motor do seu ordenamento interno, se, por consequência, deixa vazio o lugar ocupado primeiramente pela disposição, e em seguida pelo dispositivo, seria conveniente subsumi-la sob uma designação comum aos três?

---

6 KANT. *Critique de la faculte de juger*, Philonenko (trad.). Paris: Vrin, 1965, "Introduction", p. 28. *Kritik der Urteilskraft* (a partir de agora *KU*), AK V, § IV, p. 180.

7 *Idem*, *KU*, § V, p. 185; tr. p. 33.

Para responder, é preciso relembrar brevemente o sentido da palavra *domínio* na terceira Crítica. Esta palavra é aí associada ao funcionamento de um princípio de organização que lhe corresponde: "a nossa faculdade de conhecer na totalidade, escreve Kant, possui dois domínios (*zwei Gebiete*), o dos conceitos da natureza, e o do conceito de liberdade".[8] O primeiro torna possível a constituição de uma filosofia teórica, porque nele o entendimento legisla a partir da representação dos objetos na intuição sensível. O segundo permite a elaboração de uma filosofia prática, porque nele é a razão que legisla a partir da representação do objeto como coisa em si.[9] Vemos por aqui que a existência de um domínio se liga imediatamente ao funcionamento de um princípio legislador *a priori*, próprio de cada faculdade. Em contrapartida, a faculdade de julgar "não possui [...] nenhum domínio particular"[10] ou, o que é equivalente, "nenhum campo de objetos lhe conviria como domínio próprio".[11] Sabemos como Kant define *domínio*: é essa parte do território da experiência em que o conhecimento é possível para nós e as faculdades legislam.[12] A faculdade de julgar, na medida em que é reflexiva, não exerce atividade legisladora comparável à das outras faculdades: se bem que tenha um princípio *a priori* que lhe é próprio e que é a finalidade da natureza, só o pode empregar como regulador. Por aí, o princípio de finalidade da natureza distingue-se essencialmente dos dois outros princípios *a priori* – a conformidade com a lei para a faculdade de conhecer, o objetivo final para a faculdade de desejar. Incapaz de legislar, a faculdade de julgar reflexiva contenta-se com fornecer à alma a Ideia de uma unidade tal que o entendimento (não o nosso, na verdade) a tivesse podido dar em proveito da nossa faculdade de conhecer, para tornar possível um sistema da experiência segundo as leis particulares da natureza.[13] Logo, o princípio de finalidade da natureza tem por único papel ajudar a organização e a sistematização do que já foi captado, corretamente, pelas outras faculdades.

---

8 Kant, *KU*, § II, p. 174; tr. p. 24.

9 Kant, *KU*, § IX, p. 195; tr. p. 40.

10 Kant, *KU*, § II, p. 176; tr. p. 25.

11 Kant, *KU*, § III, p. 177; tr. p. 26.

12 Kant, *KU*, § II, p. 174; tr. p. 23.

13 Kant, *KU*, § IV, p. 180; tr. p. 28.

Quando, na análise crítica dos livros de Foucault, nos servimos da mesma palavra para designar indistintamente o saber, o poder e a ética, damos ao *domínio* um sentido mais geral. Saber, poder e ética são domínios da experiência. Em Kant, só podemos falar de dois domínios; em contrapartida, podemos e devemos sublinhar a existência de três faculdades: de conhecer, de desejar e de julgar. É nesta tripartição que convém nos concentrarmos, menos do que na dos domínios kantianos. Ao chamar *domínios* às três grandes dimensões da experiência, distinguimos em Foucault outros tantos planos que a filosofia crítica tinha distinguido de poderes da alma.

A *Crítica da faculdade de julgar* mostra o "incomensurável abismo"[14] que separa o domínio do conceito da natureza do domínio do conceito de liberdade. Estes estão completamente isolados um do outro, não obstante a influência recíproca que podem ter um sobre o outro (cada um seguindo as suas leis fundamentais), pelo grande fosso que separa o suprassensível dos fenômenos.[15] No entanto, a faculdade de julgar vem pôr em relação as duas faculdades precedentes, preenchendo o abismo que se cavava entre elas.

Num movimento em certos aspectos semelhante, Foucault separa primeiramente os domínios, e dota em particular o saber de uma independência absoluta, cavando um abismo que o separa de todo o resto. Quando escreve sobre o poder, concebe este como mantendo já um relacionamento estreito e múltiplo com o saber, mas dá-lhe também (enquanto poder-saber) um fundo que lhe é próprio. Por fim, a ética reclama um pensamento do conjunto, quer dizer a imbricação epistemológico-político-ética. Tal como a faculdade de julgar apelava a um pôr em relação as suas congêneres vistas primeiramente de maneira separada, e tal como só ela permitia pensar a articulação das três faculdades, assim a ética é a única a tornar possível uma reflexão sobre a imbricação dos três domínios. E compreendemos então o essencial; se uma faculdade sem domínio próprio abria o caminho para o livre jogo das três faculdades da alma, é daqui em diante um domínio sem princípio interno de ordenamento que vem colocar em circulação os elementos da experiência e reclama um pensamento da articulação do todo.

---

14 Kant, *KU*, § II, p. 175; tr. p. 25.

15 Kant, *KU*, § IX, p. 195; tr. p. 41.

2. O JOGO INFINITO COMO PRINCÍPIO DE ARTICULAÇÃO

Podemos agora resumir três traços comuns a Kant e a Foucault. Primeiro, tanto num como no outro, uma terceira região vem alterar profundamente as perspectivas adquiridas pelos seus trabalhos precedentes a respeito de duas grandes regiões determinadas. Em seguida, este terceiro plano introduz um princípio de heautonomia, ou de estabelecimento das regras que o sujeito dá a si mesmo. Por fim, ele solicita um estudo da articulação dos elementos, dos quais se sabia que mantinham relacionamentos entre si, mas de que as naturezas inteiramente diferentes levavam a crer que não poderiam formar um todo coerente e harmonioso.

A estes paralelismos, que não podem deixar-nos indiferentes, é preciso agora juntar um quarto, a saber, o modo segundo o qual é compreendida esta articulação. Numa palavra, tanto para um autor como para o outro, ela deve ser compreendida como um jogo. A *Crítica da faculdade de julgar* enuncia um princípio que a atravessa de uma ponta à outra, o do "jogo das faculdades de conhecer",[16] e ainda mais: do "livre jogo das nossas faculdades de conhecer".[17] Torna-se assim possível o acordo final entre elementos que não aparecem ao primeiro olhar senão como estando marcados pelas suas naturezas diversas. Ora, para o último Foucault, a relação entre o jogo e a preocupação da coerência é igualmente inegável. Como prova, esta passagem extraída do esboço do Prefácio aos últimos tomos da *História da sexualidade*:

> São também esses mesmos três eixos e o jogo entre os tipos de saber, formas da normalidade e modos de relação consigo e com os outros que pareceram dar o seu valor de experiências significativas a casos individuais como os de Pierre Rivière ou de Alexina B., ou ainda a essa dramatização permanente dos assuntos familiares que encontramos nas ordens de prisão no século XVIII.[18]

Entre o saber, o poder e a ética – ensina-nos esta passagem – desenrola-se um jogo. O jogo é o princípio para que são orientados tanto

16 Kant, *KU*, § IX, p. 197; tr. p. 42.

17 Kant, *KU*, § 62, p. 336; tr. p. 186.

18 Préface à l "Histoire de la sexualité" (1984), *DE* IV, n. 340, p. 581.

a imbricação como o segredo do acordo entre os diferentes aspectos que nele se encontram implicados. É por isso que não devemos surpreender-nos que a palavra *jogo* seja tão recorrente tanto nos textos como nas intervenções do último Foucault, em primeiro lugar na noção de jogos de verdade. Apesar da ausência de uma conceitualização rigorosa do termo *jogo*, é possível, por uma leitura comparativa de diferentes escritos, delimitar nele três aspectos principais.

Primeiramente, o jogo implica a existência de regras de que nos é possível dar conta. Por exemplo, no quadro específico dos jogos de verdade, há um conjunto de regras de produção da verdade, ou um conjunto de procedimentos que conduzem a um certo resultado, que pode ser considerado, em função dos seus princípios e das suas regras de proceder, como válido ou não, ganhador ou perdedor.[19] As regras do jogo são, portanto, o primeiro elemento a tomar em consideração. Além das regras, o jogo associa-se à existência de um resultado, neste caso as próprias verdades. Estas verdades são primeiramente descobertas ou elaboradas no domínio do saber, no interior do qual se pode fazer "o estudo dos jogos de verdade uns em relação aos outros" (*UP*, 13). Em seguida, são descobertas e elaboradas no campo do poder, e por fim no da ética, visto que esta ensina "um certo número de verdades, de doutrinas, algumas delas sendo princípios fundamentais e as outras regras de conduta."[20] Bem entendido, nos jogos de verdade temos de contar também um polo simétrico do verdadeiro, a saber, o falso. As relações entre os jogos de verdade – por exemplo, as positividades características de uma *épistémè* – não são pensáveis sem aquilo que estas últimas excluem. Assim, Foucault insiste nas regras e procedimentos que determinam não somente "o que está bem (verdadeiro)", mas ainda o que está "mal (falso)".[21] Essas regras e procedimentos pertencem plenamente ao jogo. Numa palavra, este compõe-se das regras a que obedecem a formação dos discursos e das práticas, a formação dos elementos em jogo que são os diferentes discursos e teorias que procuram ser sancionadas, e

19 "L'éthique du souci de soi comme pratique de la liberte" (1984), *DE* IV, n. 356, p. 725.

20 *Ibid.*, p. 713.

21 *Ibid.*, p. 725. Os jogos de verdade representam uma problemática de *A Ordem do discurso*, onde o verdadeiro e o falso eram sistemas de exclusão típicos do Ocidente. Ver *OD*, 15 e segs.

também a dos dois grandes polos em que se partilham os resultados, a saber, a verdade e o erro.

Em segundo lugar, compreendido como modo de funcionamento das regras de determinação do verdadeiro e do falso, o jogo é sempre aberto. Entendemos com isso que as suas regras nunca são estabelecidas de uma vez por todas, como se representassem uma estrutura transcendental ou uma lógica imutável, mas podem mudar. É o que se lê numa entrevista de 1984, segundo a qual "há sempre possibilidade de, num jogo de verdade dado, descobrir alguma coisa diferente e mudar mais ou menos uma dada regra, e à vezes mesmo a totalidade do jogo de verdade".[22] Esta observação pode parecer paradoxal, a tal ponto é verdade que um dos parâmetros que definem mais comummente um jogo é o fato de que as suas regras não se alteram no decorrer da partida: se mudassem, então o jogo terminaria e começaria outro jogo. Para aclarar este princípio do jogo interrompido por uma alteração súbita das regras, tomemos um acontecimento epistemológico, por exemplo o fim de uma *épistémè*.

A partir da noção de jogos de verdade, a *épistémè* pode ser definida como o modo de ser de um certo jogo determinado, de que uma das componentes essenciais é o conjunto de regras que o rege, com vista a chegar a verdades e banir os erros. No decurso do jogo, produz-se uma ruptura que altera completamente a distribuição das cartas, a tal ponto que os elementos do jogo (positividades, empiricidades) se dissolvem e os resultados em que os cientistas acreditavam deixam de ser reconhecidos e perdem a sua validade. O que muda pelo e no acontecimento são as regras do jogo de verdade, e o acontecimento epistemológico é precisamente tirar do jogo regras que todos tinham até aí reconhecido e aceitado com o intuito de produzir saber. Se é permitido retomar aqui a distinção entre jogos finitos e infinitos, tal como estabeleceu James P. Carse,[23] diremos que uma *épistémè* é um jogo finito na medida em que, se as regras mudam no decurso do jogo, ela deixa de

---

22 "L'éthique du souci de soi comme pratique de la liberte" (1984), *DE* IV, n. 356, p. 725-726.

23 CARSE, James P. *Jeux finis, jeus infinis. Le pari métaphysique du joueur.* Petitdemange (trad.). Paris: Seuil, 1988 (Estados Unidos, 1986).

existir sob uma forma dada e adquire então uma configuração inédita. O acontecimento põe fim à partida. Melhor, ele é esse fim, tanto como o começo de um novo jogo.

Dezoito anos depois da arqueologia das ciências humanas, em 1984, Foucault afirma que é sempre possível modificar as regras do jogo de verdade no decurso da partida. Isto é dizer (e essa é uma diferença importante relativamente ao regime autárquico e descontinuísta do saber) que os acontecimentos podem ser *desencadeados*, acontecimentos que decerto não terão a virtude, segundo uma lei do tudo ou nada, de provocar rupturas radicais, mas que poderão, apesar de tudo, modificar certas regras sem que precisamente o jogo termine. A base em que o jogo é compreendido mudou: agora, mesmo que as regras sejam modificadas, o jogo continua. Já não estamos num jogo finito, mas, de fato, num jogo infinito. Para falar ainda uma vez como Carse, "é quanto a este ponto que jogo finito e jogo infinito mais se diferenciam: *as regras de um jogo infinito devem mudar no decurso do jogo*".[24]

Isso não significa que, de outro ponto de vista, a história do saber não seja ela própria infinita. De fato é em dois sentidos: *primo*, a *épistémè* não é necessariamente limitada e, em teoria, poderia conceber-se uma *épistémè* que nenhum acontecimento radical viria perturbar. Em *As Palavras e as coisas*, Foucault aplicou toda sua inteligência a convencer-nos do contrário, como se a *épistémè* não existisse, arqueologicamente falando, senão enquanto configuração do saber limitada por um início *e* um fim. É assim para a *épistémè* do Renascimento bem como para a da idade clássica. E o mesmo se passa para a *épistémè* moderna, de que sabemos bem que nasce na viragem do século XVIII para o século XIX e de que se pode esperar que ela desaparecerá em breve, como na orla do mar um rosto de areia.

Secundo, a história do saber compreendida como sucessão de regimes de verdade separados entre si por rupturas radicais é ela própria sem fim atribuível e, por conseguinte, introduz também uma dimensão de infinitude no interior da qual as regras do jogo se alteram de tempos em tempos sem que essa história se detenha: podem existir jogos finitos no interior de jogos infinitos. A partir do momento em que a *épistémè* não pode subsistir quando as suas regras mudam, ela

24 *Ibid.*, p. 18.

não se parece com um jogo finito que tem lugar no plano de um jogo mais vasto, o da arqueologia do saber, que é infinito? Neste segundo plano, as regras mudam e o jogo prossegue: para além da *épistémè*, o jogo epistemológico também lhe está aberto.

Essa lógica do finito e do infinito é aplicada por Foucault à análise do poder nos anos 1980. No seu ensaio "O sujeito e o poder", afirma que uma relação de afrontamento encontra o seu termo, o seu momento final (e a vitória de um dos dois adversários), quando o jogo das reações antagonistas é substituído pelos mecanismos estáveis por meio dos quais um indivíduo pode conduzir de maneira constante e com suficiente certeza a conduta dos outros.[25] Sob este ângulo, o jogo termina com o triunfo de um dos competidores. Isso significa que o jogo em que participam é orientado para um fim. A relação de afrontamento é então um jogo finito. No entanto, de um ponto de vista simultaneamente mais amplo e mais importante, acrescenta Foucault, "entre relações de poder e estratégia de luta, há apelo recíproco, encadeamento indefinido e derrube perpétuo".[26] Aqui, já não estamos no elemento da finitude, mas, pelo contrário, da infinitude. É de resto neste último que é preciso colocar a história do tempo longo, história das sociedades em que a instabilidade leva a melhor sobre as vitórias temporárias e frágeis de uns sobre os outros.

E poderíamos mesmo dizer, sobre o tema da abertura dos jogos de verdade, que ela faz reviver um tema herdado da *História da loucura*: jogar uma razão contra outra razão. Assim, o último Foucault concebe a possibilidade de escapar de uma "dominação da verdade, não jogando um jogo totalmente estranho ao jogo da verdade, mas jogando de outra maneira ou jogando outro jogo, outra partida, outros trunfos no jogo de verdade [...], mostrando que há outras possibilidades racionais".[27] O funcionamento das regras, das teorias e das doutrinas só pode ser pensado sobre o pano de fundo do seu derrube possível, possibilidade que pertence ao jogo e que, a partir do momento em que é atualizada, não o interrompe, mas antes lhe concede um novo impulso.

Se isso for exato, então Foucault sempre foi um jogador do infinito, no sentido em que "os jogadores do finito jogam no interior de limites:

25 "Le sujet et le pouvoir" (1982), *DE* IV, n. 306, p. 242.

26 *Idem.*

27 "L'éthique du souci comme pratique de la liberté", *DE* IV, n. 356, p. 724.

os jogadores do infinito jogam com os limites".[28] Jogar com os limites é de fato aquilo a que Foucault sempre soube aplicar a sua destreza. De resto, é com plena consciência que escolhemos a *épistémè* como ilustração perfeita do jogo de verdade que começa num momento dado e termina num outro momento: na concepção radicalmente descontinuísta do saber, trata-se de estabelecer fronteiras, marcar um começo e um fim. Todavia, a relação da arqueologia com os limites permanece ambígua. Por um lado, atribui fronteiras a um modo de ser que aparece então como finito. Por outro lado, essa finitude só tem lugar na verossímil infinitude dos acontecimentos epistemológicos que se sucedem, um de cada vez, e, portanto, no tempo longo de um começo sempre renovado. Por outro lado, Foucault tenta escapar da lei que essas fronteiras impõem, brandindo ao seu encontro a ameaça da heterotopia. Estranha rede a implicada nesse estabelecimento de limites. Com efeito, Foucault parece preso entre a finitude da épistémè e a infinitude tanto das rupturas passadas, de que lavra o auto, como das rupturas vindouras, que ele espera. Mas parece igualmente preso entre a finitude epistemológica daquilo que estabelece por um tempo as regras que tinham por missão reger o seu discurso, e a infinitude de um jogo que consiste precisamente em atribuir limites e, na mesma passada, os desprezar. Um jogo *com* os limites, para retomar a expressão de Carse, segundo o qual "nenhuma limitação pode ser imposta ao jogo infinito. Dado que os limites são integrados no jogo, o próprio jogo não pode ser limitado".[29] Por isso Foucault não pode compreender a si mesmo senão como um jogador do infinito, se é verdade que ele não joga no interior de limites, mas justamente se furta deles, joga com eles. É apenas para nós, que o lemos, que pode tornar-se um jogador do finito, na medida em que a nossa análise se arrisca a detê-lo e fixá-lo na finitude das fronteiras que ele próprio colocou em evidência para as transgredir.

Finalmente, terceira característica do jogo depois das da sua composição e da sua abertura: carrega em si a possibilidade de uma dupla alteração, alteração do real tanto como daquele que joga. Foucault reencontra essa capacidade em Baudelaire, antes de a tomar a seu cargo para a fixar como tarefa principal da filosofia. Enquanto prática artística, o

28 Carse, *op. cit.*, p. 19.

29 *Idem.*

dandismo é um exemplo de transformação do mundo: o pintor moderno transfigura as coisas ao representá-las num "jogo difícil entre a verdade do real e o exercício da liberdade". Obstina-se assim em "imaginar [esse real] de maneira diferente do que é e em transformá-lo, não destruindo-o, mas captando-o no que ele é".[30] É uma maneira de procurar, na arte, outras vias para compreender e representar o mundo. Uma outra maneira de procurá-lo, que a prática estética do dandismo igualmente consagra, é aplicar, não já ao mundo, mas a si mesmo, esse "jogo da liberdade com o real para a sua transfiguração", numa "elaboração ascética de si".[31] Foucault abraça esta ideia (em que ressoa o eco simultâneo dos antigos e de Baudelaire) na Introdução de *O Uso dos prazeres*:

> O 'ensaio', escreve então, – que se deve entender como provação modificadora de si mesmo no jogo da verdade e não como apropriação simplificadora de outrem para fins de comunicação – é o corpo vivo da filosofia, se ao menos esta for ainda hoje o que era outrora, quer dizer, uma "ascese", um exercício de si no pensamento (*UP*, 16).

O jogo de verdade, noção à partida diretamente ligada às ciências e às doutrinas, fornece, por fim, a ocasião de refletir numa abertura que diz respeito tanto às regras de produção e de aceitação do discurso como à definição de si mesmo e da sua relação com o mundo.

É revelador da relação de Foucault com o pensamento que não tenha sido a propósito de um filósofo nem de um cientista, mas de um músico, que ele soube resumir tudo isto numa única e bela frase: "Boulez mostrava-o, dar a força de quebrar as regras no ato que a põe em jogo".[32]

*

Só quisemos descobrir esses traços implicados na noção de jogo para melhor compreender as relações entre o saber, o poder e a ética. Foucault ensina-nos, afinal, que entre eles se desenrola um jogo. Sem equívoco, encontramos aqui um movimento análogo ao que assinalamos em Kant, sendo a especificidade deles contrabalançada

---

30 "Qu'est-ce que les Lumières?", *DE* IV, n. 339, p. 570.

31 *Ibid.*, p. 571.

32 "Pierre Boulez, l'écran traversé" (1982), *DE* IV, n. 305, p. 222.

em definitivo por uma imbricação que deve ao jogo o princípio da sua coerência sintética. Kant repetia que esse jogo era livre, "dado que nenhum conceito determinado [...] limita [as faculdades de conhecimento] a uma regra particular de conhecimento".[33] Por duas outras razões, pode igualmente sustentar-se que, para Foucault, o jogo é livre. Primeiro, nenhum dos domínios exerce definitivamente a primazia sobre os outros, mas harmonizam-se todos segundo proporções diferentes em cada forma de experiência estudada. Assim, é por vezes o saber que exerce a primazia na relação, outras vezes o poder, outras ainda a ética. É o que entende Foucault quando afirma que "a importância relativa destes três eixos não é sempre a mesma em todas as formas de experiência".[34] Segundo, o jogo é livre no aspecto em que as suas regras são sempre suscetíveis de serem modificadas, ou mesmo substituídas por outras, e, por consequência, o resultado da sua aplicação mantém-se indefinidamente aberto. Em suma, a imbricação indica uma atividade regulada, de que é possível dar conta. Em contrapartida, essa atividade é livre, dado que se desenrola num quadro no interior do qual elementos diversos disputam constantemente a primazia e as regras do jogo e podem elas próprias ser modificadas no decurso da partida. O jogo atravessa, põe em movimento, os grandes domínios da experiência.

3. A reabilitação do conceito de sistema

A partir do momento em que as três regiões são captadas na sua copresença, em que se converte a relação fundamental? Ela tinha até aqui sido indispensável para determinar o modo de ser de cada região tomada separadamente. Doravante, na nova comunicação, ou no plano do acordo, a bipartição entre fundo e superfície perde peso. De onde o interesse de ver como o último Foucault põe de lado a ideia de um fundamento geral. Um exemplo eloquente encontra-se numa entrevista de 1982 com Rabinow, a quem ele declara:

> Nada é fundamental. É o que é interessante na análise da sociedade. É a razão pela qual nada me irrita mais do que essas questões – por definições

---

33 Kant, *KU*, § 9, p. 217; tr. p. 61.

34 Préface à l'"Histoire de la sexualité" (1984), *DE* IV, n. 340, p. 581.

> metafísicas – sobre os fundamentos do poder numa sociedade ou sobre a autoinstituição da sociedade. Não existem fenômenos fundamentais. Há apenas relações recíprocas, e distâncias perpétuas entre elas.[35]

Esta passagem faz pensar no percurso intelectual de Heidegger. No início do seu empreendimento ontológico, Heidegger concede um papel insigne ao pensar do fundamento. Logo na Introdução, *Ser e tempo* registra o fato de que "por todos os lados hoje, nas disciplinas mais diversas, despertaram tendências para reconstruir a investigação sobre novos alicerces".[36] A crise dos fundamentos que, no início do século XX, atingiu as matemáticas, a física, a biologia e mesmo a história e a teologia, escreve Heidegger, serve-lhe de ponto de apoio para reivindicar a urgência de uma refundação do pensar. Realiza esse projeto em *Ser e tempo*, sob a forma de uma "*ontologia-fundamental*, a única de onde podem brotar todas as outras ontologias",[37] apoiada na atualização das "estruturas fundamentais do *Dasein*".[38] É só no seguimento que Heidegger renunciará à analítica existencial para prestar uma atenção privilegiada e direta ao Ser. Esta viragem mudará o sentido da ontologia, doravante ligada à ausência de fundo e de fundamento e mais a uma tentativa de re*fundação* – a um *Ab-Grund*, mais do que a um *Grund*.[39] Ao renunciar à lógica do fundamento, Foucault seguiu a mesma vertente que Heidegger.

Mas concentremo-nos sobre as frases pronunciadas por Foucault contra a predominância de uma instância fundamental. Nas suas derradeiras investigações, os domínios aparecem finalmente ligados por relações recíprocas. Estas fazem subir um degrau ao pensamento da complexidade que, se é verdade que estava já presente nos trabalhos sobre o poder-saber, nomeadamente pelo intermediário do acoplamento dessas duas regiões, não atingia, no entanto, a vastidão que terá ao nível da coerência sintética. Isso não quer dizer que a crítica de um fundamento da sociedade só é válida para o último Foucault, longe disso: no

---

35 "Espace, pouvoir, savoir" (1982), *DE* IV, n. 310, p. 277.

36 Heidegger, *Être et temps*, GA 2, § 3, p. 9.

37 *Ibid.*, § 4, p. 13.

38 *Ibid.*, § 5, p. 17.

39 HEIDEGGER. *Le Principe de raison*. Préau (trad.). Paris: Gallimard, 1962. *Der Satz vom Grund*, Pfullingen, Günther Neske, 1997 (1957), p. 185.

seu papel de instâncias determinantes, os fundos do saber, do poder--saber e da ética opõem-se de maneira declarada a todo o fundamento geral. Eles subentendem apenas domínios circunscritos. Mais ainda, o que está então em questão nem são sequer *fenômenos* fundamentais, como Foucault afirma agora, dado que todo o fenômeno é superficial, e o essencial é discernir as organizações de base que os tornam possíveis.

Não obstante, a recusa de todo o fundamento geral toma outro aspecto (e é, por assim dizer, ainda mais verdadeira) no quadro da imbricação, dado que esta última se apoia na ideia de que nenhum dos três domínios determina os outros por essência. É possível, reconhece Foucault, que um deles possa em certo momento ter uma preeminência. Mas isso é apenas uma situação contingente e temporária. No longo prazo, não se vê que o modo de ser de um domínio singular subentenda em permanência os dos outros. Entre eles não se estabelece nenhuma relação de fundação; é por isso que se pode dizer que, com a imbricação, o limiar da relação fundamental se vê transposto.

A coerência sintética obriga a uma mudança de olhar. Conduz a outra interrogação, a de saber o que é exatamente a sistematicidade que Foucault apresenta como um requisito no quadro de uma investigação ontológica e crítica de nós mesmos. Com efeito, o que quer ele dizer quando fala da necessidade de ser sistemático? Dado que o salto em direção à imbricação começa no crepúsculo da sua vida, há poucos indícios da maneira como ele desejaria realizar essa tarefa. Assim, encontramo-nos – pondo no centro da investigação uma exigência que ele só formula no fim – numa situação delicada, que obriga a raciocinar com prudência. O embaraço no tratamento deste problema pode, todavia, ser contornado por um novo recurso à filosofia crítica. Esta já nos ajudou a descobrir certas características da coerência foucaultiana, e é ainda nela que recolheremos dois modelos da sistematicidade: a arquitetônica e a teleologia.

Vimos a importância que a *Crítica da razão pura* concede à relação de causalidade: ela é a garantia da unidade da experiência. É um ponto em que Kant insiste muito, tanto na “Segunda analogia” da experiência como na “Solução das ideias cosmológicas que fazem derivar das suas causas a totalidade dos acontecimentos do mundo”. Sabemos, por outro lado, que um dos últimos capítulos desse livro faz passar a um patamar superior a unidade e a coerência do conhecimento vulgar, até que ela atinja o nível da ciência. Na Arquitetônica da razão pura, uma unidade sistemática nos é apresentada como "o que coordena em sistema um simples agregado desses conhecimentos".[40] Kant nos diz então o que entende por sistema: é "a unidade de diversos conhecimentos sob uma ideia. Essa ideia é o conceito racional da forma de um todo, na medida em que é nele que são determinadas *a priori* a esfera dos elementos diversos e a posição respectiva das partes".[41] Algumas linhas depois, acrescenta que a ciência só se pode fundar "arquitetonicamente, por causa da afinidade das partes e da sua derivação de um único fim supremo e interno".[42] Há aqui três ideias que, para o nosso propósito, merecem ser retidas. Em primeiro lugar, a arquitetônica carrega em si uma dimensão sistemática, voluntariamente procurada por Kant, e pertence inteiramente, portanto, à Crítica tal como esta é concebida desde o início. Em seguida, o sistema e o conceito de um todo vão a par, sendo este todo de compreender não como totalidade (*das All*), mas como conjunto (*das Ganze*). Por fim, a ordem desse todo, ou a hierarquia segundo a qual são organizados os elementos que o compõem, depende simultaneamente de uma afinidade e de um fim supremo e interno da razão. São esses os traços que importa pôr em evidência numa primeira concepção kantiana da sistematicidade.

Uma segunda concepção toma forma na *Crítica da faculdade de julgar*. De acordo com ela, "a unidade da experiência (como sistema segundo leis empíricas) [...] deve necessariamente ser pressuposta e aceitada".[43] No entanto, a maneira de encarar essa exigência altera-se pela valorização de um fim *a priori*: a faculdade de julgar deve "pensar a natureza segundo um *princípio de finalidade*". Mais ainda, "este conceito transcendental de uma finalidade da natureza" é orientado para "uma experiência completamente coerente".[44] Vemos que o princípio da harmonia do todo está aqui menos submetido a uma afinidade entre as partes de que se compõe do que a uma finalidade superior, presente de maneira universal e necessária na razão humana.

40 Kant, *KrV*, B 860; tr. p. 558.

41 Kant, *KrV*, B 860; tr. p. 558.

42 Kant, *KrV*, B 861; tr. p. 559.

43 Kant, *KU*, § V, p. 183; tr. p. 31.

44 Kant, *KU*, § V, p. 184; tr. p. 31.

Se é pertinente a distinção entre um sistema apoiado exclusivamente na finalidade e outro apoiado simultaneamente na finalidade e na afinidade; se, por outro lado, somos obrigados a escolher um desses dois modelos para esclarecer a exigência de sistematicidade no último Foucault, é o segundo que reteremos. Há para isso uma razão incontestável: se a ideia de finalidade é absolutamente estranha a Foucault, em contrapartida, a ideia de uma afinidade entre as partes para a constituição de um conjunto coerente não está, em si mesma, longe do conceito de imbricação, de um entrecruzamento de diferentes domínios da experiência concebidos na origem de acordo com um esquema comum. Além disso, há um sentido da afinidade que a opõe à finalidade. Como *a priori*, essa finalidade tende para um ponto que ainda não foi atingido, que é projetado no futuro e permanece como um ideal. Em contrapartida, a afinidade depende de uma constatação atual, a dos laços irrecusáveis que mantêm o saber, o poder e a ética. Em suma, se a necessidade impõe refletir na imbricação e se a exigência de pensar sistematicamente se torna possível, não é de modo algum porque há uma *finalidade* qualquer na ordem da experiência. É antes porque há uma *afinidade* inegável entre as três grandes regiões que constituem essa experiência. Uma *afinidade sem finalidade*, eis seguramente uma característica da sistematicidade requerida pelo último Foucault.

Isso quer dizer que a nova sistematicidade se reduziria a uma arquitetônica muito conhecida? De modo nenhum. A Crítica kantiana é, desde o começo, concebida com vista a um sistema, ao passo que em Foucault a preocupação de uma coerência sintética só aparece no fim. Diferentemente mais reveladora das suas diferenças, a arquitetônica pensa a afinidade e a finalidade juntas, ao passo que Foucault admite apenas a primeira. O essencial, portanto, não é procurar, por meio de artifícios, reconduzir as proposições de "O que são as Luzes?" à concepção kantiana do sistema, mas, em vez disso, compreender por quais caminhos a sistematicidade foucaultiana reivindica a afinidade entre os três domínios previamente postos a descoberto para, a partir daí, lançar as bases de uma arquitetônica que lhe é própria.

"O que são as Luzes?" põe em termos precisos tanto o acordo entre os domínios como a sistematicidade da experiência. Esse texto declara que a ontologia crítica e histórica de nós mesmos se propõe estudar "conjuntos práticos", quer dizer, objetos, dispositivos, comportamentos e discursos da esfera de três grandes domínios:

> o das relações de dominação sobre as coisas, o das relações de ação sobre os outros, o das relações consigo mesmo. Isto não quer dizer que são três domínios completamente estranhos uns aos outros. Sabemos bem que a dominação sobre as coisas passa pela relação com os outros; e esta implica sempre relações consigo; e inversamente. Mas trata-se de três eixos de que é preciso analisar a especificidade e a imbricação: o eixo do saber, o eixo do poder, o eixo da ética. Por outras palavras, a ontologia histórica de nós mesmos tem que responder a uma série aberta de questões, tem de lidar com um número não definido de inquirições que se podem multiplicar e precisar tanto quanto se queira, mas que responderão todas à sistematização seguinte: como é que nos constituímos como sujeitos do nosso saber; como é que nos constituímos como sujeitos que exercem ou se submetem a relações de poder; como é que nos constituímos como sujeitos morais das nossas ações.[45]

Assim, há nos estudos ontológico-históricos dois movimentos divergentes e, no entanto, complementares. O primeiro é analítico. Descobre a especificidade de cada região da experiência, que dá a ver como um domínio fundado num pedestal que condensa a sua especificidade. O segundo, sintético, interessa-se pela imbricação dessas mesmas regiões e as descobre na sua condição de eixos que disputam entre si a primazia. Saber, poder e ética são tratados ora como domínios ora como eixos, consoante são olhados do ponto de vista da sua especificidade ou da sua imbricação, do ponto de vista da análise ou da síntese.

A passagem citada nos coloca no âmago do problema da ordem da experiência. Por *ordem da experiência*, não se entende a soma dos elementos que compõem esta última, e afirmamos desde o início que a imbricação é mais do que uma adição. A ordem da experiência designa antes a determinação das relações de subordinação entre os domínios, determinação graças à qual uns ganham a primazia relativamente aos outros. É em parte o que Kant explica na "Arquitetônica da razão pura", quando se refere ao "conceito racional da forma de um todo, na

---

45 "Qu'est-ce que les Lumières?", *DE* IV, n. 339, p. 576.

medida em que é nele que são determinadas *a priori* a esfera dos elementos diversos e a posição respectiva das partes".[46]

É curioso constatar, em comparação à determinação dos elementos ou das regiões que compõem a experiência, que em "O que são as Luzes?" a abertura maior no leque de investigações possíveis vai a par da restrição do grande número de polos em torno dos quais se concentra a sistematicidade. A ontologia histórica pode aplicar-se aos objetos mais diversos, na condição de que os aborde a partir de três problemas determinados: epistemológico, político e ético. Poderíamos perguntar se este número não deveria permanecer aberto, e se não se deveria abrir lugar, por exemplo, para um eixo religioso, a tal ponto é verdade que a religião é relegada para os bastidores relativamente à ética. Deixando este problema de lado (e nada nos garante que a continuação do trabalho não levaria Foucault a tomar em consideração novos eixos), concentremo-nos na forma que adotam as investigações ontológico-críticas.

Estas, lemos, responderão todas à sistematização seguinte: como é que nos constituímos como sujeitos do nosso saber; como é que nos constituímos como sujeitos que exercem ou se submetem a relações de poder; como é que nos constituímos como sujeitos morais das nossas ações. Estão aqui, colocados em evidência, os três grandes domínios ou eixos. Todavia, tornam-se inseparáveis de um ente que toda a investigação deve contribuir para pôr a descoberto. Esse ente, somos *nós mesmos*. As palavras de Foucault não se prestam a equívoco: todo o estudo que cruza o saber, o poder e a ética terá por objetivo revelar o nosso próprio modo de ser e os limites que nos definem historicamente: ser, limites e história são os princípios da ontologia simultaneamente crítica e histórica dessa figura que somos. As interrogações epistemológica, política e ética orientam-se assim para uma quarta questão, que de certa maneira as coroa, na medida em que é dela que elas recebem o seu sentido último. É a questão que Foucault formula noutro lugar com um "o que somos nós hoje?".[47]

Ora, ao escrever isso, não podemos deixar de pensar uma vez mais em Kant. Neste programa de estudos, que dá a ver a imbricação dos

---

46 Kant, *KrV*, B 860; tr. p. 558.

47 "La technologie politique des individus" (1982), *DE* IV, n. 364, p. 814.

três eixos como sendo ordenada a uma nova figura de que se trata de mostrar o que ela é, não estaríamos diante de um esquema bastante semelhante ao que Kant expunha na sua *Lógica*? Relembremos as três questões que continham "todo o interesse da razão", "especulativo tanto como prático", e que o "Cânone da razão pura" enunciava em 1781 da maneira seguinte: 1. *O que posso saber?* 2. *O que devo fazer?* 3. *O que me é permitido esperar?*[48] Retomadas mais tarde, são então remetidas para uma quarta e célebre questão: "*O que é o homem?*"[49]

Foucault interessou-se de perto pelo sentido deste acrescento, e mais ainda pela transformação que ele implica. Na sua tese de doutoramento complementar, a *Introdução à* Antropologia *de Kant,* Foucault interpreta "o conteúdo [...] da quarta questão" como não sendo

> fundamentalmente diferente do sentido que tinham as três primeiras; e a referência destas à última não significa que elas desapareçam nela nem que remetam para uma nova interrogação que as ultrapassa: mas muito simplesmente que a questão antropológica põe, retomando-as, as questões que com ela se relacionam (*IAK*, 52).

Deve precisar-se que a análise do "o que é o homem?" kantiano se recorta para Foucault no pano de fundo do *Opus postumum,* lugar do que ele chama "a passagem de uma reflexão crítica – logo, necessariamente propedêutica – à realização de uma filosofia transcendental" (*IAK*, 54). Deste modo, ainda que a questão antropológica não traga uma diferença essencial comparada às três questões preliminares, ela tem um sentido e uma função que lhe são próprios: "elevar as divisões da *Crítica* ao nível de uma coesão fundamental" (*IAK*, 54). Por isso Foucault pode ler a sistematicidade procurada por Kant, na sua vertente antropológica, como a marca não de uma pretensão a enunciar sobre o homem tudo o que pode ser conhecido, mas como o brasão do que "forma, enquanto conhecimento, um todo coerente: não *Alles,* mas *eine Ganze*". E resume imediatamente "que, só eles, o labor indefinido da investigação, o desgaste da frequentação (*Umgang*) podem investigar o que [o homem] é" (*IAK*, 55).

---

48 Kant, *KrV*, B 832-B 833; tr. p. 543.

49 *Idem, Logique*. Guillermit (trad.). Paris: Vrin, 1989 (1966), p. 25. *Logik*, AK IX, p. 25.

É inútil ir mais longe para encontrar um motivo de compreensão da coerência sintética foucaultiana. Sem pretender enveredar por uma leitura de Kant, nos contentaremos aqui com registrar a interpretação que Foucault faz dela. É então que aparece uma ideia: ao conduzir as questões epistemológica, política e ética à que incide sobre nós mesmos; além disso, ao reclamar a esse propósito uma sistematicidade da investigação, Foucault inspira-se na arquitetônica kantiana tal como ele a tinha explicitado anteriormente, querendo ao mesmo tempo eliminar não somente o que nessa arquitetônica forneceu o pretexto para a distorção antropológica e o subsequente adormecimento do pensamento, mas ainda eliminar a finalidade unitária que projeta de maneira ilegítima o estado de coisas atual sobre o mundo possível vindouro, e que submete o trabalho do pensamento aos requisitos de universalidade e de necessidade próprios de uma razão a-histórica. Tal como em Kant "a Antropologia não diz nada diferente do que diz a Crítica" (*IAK*, 52), também, sob a pena de Foucault, a ontologia crítica não visa acrescentar um degrau suplementar de análise nem um novo plano de teorização, mas indica o ponto que já designavam, como numa matriz, as questões específicas da ética, do poder e do saber, e mostra que no interior destas era aquela que já estava trabalhando.

Sabemos que o discurso da imbricação, tal como o da recondução das investigações precedentes à figura de um sujeito plural (nós mesmos), é muito mais que um simples pôr a descoberto alguma coisa que estaria já presente em marca d'água nos textos anteriores. Quando em 1982 Foucault olha retrospectivamente para o seu percurso, escreve que "a finalidade do seu trabalho destes vinte últimos anos foi produzir uma história dos diferentes meios de subjetivação do ser humano na nossa cultura" e que, por consequência, não é "o poder, mas o sujeito, que [constituiu] o tema geral das [suas] investigações".[50] Antes de ver nestas palavras o sinal de uma coesão sempre já presente, vale mais ler nelas o grande esforço que visa tornar coerentes investigações que apareciam muitas vezes como desordenadas, conservando sempre no espírito que Foucault está a constituir essa coesão no fim de tudo, à custa de um esbatimento das variações e das tensões que o levaram até aí.

---

50 "Le sujet et le pouvoir" (1982), *DE* IV, n. 306, p. 222-223.

Não deixa, porém, de ser verdade que a sua leitura de Kant abre perspectivas inesperadas para a compreensão da sua própria sistematicidade sintética. Em primeiro lugar, esta última revela-se como a coerência tornada possível por uma afinidade estrutural entre os domínios da experiência. E depois, ela é a unidade suscitada pela recondução das investigações locais à questão "o que somos nós hoje?", já não podendo a experiência ser compreendida fora do horizonte da reunião dos diversos conhecimentos (epistemológicos, políticos e éticos) sob uma ideia. No entanto, em lugar de fazer sinal em direção a um fundo, esta interrogação visa um nível superior e é unificadora, sem, contudo, nada acrescentar de substancial: pretende apenas dar uma orientação comum às investigações que cruzam os três eixos.

Esses eixos entram em relação uns com os outros. A partir daí, no jogo de uma causalidade múltipla, a inquirição circula entre eles através de afinidades e correspondências empiricamente assinaláveis. O seu entrecruzamento é dominado por vezes pelo saber, outras vezes pelo poder, outras vezes ainda pela ética. Isso não significa que uma disposição epistemológica qualquer se converterá na base sobre a qual o acordo dos três domínios será determinado, nem que, do ponto de vista de uma outra inquirição, os domínios entrarão numa relação diferente, sob a determinação de um fundamento diferente, de maneira a formar uma coerência diferente, por exemplo uma coerência política sobre o fundo das relações de poder. Precisamente, já não se trata de saber quem funda o quê. Nesta comunicação, a predominância transitória não é o exercício de uma fundação, mas sim de uma insistência.

Podemos assim recuperar a própria possibilidade de um sistema, num sentido bastante próximo do que lhe atribuía Kant, mas liberto de toda a finalidade interna e superior. Sem dúvida, toda uma parte da filosofia moderna se deixou cair na armadilha de uma compreensão desnaturada do sistema, não vendo nele mais do que a expressão de uma totalidade, de um *All*, esquecendo que ele tinha sido constituído antes de mais nada como a expressão de um todo, de um *Ganze*, de um conjunto de partes que esgotam o espaço do conhecimento possível e que abrem mesmo esse conhecimento a uma pesquisa infinita, pesquisa não somente *sem fim*, mas também *sem outra finalidade* que não a de mostrar aquilo que somos em cada momento e aquilo que nos tornamos.

Para escapar à totalidade, Foucault tomou primeiro a via do fundamento, sendo então o princípio da limitação de cada domínio a condição requerida para desmistificar a ilusão do real compreendido como sistema global. Assim, não tínhamos de esperar de *As Palavras e as coisas* nem de *Vigiar e punir* ou de *A Vontade de saber*, nem sequer dos dois últimos tomos da *História da sexualidade* (obras da coerência analítica), a resposta a uma questão que só tomará o seu verdadeiro sentido no trabalho da combinação dos domínios que essas obras delimitaram. E nesse caso ainda, um pouco como nas duas primeiras *Críticas* de Kant, os livros centrados no saber e no poder não podiam pôr o problema da comunicação, mas apenas podiam permitir prevê-lo, e remeter Foucault para ele como uma derradeira tarefa.

Doravante, o saber e o poder já não aparecem como domínios separados, nem como formando um conjunto unicamente de dois, mas entram numa relação com sentidos múltiplos, relação em que cada um conservará, todavia, a sua especificidade. No fundo, pensar a síntese implicava que fosse previamente destruída a ideia de totalidade e, à partida, até a ideia de comunicação, pelo assinalar de fundos distintos. Em outras palavras, para que no fim pudesse ser alcançado o nível em que tem lugar a harmonização dos domínios da experiência, era preciso começar por separá-los e analisá-los nos seus modos de ser específicos.

*

É assim que Foucault faz reviver aspectos centrais da arquitetônica kantiana, que reatualiza. Vimos como ele esteve perto, em certos momentos da construção da coerência analítica, do modelo do ponto de heresia tornado célebre por Pascal. No entanto, não foi Pascal, mas Kant, que nos ajudou a penetrar as modalidades da sua coerência sintética.

Primeiramente, a descoberta de uma terceira região dos seus trabalhos representa não somente o retorno a certas aquisições das suas obras precedentes, mas ainda, e sobretudo, a possibilidade de pôr em contato e em movimento o que anteriormente parecia separado e decidido: as faculdades da alma em Kant e os domínios da experiência em Foucault. O trabalho sobre as relações de si consigo traz com ele o princípio de entrecruzamento das três regiões e convida a ter em conta um conjunto epistemológico-político-ético. Desprovida de uma fonte interna de ordenação, a ética desencadeia a passagem a um patamar superior da complexidade da experiência, precisamente o patamar da coerência sintética e da imbricação.

Em seguida, tal como em Kant se estabelece um livre jogo entre as três faculdades, assim em Foucault se instaura um jogo entre os três domínios. Ao nível da lógica de conjunto, o jogo – e mesmo o jogo livre – sobrepõe-se ao esquema fundamental, que se tornou incapaz de fornecer um modelo para capturar a dinâmica da experiência. A partir do momento em que o jogo é aberto, suas regras podem ser – melhor, são sempre – modificadas no decurso da partida: elas próprias estão em jogo.

Por fim, encontramos na questão "o que somos nós hoje?" a pedra de fecho das investigações múltiplas, todavia reunidas em torno de três eixos. O mesmo é dizer que essa questão coroa toda a investigação ontológica-crítica, a que concede uma coerência de conjunto que lhe faltava até então. No entanto, tal como o *"o que é o homem?"* nada acrescentava de substancial aos *"O que posso saber? O que devo fazer? O que me é permitido esperar?"*, mas contentava-se com trazer-lhes uma unidade que se considerava estar já implícita neles, também a questão que Foucault põe no fim não representa nenhum suplemento material às questões regionais, mas orienta-as formalmente para um objetivo comum, ou as faz convergir num ponto de intersecção.

Dito isso, convém fazer sem demora uma restrição à aproximação entre Foucault, Kant e mesmo Pascal. Em primeiro lugar, não se afirma nenhuma fidelidade de Foucault ao esquema deste último. O princípio do sentido único de um autor, a que se aludiu mais acima, não é apropriado à inteligência de uma obra que transborda em muitos aspectos da presença e do papel da relação de fundo. Assim, a interpretação realizada a partir desse esquema pode legitimamente pretender ser geral, não apenas no aspecto em que abarca uma maioria dos escritos mais importantes de Foucault, mas ainda faz sobressair com plena clareza o que se joga na imbricação final dos três eixos, nomeadamente pela reconstituição minuciosa que torna possível da história de cada um dos domínios e das relações entre eles. Mas há uma coisa a que esta interpretação renuncia: a esperança de submeter a obra de Foucault a um princípio que a explicaria totalmente. O trazer à luz a coerência de fundo não se arroga o direito de tudo querer harmonizar.

Em segundo lugar, o recurso à arquitetônica e mesmo ao jogo livre kantianos tem também os seus limites. Por um lado, esse jogo está estreitamente ligado às ideias de organismo e de finalidade, dois princípios de ordenamento do real e do pensamento de que Foucault quis incessantemente emancipar-se. Por outro lado, e isso decorre do que foi escrito acima, não se pode dizer do pensamento de Foucault aquilo que Philonenko declarava da filosofia crítica de Kant, a saber, que ela "se apresenta como um todo sem fissuras".[51] Sem dúvida que essa afirmação convém bem ao desígnio de Kant, o desígnio de alcançar as condições de uma experiência completamente coerente numa unidade sistemática.[52] Não se pode dizer o mesmo da obra de Foucault: não procurava ela, há tanto tempo e com tanta obstinação, devolver ao nosso solo a sua mobilidade e as suas falhas? A imaginação do livre jogo entre saber, poder e ética, bem como a questão do que somos nós hoje, não se afastam dessa tarefa. Em suma, se numa perspectiva parcial Pascal e Kant nos ajudam a compreender Foucault, a partir de um certo ponto nem o esquema de um nem o do outro nos podem ser úteis.

E, no entanto, é possível também que tenhamos um conceito errado de sistema, como se este devesse ser sempre esse todo sem fissuras a meio caminho de uma totalidade. A partir do momento em que se sublinha a diferença entre um todo entendido como *All* ou então como *Ganze*, é o duplo sentido do conceito de sistema que é de novo posto no centro do debate. A sistematicidade de Foucault, mas a de Kant também (em todo o caso, tal como Foucault a leu na sua tese complementar de doutorado), está mais próxima de um conjunto aberto do que de um todo fechado sobre a sua própria perfeição. Nesse contexto, a crítica visa mais repor em movimento o que parecia imutável do que acabar o que poderia ainda parecer incompleto. Na discreta retomada, por Foucault, do motivo arquitetônico, há um inegável esforço para recuperar, renovando-a, uma sistematicidade aberta, segundo a qual as múltiplas relações entre o saber, o poder e a ética convergem para um ponto comum de intersecção, esse *nós mesmos* que, em cada momento, faz a experiência de si.

---

51 PHILONENKO. "Introduction". *In:* Kant, *KU, op. cit.*, p. 15.

52 Kant, *KU*, § V, p. 184; tr. p. 31-32.

CONCLUSÃO DA TERCEIRA PARTE
A imbricação dos três eixos

É só no fim, portanto, que Foucault põe a questão das relações entre os três domínios, que rebatiza então os três eixos e de que diz que é preciso analisar a sua especificidade e a sua imbricação. A partir do momento em que o saber, o poder e a ética são assim invocados, quer dizer quando eles podem funcionar em conjunto, a ideia de fundo perde a sua razão de ser teórica. Em seu lugar emerge então um pensamento das fontes últimas da existência das formas epistemológicas, políticas e morais. Se Foucault tivesse tido tempo de desenvolver este modelo, os três domínios contribuiriam sem dúvida para a tessitura das múltiplas formas concretas em que eles se combinam, sem que por isso pudessem ser considerados, de cada vez, como a instância de base da sua própria formação independente. Por este fato, as ideias de unidade e de autonomia associadas ao fundo desvanecem-se. No fim da sua vida, e pelo acordo dos três eixos, Foucault lança as bases de uma nova transformação que ele estaria bem colocado para realizar: a transformação, por fim, do abandono do fundamento.

Ao mesmo tempo, para dar a coerência do seu trabalho e relançá-lo, inspira-se na filosofia crítica. Ao apresentar o *nós* como objeto último da investigação, reserva a essa nova personagem um lugar semelhante ao que Kant concedia ao ser humano: ele é o ponto comum de intersecção de todas as investigações locais e regionais, às quais nada acrescenta de substancial. Agora, esse ponto de intersecção é impensável fora da imbricação dos diferentes domínios. Depois de ter isolado o saber e ter se centrado no poder, que concebeu na sua relação íntima com um saber já reconvertido, Foucault descobre por fim, na ética, um apelo ao pôr em contato as três grandes regiões sucessivamente delimitadas. A ética convida à consideração de um conjunto ético-epistemológico-político, no seio do qual cada vertente, cada eixo da experiência, conserva certamente a sua especificidade, mas aponta para uma coerência e mesmo uma sistematicidade que vão para além dele. O terceiro domínio é a alavanca de uma comunicação entre as regiões valorizadas precedentemente, mas de que não sabíamos como entravam em relação nem como agiam umas sobre as outras. De tal modo que a ética tem, em Foucault, uma função aparentada à da faculdade de julgar de Kant: põe em contato e em movimento os três domínios, tal como a faculdade de julgar instaurava um jogo entre as três faculdades. O jogo é, aliás, o modelo que convém também para nos referirmos à relação entre ética, poder e saber, um jogo livre em que as próprias regras constituem matéria de disputa e de acordo, numa variação infinita. O ser que se toma como objeto das suas próprias investigações e sujeito do seu próprio trabalho (o si e o nós) constrói-se em cada momento nas tensões e cumplicidades que o jogo implica.

O si e o nós supõem o trabalho de Foucault sobre os antigos, a que ele retornou para melhor discernir a história da subjetivação de si por si, para "estudar os jogos de verdade na relação de si consigo e a constituição do si mesmo como sujeito" (*UP*, 13). Nas páginas que precedem, foi também este retorno aos antigos que quisemos reconstituir, sempre orientados pelo projeto de medir rigorosamente a singularidade da ética face aos dois outros grandes domínios da experiência.

A ideia da ética como caso particular veio à luz numa primeira confrontação com os modos de ser do saber e do poder-saber. Examinando as relações consigo, descobrimos a importância da escolha ética como espaço de liberdade do sujeito. Por outro lado, ao nos interessarmos pela estrutura interna da ética, observamos a ausência de um princípio geral ordenador das suas determinações. Esses dois fatos mostraram que o terceiro domínio se distingue dos dois precedentes, que na mesma passada aparecem agrupados num conjunto. No entanto, eles não nos permitiam perceber todos os contornos da originalidade da ética. Compreender convenientemente esta última implicava delimitá-la já não de maneira abstrata na sua oposição estrutural aos outros, mas antes no quadro concreto do trabalho de Foucault, como vindo à superfície num momento exatamente determinável do seu percurso (na viragem dos anos 1980) e permitindo em seguida reconsiderar o saber e o poder bem como as suas relações.

Sob este ângulo, a originalidade da ética é introduzir, ao lado da liberdade de escolha, uma rede de condições para o exercício dessa liberdade e um conjunto de consequências que dela decorrem. Do lado das consequências, encontramos o paradoxo da ética, que consiste em não se poder emancipar dos constrangimentos exteriores – quer sejam morais, sociais, políticos ou familiares – senão por uma sujeição resoluta tanto a princípios e preceitos que o sujeito se dá a si mesmo como a técnicas de vida que ele põe em ação. Assim, a austeridade, ou mesmo o ascetismo, são o preço a pagar pelo luxo da heautonomia. Mas, do lado das condições requeridas para o exercício da escolha, descobrimos que toda a emancipação depende muito mais do que de uma simples decisão individual. É preciso em particular, no que diz respeito aos antigos, ser um cidadão de pleno direito, além disso, ter os meios e as capacidades espirituais suscetíveis de abrir a via da estética da existência. Isso provoca um enorme contraste com o saber e o poder: ao contrário destes que impõem a todos os discursos e práticas as formas disposicionais ou dispositivos que os subentendem, a ética é o espaço de alguns que querem – e podem – entrar e permanecer nele. Em suma, a liberdade ética é simultaneamente um assujeitamento do sujeito pelo interior e um privilégio de alguns, ao passo que o saber e o poder são domínios de produção de subjetividade pelo exterior que atravessam todos os discursos e todas as práticas.

Face ao saber e ao poder, a ética é bem singular. É verdade, primeiro, que a possibilidade da escolha livre posta na base do seu modo de ser, e em seguida a ausência de um princípio de ordenamento geral das suas determinações, lhe asseguram um lugar à parte. Mas é só agora que apreendemos com precisão os contornos dessa especificidade, quando compreendemos como ela conduz a um pensamento epistemológico-político-ético. Ao mesmo tempo, a ética assegura plenamente o seu estatuto de terceiro domínio da experiência, bem como de terceira variante do pensamento da ordem. A prova disso é que ela torna possível o fato de repensar, sob a sua perspectiva muito específica, os problemas da inclusão e da exclusão, da individualidade e da coletividade, da constituição e da dissolução do sujeito, bem como os das épocas históricas e do que se encontra para além delas.

CONCLUSÃO
O SISTEMA DE LIBERDADE

A investigação chega ao fim, ao menos provisoriamente. Renovou a compreensão de Foucault, tendo descoberto, pela primeira vez de maneira irreversível, o sentido profundo da sua filosofia. Foucault, quando um dia explicou que o seu problema era a sua própria transformação e que todo o seu trabalho obedecia a um regime semelhante ao do pintor, que não trabalharia se não fosse transformado pela sua pintura, colocou-se, afirmava ele, num nível "bastante próximo da experiência estética".[1] Se nos é permitido retomar aqui a metáfora do pintor, diremos que tudo se passa como se, num certo estágio do seu trabalho, Foucault tivesse descoberto uma técnica inédita de pintura, que lhe permitiria compor quadros de uma rara originalidade. Precisamente, a nossa investigação interessou-se de primeiro por essa técnica: é ela que confere uma coesão à sua obra. De resto, seria injusto, para não dizer que seria dar provas de cegueira, olhar essa obra como um conjunto de trabalhos dispersos e descosidos, ou contentar-se com estabelecer a sua coerência segundo uma simples intenção negativa, como destruição ou subversão. Mas seria também um abuso querer tornar fechado aquilo que não o é. Entre essas duas vias, outro caminho se abriu, o de uma modelização dos esquemas que estão presentes nos textos e que são a trama que os articula.

Esta leitura foi feita contra a corrente da maior parte dos trabalhos atuais, que se interessam mais pelas empiricidades do que pela sistematicidade, indo por vezes até negar a existência desta última. Exigiu uma análise filológica particular, assinalando em noções como superfície, fundo, disposição, dispositivo, acontecimento, campo, inclusão e exclusão, a rede que sustenta o trabalho do pensamento foucaultiano, a sua maneira de organizar conhecimentos e descobertas e, com elas, a sua maneira de escrever esses livros que, uma vez lidos, mudam a nossa imagem de nós mesmos e da nossa história.

---

1 "Une interview de Michel Foucault par Stephen Riggins" (1982), *DE* IV, n. 336, p. 536.

À sua maneira, o nosso percurso é bastante foucaultiano, porque torna patente, contra a corrente das evidências comuns, a coerência de uma obra ao pôr a descoberto o gesto teórico que a constitui secretamente. No fim, é um Foucault sistemático, teorético, ou até especulativo que apresentamos, o que explica o caráter por vezes abstrato deste percurso.

Das rupturas radicais cuja audácia o tornou célebre no início dos anos 1960, Foucault passa uma década mais tarde aos recobrimentos, aos envolvimentos, às equivocidades. Mais tarde, nos anos 1980, adere a um pensamento das variações no tempo longo. Duas razões explicam estas mudanças. A primeira é a necessidade de regressar a uma interpretação causal renegada à partida. A partir de *Vigiar e punir*, intervém uma causalidade múltipla que, embora hoje ainda embarace os historiadores (com a notável e talvez única exceção de Paul Veyne),[2] torna inteligíveis fenômenos assinalados anteriormente por Foucault, mas cuja origem permanecia incompreendida. Assim, a formação das ideias de tempo linear e de progresso, para a qual a arqueologia das ciências humanas não encontrava verdadeira explicação, recebe nove anos mais tarde uma justificação em *Vigiar e punir*, segundo a qual ela é o resultado da generalização das disciplinas ao longo dos séculos XVII e XVIII (*SP*, 162). Mais tarde, o aparecimento do duplo empírico-transcendental, descrito em 1966 em *As Palavras e as coisas*, é apresentado no curso de 1977-1978 no Collège de France, intitulado *Segurança, território, população*, como uma consequência da substituição da categoria de povo pela de população, no interior das metamorfoses dos mecanismos de governo e de saber, cuja existência e relações recíprocas não dependem em nada de um acontecimento epistemológico obscuro (*STP*, 80-81). Aqui, como em outros casos, o raciocínio em termos de causalidade permite explicar fenômenos que até aí permaneciam ininteligíveis.

Um segundo motivo de abandono das rupturas temporais é a tomada em consideração de períodos cada vez mais longos, movimento que culmina com o estudo da Antiguidade clássica. Quanto mais a investigação avança, mais motivos há que regressam no decurso de épocas diferentes, a tal ponto que, no estudo da ética, se torna difícil

2 Ver Cohen, "La population contre le peuple. L'agonistique masquée des cours de Foucault au Collège de France, 1977-1979", *Labyrinthe*, n. 22, outono 2005, p. 67-76 (consultável em linha neste endereço: http://labyrinthe.revues.org/index1035.html).

distinguir o que é original do que não é mais do que repetição. Os livros e os cursos sobre a Antiguidade nos ensinam que a originalidade de uma experiência e de uma época reside primeiramente na maneira como elas fazem entrar em novas combinações de elementos preexistentes, quer sejam técnicas, exercícios ou princípios de conduta. Isso nada altera o fato de que as descontinuidades permanecem. Assim, as éticas clássica, imperial e cristã diferem radicalmente umas das outras pela maneira como, no seu seio, cada um se constitui como sujeito de si mesmo. Por outro lado, existiu realmente uma idade dos suplícios, imediatamente seguida de uma idade da prisão. Raciocinando assim, Foucault assinala singularidades na história, ou descreve a maneira de ser específica de certas experiências em diferentes momentos, e mantém-se até o fim fiel à linguagem das épocas. Vemos por fim que ele se deslocou de um regime temporal epistemológico, dominado por ciclos de cerca de um século e meio, para um regime temporal político em que as passagens de uma época a outra são menos marcadas, depois para uma temporalidade das inércias plurisseculares, predominante na ética. Por aí se distinguem também as temporalidades das três regiões estudadas sucessivamente. Mas abarca-se igualmente a temporalidade histórica no seu todo, que aparece, para retomar uma expressão de Foucault em 1972, como "uma multiplicidade de durações que se entrecruzam e se envolvem umas às outras".[3] A riqueza dessa multiplicidade a explora cada vez melhor à medida que recua no tempo. O alcance teórico do entrecruzamento das diferentes temporalidades só o reconhece plenamente quando raciocina em termos de imbricação.

As rupturas temporais não foram as únicas a atrair a atenção sobre o seu trabalho. Ao lado delas figuram ainda as descontinuidades que abstraem, e mesmo isolam, uma região da experiência, impedindo-nos de encarar essa experiência como uma unidade. *As Palavras e as coisas* ilustram perfeitamente este método. No entanto, também nisso Foucault mudou. Decerto, uma continuidade no plano da ordem é assinalável: tem a forma da relação fundamental, dominada de cada vez por uma instância que assenta unicamente sobre si mesma e não depende de nenhuma potência exterior. Não é menos verdade

---

3 "Revenir à l'histoire". *DE* II, n. 103, p. 279.

que o isolamento dos domínios, tomado como quadro para estudos concretos, se esbate gradualmente, sendo o poder já apreendido nas suas relações múltiplas com o saber, e estando a ética aberta a uma larga plaga exterior de fenômenos epistemológicos, políticos, sociais, econômicos e morais, aos quais reage. Na passagem ao poder-saber, o saber emancipa-se do esquema das disposições autônomas e pede uma investigação que, em lugar de se apoiar simplesmente em estudos textuais ou filológicos como na arqueologia das ciências humanas, se interessa por exemplo pela relação entre o discurso e os métodos de inquérito inquisitorial e disciplinar, tal como pelos laços entre as teorias psiquiátricas e as necessidades prementes do poder judiciário. O mesmo modo de proceder ganha amplitude na abordagem da ética. As problematizações, como as atitudes que delas decorrem, já não são então separáveis do resto da experiência, e esta já não pode ser vista como uma adição de partes indiferentes umas às outras. Está aberto o caminho que leva a uma dinâmica da experiência.

De maneira que não temos de nos espantar que a ética reclame um pensamento de conjunto. O terceiro domínio desencadeia uma interação dos eixos, que ora se opõem, ora se harmonizam e que, a esse título, nos deslocam para o horizonte da imbricação, onde as descontinuidades na ordem da experiência cedem o lugar à simples diferença entre domínios reciprocamente acessíveis. Além disso, a imbricação faz aparecer uma figura suplementar – o *nós mesmos* – para a qual converge a dinâmica dos três eixos e de que ela recebe o seu último sentido e a sua coerência. Mas a sistematicidade não implica nenhum sistema acabado e fechado sobre si mesmo, como um "todo sem fissuras". É antes de compreender como uma rede dominada por três polos, cuja presença é de assinalar e de explorar por toda a investigação ontológico-crítica independentemente do seu objeto ou do seu campo, quer este seja a arte, a loucura ou a ciência. Em conclusão, o ponto de chegada de Foucault está longe de ser o que o tornou célebre no início, a saber, a concepção das rupturas radicais nos planos do tempo e da ordem; está resolutamente mais próximo de uma experiência dinâmica e complexa.

A arquitetônica que daí decorre tem a forma de um sistema de liberdade. Tem-na primeiramente na medida em que está submetida ao princípio do livre jogo entre os três eixos. Por um lado, esse jogo é livre porque é suscitado por um domínio não somente desprovido de uma instância de ordenamento interna, mas é ainda marcado por uma liberdade fundamental. Por outro lado, é livre porque é radicalmente aberto, dado que as suas regras estão elas próprias em jogo. Isso não equivale a pretender que não está submetido a nenhuma regra, e não se deve negligenciar, por um voluntarismo qualquer, a existência de necessidades e de constrangimentos impostas pelos modos de ser do saber e do poder, quer dizer, pelas disposições, pelos dispositivos, pelos códigos morais e sociais também. Se o jogo é livre, é porque o estabelecimento das suas regras depende em parte de nós; damos elas a nós mesmos, individual e coletivamente. O sistema é atravessado de um lado ao outro por uma liberdade que não se submete a ele. Assim, o primeiro sentido em que o sistema pode ser dito *de liberdade*, é que esta última é uma característica do sistema – ela trabalha-o do interior.

Há não obstante uma segunda razão para que o sistema seja chamado *de liberdade*: ele é *orientado para* a liberdade. Neste sentido, a preposição *de* introduz uma nova condição sem a qual a sistematicidade não é teoricamente concebível, e o sistema do último Foucault só existe na medida em que serve para a emancipação. Servir para a emancipação quer dizer duas coisas e implica duas tarefas: a primeira é destruidora, a segunda criadora. Os estudos desenvolvidos no horizonte da sistematicidade constituem sempre uma história crítica, no sentido que esta palavra tinha para Nietzsche:[4] esses estudos são uma destruição do nosso passado, que aparece daqui em diante como conjunto de condições contingentes e historicamente determinadas "que nos levaram a constituir-nos e reconhecer-nos como sujeitos do que fazemos, pensamos, dizemos".[5] A partir do momento em que essas condições são compreendidas como regras que mudam e não como leis, a ontologia crítica sistemática adquire um valor emancipador: ao submeter o passado a uma crítica radical, dá uma forma inesperada aos pesos da história, não para os negar, mas para os circunscrever.[6]

4 Nietzsche, *Inactuelle II*, 3, p. 265; tr. p. 113.

5 "Qu'est-ce que les Lumières?". *DE* IV, n. 339, p. 574.

6 CASTEL, R. "Les aventures de la pratique". *In*: *Le Débat*, n. 41, setembro-novembro 1986, p. 50-51.

A imbricação do que aparecia no início como radicalmente diferente conduziu a uma nova coerência e a uma preocupação de sistematicidade. Na maior parte do tempo, a obra de Foucault é vista como a prova de que é possível pensar recusando esses dois valores. É, aliás, a esse título que certos leitores preferem a palavra *obra* à palavra *percurso*. Fica então inexplicada a lógica da imbricação, que domina as suas últimas reflexões e constitui sem dúvida o seu legado mais fecundo: o esforço para pensar em conjunto aquilo que na sua raiz é diferente. Daí ao problema da arquitetônica, há apenas um último passo a dar. Com efeito, como conceber a coesão do que permanece diferente? Deixando que as tensões, as oposições e os compromissos atravessem de um lado ao outro todo o edifício. Em definitivo, a sistematicidade ontológico-crítica é bem diferente de uma arquitetônica clássica. O jogo em que ela se encontra é aberto e infinito, e constitui dessa maneira o princípio de funcionamento, mas também de compreensão, da dinâmica da experiência. O todo é mais do que a soma das partes: a imbricação obedece a uma lógica que lhe é própria. Mas se as regras do jogo constituem uma matéria de disputa, então nem tudo está antecipadamente decidido, e há espaço para o exercício da liberdade. Essa liberdade torna possível tanto os modos de exercício do poder como os caminhos múltiplos do trabalho sobre si e sobre nós.

A partir das questões da ordem e do tempo, compreendemos a necessidade de sistematicidade sentida pelo último Foucault. Nesse passo, fizemos sobressair o lugar singular que ela ocupa na história do tratamento deste problema clássico. Devemos perguntar-nos o que significa ser sistemático em filosofia hoje e em que medida o pensamento reflexivo reclama novos modos de ver capazes de abarcar o real, sem, todavia, o reduzir a uma unidade e ainda menos a um todo. É surpreendente constatar que o testamento de Foucault nos convida a isso: ele esboça diante de nós a ideia de um sistema que põe em causa os conceitos clássicos da sistematicidade, não simplesmente para os remeter para um museu qualquer de relíquias metafísicas, mas, inversamente, para os reinventar.

BIBLIOGRAFIA

Livros de Foucault

Maladie mentale et Personnalité. Paris: PUF, 1954. Segunda edição, reformulada, *Maladie mentale et psychologie*. Paris: PUF, 1962

Folie et déraison. Histoire de la folie à l'âge classique. Paris: Plon, 1961; 2. ed.: *Histoire de la folie à l'âge classique*. Paris: Gallimard, 1972 (o prefácio é substituído e são introduzidos dois apêndices de resposta a Henri Gouhier e a Jacques Derrida, enquanto uma longa nota do último capítulo sobre o *Zaratustra* de Nietzsche é eliminada); 3. ed.: *Histoire de la folie à l'âge classique*. Paris: Gallimard, 1976 (os dois apêndices são suprimidos. Reencontramo-los em *Dits et écrits*, I, "La folie, l'absence d'œuvre" e "Mon corps, ce papier, ce feu").

Introduction à l'anthropologie de Kant [1960], dans E. Kant, *Anthropologie d'un point de vue pragmatique*. Paris: Vrin, 2008.

Naissance de la clinique. Une archéologie du regard médical. Paris: PUF, 1963; 2. ed., reformulada, *Naissance de la clinique*. Paris, PUF, 1972.

Les Mots et les choses. Une archéologie des sciences humaines. Paris: Gallimard, 1966

L'Archéologie du savoir. Paris: Gallimard, 1969.

L'Ordre du discours. Leçon inaugurale au Collège de France prononcée le 2 décembre 1970. Paris: Gallimard, 1971.

"La Peinture de Manet". *In*: Foucault, *La Peinture de Manet, suivi de Michel Foucault, un regard*, dir. de Maryvonne Saison. Paris: Seuil, 2004, p. 19-47.

Moi, Pierre Rivière, ayant égorgé ma mère, ma sœur et mon frère... Un cas de parricide au xixe siècle présenté par Michel Foucault. Paris: Gallimard/Julliard, 1973 (obra coletiva).

Le Pouvoir psychiatrique. Cours au Collège de France (1973-1974). Ed. Jacques Lagrange. Paris: Seuil/Gallimard, 2003.

Les Anormaux. Cours au Collège de France (1974-1975). Ed. Valerio Marchetti; Antonella Salomoni. Paris: Seuil/Gallimard, 1999.

Il faut défendre la société. Cours au Collège de France (1975-1976). Ed. Mauro Bertani; Alessandro Fontana. Paris: Seuil/Gallimard, 1997.

Surveiller et punir. Naissance de la prison. Paris: Gallimard, 1975.
Histoire de la sexualité I: La Volonté de savoir. Paris: Gallimard, 1976.
Sécurité, territoire, population. Cours au Collège de France (1977-1978). Ed. Michel Senellart. Paris: Seuil/Gallimard, Hautes études, 2004.
Herculine Barbin, dite Alexina B. Présenté par Michel Foucault. Paris: Gallimard, 1978.
Naissance de la biopolitique. Cours au Collège de France (1978-1979). Ed. Michel Senellart. Paris: Seuil/Gallimard, 2004.
"Qu'est-ce que la critique?" [Critique et Aufklärung] (exposição de 27 de maio de 1978). *Bulletin de la Société française de philosophie*, 84° ano, n. 2, abril-junho 1990, Paris.
L'Herméneutique du sujet. Cours au Collège de France (1981-1982). Ed. Frédéric Gros. Paris: Seuil/Gallimard, 2001.
Le Désordre des familles. Lettres de cachet des archives de la Bastille. Apresentado e editado com Arlette Farge. Paris: Gallimard-Julliard, Archives, 1982.
Discourse and Truth. The Problematization of Parrhesia (curso na universidade de Berkeley, outono de 1983). Ed. Joseph Pearson. Evanston, Ill.: Northwestern University Press, 1985. Tr. ital. de Adelina Galeotti, *Discorso et verità nella Grecia antica*. Roma: Donzelli Editore, 1996.
Le Gouvernement de soi et des autres. Cours au Collège de France (1982-1983). Ed. Frédéric Gros. Paris: Seuil/Gallimard, 2008.
Le Courage de la vérité. Le gouvernement de soi et des autres II. Cours au Collège de France (1983- 1984). Ed. Frédéric Gros. Paris: Seuil/Gallimard, 2009.
Histoire de la sexualité II: L'Usage des plaisirs. Paris: Gallimard, 1984.
Histoire de la sexualité III: Le Souci de soi. Paris: Gallimard, 1984.
Dits et écrits 1954-1988. Ed. D. Defert *et al.*, 4 tomos. Paris: Gallimard, 1994.

Bibliografia por temas

Estudos gerais sobre Foucault

AAVV. *Michel Foucault philosophe. Rencontre Internationale. Paris, 9, 10, 11 janvier 1988*. Paris: Seuil, 1989.
______. *Penser la folie. Essais sur Michel Foucault*. Paris: Galilée, 1992.

AAVV. *Au Risque de Foucault*. Paris: centre Pompidou, 1997.

ARTIÈRES, Philippe; SILVA, Emmanuel da (dir.). *Michel Foucault et la médecine. Lectures et usages*. Paris: Kimé, 2001.

BALIBAR, Étienne. *Trois concepts de la politique: émancipation, transformation, civilité, La Crainte des masses. Politique et philosophie avant et après Marx*. Paris: Galilée, 1997.

BROSSAT, Alain (dir.). *Michel Foucault. Les jeux de la vérité et du pouvoir. Etudes transeuropéennes*. Nancy: Presses universitaires de Nancy, 1994.

COLOMBEL, Jannette. *Michel Foucault. La clarté de la mort*. Paris: Odile Jacob, 1994.

DADDABBO, Leonardo. *Tempocorpo. Forme temporali in Michel Foucault*. Nápoles: La Città Del Sole, 1999.

DELEUZE, Gilles. *Foucault*. Paris: Minuit, 1986.

______. "Désir et plaisir". *Magazine littéraire*, n. 325, out. 1994.

DREYFUS, Hubert; RABINOW, Paul; DURANT-BOGAERT, F. (trad.). *Michel Foucault. Un parcours philosophique*. Paris: Gallimard, 1984.

ERDMANN, Eva *et al.* (dir.). *Ethos der Moderne. Foucaults Kritik der Aufklärung*. Frankfurt am Main/Nova Iorque: Campus Verlag, 1990.

ÉRIBON, Didier (dir.). *L'Infréquentable Michel Foucault. Renouveaux de la pensée critique* (Actas do colóquio, centro Georges-Pompidou, 21-22 junho 2000). Paris: EPEL, 2001.

FIMIANI, Mariapaola. *Foucault e Kant. Critica, clinica, etica*. Nápoles: La Città del Sole, 1997. LE LIRZIN, Nadine (trad.) *Foucault et Kant. Critique, clinique, éthique*. Paris/Montréal: l'Harmattan, 1998.

GIARD, Luce (dir.). *Michel Foucault. Lire l'œuvre*. Grenoble: Jérôme Millon, 1992.

GROS, Frédéric. *Michel Foucault*. Paris: PUF, 3 ed., 2004 [1996].

______ (dir.). *Foucault. Le Courage de la vérité*. Paris: PUF, 2002.

______; LÉVY, Carlos (dir.). *Foucault et la philosophie antique*. Paris: Kimé, 2003.

GUTTING, Gary (dir.). *The Cambridge Companion to Foucault*. Cambridge (Ma): Cambridge University Press, 1994.

HABERMAS, Jürgen; BOUCHINDHOMME, Ch.; ROCHLITZ, R. *Le Discours philosophique de la modernité. Douze conférences*. BOUCHINDHOMME, Ch.; ROCHLITZ, R. (trad.). Paris: Gallimard, 1988.

HAN, Béatrice. *L'Ontologie manquée de Michel Foucault. Entre l'historique et le transcendantal*. Grenoble: Jérôme Millon, 1998.

HONNETH, Axel; SAAR, Martin (dir.). *Michel Foucault. Zwischenbilanz einer Rezeption. Frankfurter Foucault-Konferenz 2001*. Frankfurt am Main: Suhrkamp Verlag, 2003.

HOY, David Couzens (dir.). *Foucault. A Critical Reader*. Basil Blackwell: Oxford (RU)/Cambridge (Ma), 1986. COLSON, Jacques (trad.). *Michel Foucault. Lectures critiques*. Paris: Éditions universitaires, 1989.

KERVÉGAN, Jean-François. "Aporie de la microphysique: questions sur la 'gouvernementalité'". *In*: DUSO, G.; KERVÉGAN, J.-F. *Crise de la démocratie et gouvernement de la vie*. Milão: Polimetrica, 2007, p. 19-40.

LEGRAND, Stéphane. "Le Normal et l'anormal (Une archéologie du concept de norme dans l'œuvre de Michel Foucault)". Tese de doutorado, Université Lille III, s. d., p. 508.

MONOD, Jean-Claude. *Foucault. La police des conduites*. Paris: Michalon, 1997.

RAJCHMAN, John. *Michel Foucault. La liberté de savoir*. DURASTANTI, S. (trad.). Paris: PUF, 1987.

______. *Érotique de la vérité. Foucault, Lacan et la question de l'éthique*, BONIS, d'O. (trad.). Paris: PUF, 1994.

SILVA, Emmanuel da (dir.). *Lectures de Michel Foucault, II: Foucault et la philosophie*. Paris: ENS éditions, 2003.

VEYNE, Paul. *Foucault, sa pensée, sa personne*. s.l.: Albin Michel, 2008.

Revistas

Actuel Marx, n. 36, set. 2004, Paris: "Marx et Foucault".

Célibataire (La), n. 9, agosto 2004, Paris: "le pouvoir chez lacan et Foucault".

Cités, n. 2, 2000, Paris: "Michel Foucault: de la guerre des races au biopouvoir".

Chimères, n. 54/55, outono 2004, Paris: "Michel Foucault. Généalogie, esthétique, contrôle".

Concepts, n. 8, mar. 2004, Sils Maria: "Gilles Deleuze-Michel Foucault. continuité et disparité".

Critique, n. 343, dez. 1975, Paris: "a propos d'un livre de Michel Foucault".

______, n. 471-472, agosto-set. 1986: "Michel Foucault. Du monde entier".

______, n. 660, maio 2002: "leçons de Foucault".

Débat (Le), n. 41, set./nov. 1986, Paris: "Michel Foucault".

Labyrinthe, n. 22, outono 2005, Paris: "la biopolitique (d') après Michel Foucault".

Foucault e a história

CANGUILHEM, Georges. "Mort de l'homme ou épuisement du cogito?" *Critique*, n. 242, julho 1967, p. 599-618.

CASTEL, Robert. "Présent et généalogie du présent: une approche non évolutionniste du changement". *In*: AAVV, *Au Risque de Foucault*. Paris: Centro Pompidou, 1997, p. 161- 168.

CERTEAU, Michel de. *Histoire et psychanalyse. Entre science et fiction*. Paris: Gallimard, 2002.

CHARTIER, Roger. "Foucault et les historiens, les historiens et Foucault. archéologie des discours et généalogie des pratiques: à propos de la Révolution." *In*: AAVV, *Au risque de Foucault*. Paris: Centro Pompidou, 1997, p. 223-237.

COLLIOT-THÉLÈNE, Catherine. *Études wébériennes. Rationalités, histoires, droits*. Paris: PUF, 2001.

JAFFRO, Laurent. "Foucault et le stoïcisme. Sur l'historiographie de L'Herméneutique du sujet." *In*: GROS, F.; LÉVY, C. (trad.). *Foucault et la philosophie antique*. Paris: Kimé, 2003, p. 51-83.

KUSCH, Martin. *Foucault's Strata and Fields. An Investigation into Archeological and Genealogical Science Studies*. Dordrecht (Fin.) / Boston, Londres: Kluwer Academic Publishers, 1991.

LE BON, Sylvie. "Un positiviste désespéré: Michel Foucault". *In*: *Les Temps modernes*, n. 248, jan. 1967, p. 1 299-1 319.

LE GOFF, Jacques. "Foucault et la 'nouvelle histoire'". *In*: AAVV, *Au risque de Foucault*. Paris: Centro Pompidou, 1997, p. 129-139.

NOIR'IEL, Gérard. *Penser avec, penser contre. Itinéraire d'un historien*. Paris: Belin, 2003.

POTTE-BONNEVILLE, Mathieu. *Michel Foucault, l'inquiétude de l'histoire*. Paris: PUF, 2004.

REVEL, Jacques. "Le moment historiographique." *In*: L. Giard (dir.), *Foucault. Lire l'œuvre*. Grenoble: Jérôme Millon, 1992, p. 83-96.

______. "Machines, stratégies, conduites: ce qu'entendent les historiens." *In*: AAVV, *Au risque de Foucault*. Paris: Centro Pompidou, 1997, p. 109-128.

SARTRE, Jean-Paul. "Jean-Paul Sartre répond." *L'arc*, n. 30, out. 1966. Aix-en-Provence: p. 87-96.

VEYNE, Paul. *Comment on écrit l'histoire, augmenté de: Foucault révolutionne l'histoire*. Paris: Seuil, 1971.

Foucault e os seus contemporâneos

DAVIDSON, Arnold I. (dir.). *Foucault and his Interlocutors*. Chicago/ Londres: Chicago University Press, 1997.

ÉRIBON, Didier. *Michel Foucault (1926-1984)*. Paris: Flammarion, 1989 (2. ed., aumentada, 1991).

______. *Michel Foucault et ses contemporains*. s. l.: Fayard, 1994.

GLÜCKSMANN, André. "Le nihilisme de Michel Foucault". *In*: AAVV, *Michel Foucault philosophe. Rencontre internationale Paris, 9, 10, 11 janvier 1988*. Paris: Seuil, 1989, p. 395-398.

MILLER, James. *The Passion of Michel Foucault*. Nova Iorque: Simon & Schuster, 1993. LEROY, Hugues (trad.). *La Passion Foucault*. Paris: Plon, 1995.

Tratamento técnico dos conceitos de ordem, de tempo e de espaço

ARISTÓTELES. *Organon, I: Catégories, II: De l'interprétation*. TRICOT, J. (trad.). Paris: Vrin, 1959.

AUBENQUE, Pierre. *Le Problème de l'être chez Aristote. Essai sur la problématique aristotélicienne*. Paris: PUF, 1962.

BENOIST, Jocelin; MERLINI, Fabio (dir.). *Après la fin de l'histoire. Temps, monde, historicité*. Paris: Vrin, 1998.

______. *Historicité et spatialité. Recherches sur le problème de l'espace dans la pensée contemporaine*. Paris: Vrin, 2001.

DELEUZE, Gilles. *Logique du sens*. Paris: Minuit, 1969.

______; Guattari, Félix. *Capitalisme et schizophrénie, I: L'Anti-Œdipe*. Paris: Minuit, 1972.

DERRIDA, Jacques. *Donner le temps, I: La Fausse monnaie*. Paris: Galilée, 1991.

FARGE, Arlette. "L'instance de l'événement". *In*: AAVV, *Au risque de Foucault*. Paris: Centro Pompidou, 1997, p. 19-29.

HARTOG, François. *Régimes d'historicité. Présentisme et expériences du temps*. Paris: Seuil, 2003.

HETHERINGTON, Kevin. *The Badlands of Modernity. Hetherotopia and social ordering*. Londres/Nova Iorque: Routledge, 1997.

POMIAN, Krzysztof. *L'Ordre du temps*. Paris: Gallimard, 1988.

RICŒUR, Paul. *Temps et récit, III: Le Temps raconté*. Paris: Seuil, 1985.

Autores clássicos

Kant

Kant's gesammelte Schriften, herausgegeben von der Königlich Preußischen Akademie der Wissenschaften. Berlim: Georg Reimer, 2. ed., 1910-1917; depois Berlim/Leipzig: Walter de Gruyter, 1923-...

Traduções utilizadas:

Critique de la raison purê. Trad. A. Tremesaygues e B. Pacaud. Paris: PUF, 1971.

Prolégomènes à toute métaphysique future qui pourra se présenter comme Science. Trad. J. Gibelin. Paris: Vrin, 1974.

Anthropologie du point de vue pragmatique. Trad. M. Foucault. Paris: Vrin, 1991 (6. tiragem).

"Sur l'emploi des principes téléologiques dans la philosophie". *In:* Kant, *Opuscules sur l'histoire*. Trad. Stéphane Piobetta. Paris: Flammarion, 1990, p. 165-201.

Le Conflit des Facultés en trois sections (1798). Trad. J. Gibelin. Paris: Vrin, 1988.

Critique de la faculté de juger. Trad. A. Philonenko. Paris: Vrin, 1965.

Fondements de la métaphysique des mœurs. Trad. V. Delbos e A. Philonenko. Paris: Vrin, 1987.

Vers la paix perpétuelle, Que signifie s'orienter dans la pensée? Qu'est-ce que les Lumières? et autres textes. Trad. J.-F. Poirier e F. Proust. Paris: Flammarion, 1991.

Logique. Trad. L. Guillermit. Paris: Vrin, 1989 (2. ed., 1970; 1. ed., 1966).

DELEUZE, Gilles. *La Philosophie critique de Kant.* Paris: PUF, 1963.

______. *L'idée de genèse dans l'esthétique de Kant* (1963), *L'Île déserte et autres textes. Textes et entretiens 1953-1974.* Paris: Minuit, 2002, p. 79-101.

______. *Critique et clinique,* cap. V: "Sur quatre formules poétiques qui pourraient résumer la philosophie kantienne". Paris: Minuit, 1993, p. 40-49.

Paragrana, vol. 11, 2002 (2). Berlim: "Kants anthropologie".

Hegel

Wissenschaft der Logik, I, 2, "Die lehre vom Wesen". Frankfurt am Main: Suhrkamp Verlag, 1990. Trad. P.-J. labarrière e G. Jarczy. *Science de la logique,* t. I, livre II: "La doctrine de l'essence". Paris: Aubier-Montaigne, 1976.

"Vorrede", *Grundlinien der Philosophie des Rechts* (1821) (ed. Lasson, 1930). Hamburg: Felix Meiner, 1955. Trad. J.-F. Kervégan. *Principes de la philosophie du droit.* Paris: PUF, 1998.

Vorlesungen über die Geschichte der Philosophie. Einleitung: System und Geschichte der Philosophie, in *Sämtliche Werke. Kritische Ausgabe* (ed. Hoffmeister), t. XVa. Leipzig: Felix Meiner, 1940. Trad. J. Gibelin. *Leçons sur l'histoire de la philosophie. Introduction: Système et histoire de la philosophie.* Paris: Gallimard, 1954.

KÜNZEL, W. *Foucault liest Hegel. Versuch einer polemischen Dekonstruktion dialektischen Denkens.* Frankfurt am Main: Haag + Herchen Verlag, 1985.

Marx

Das Kapital. Kritik der politischen Ökonomie. Erster Band, Buch I: Der Produktionspozeß des Kapitals. Hamburg, 1890, *in Marx Engels Werke,* Band 23. Berlim: Dietz Verlag, 1962. Trad. J.-P. Lefebvre *et al. Le Capital. Critique de l'économie politique. Quatrième édition allemande. Livre premier: Le procès de production du capital.* Paris: PUF, 1993.

GOLDMANN, Lucien. *Lukàcs et Heidegger* (1967-70). Paris: Denöel Gonthier, 1973.

LUKÀCS, Georg. *Geschichte und Klassenbewusstsein. Studien über marxistische Dialektik.* Berlim: Malik-Verlag, 1923. Trad. K. Axelos e J. Bois. *Histoire et conscience de classe. Essais de dialectique marxiste.* Paris: Minuit, 1960.

Nietzsche

Werke. Kritische Gesamtausgabe. Ed. por G. Colli e M. Montinari. Berlim/ Nova Iorque: Walter de Gruyter, 1967 *sqq.*

Traduções utilizadas:

Œuvres philosophiques completes. Paris: Gallimard, 1977.

Œuvres. Ed. dir. J. Lacoste e J. Le Rider. Paris: Robert Laffont, 1993.

Considérations inactuelles, II: De l'utilité et des inconvénients de l'histoire pour la vie, in Nietzsche, *Considérations inactuelles I et II*. Trad. P. Rusch. Paris: Gallimard, 1990.

Naissance de la tragédie. Trad. Ph. Lacoue-Labarthe. Paris: Gallimard, 2000 [1977].

DELEUZE, Gilles. *Nietzsche et la philosophie*. Paris: PUF, 1997 [1962].

Heidegger

Gesamtausgabe. Frankfurt am Main: Vittorio Klostermann, 1978-...

Traduções utilizadas:

Sein und Zeit (1927), GA 2. Trad. Emmanuel Martineau (a partir da 10. ed., Tübingen, Max Niemeyer, 1963). Paris: Authentica (ed. Fora do mercado por J. Lechaux e E. Ledru), 1985.

Kant und das Problem der Metaphysik (1929), GA 3. Trad. A. de Waelhens e W. Biemel. *Kant et le problème de la métaphysique.* Paris: Gallimard, 1953 (presentemente na Tel, 1981).

Die Zeit des Weltbildes (1938), *Holzwege,* GA 5. Trad. W. Brokmeier. L'époque des "conceptions du monde", *Chemins qui ne mènent nulle part.* Paris: Gallimard, 1962, presentemente na Tel, p. 99-146.

Der Spruch des anaximander (1946), *Holzwege,* GA 5. Trad. Wolfgang Brokmeier. La parole d'Anaximandre, *Chemins qui ne mènent nulle part.* Paris: Gallimard, 1962.

Brief über den "Humanismus" (1946), *Wegmarken*, GA 9. Trad. Roger Munier. *Lettre sur l'humanisme (Lettre à Jean Beaufret), Questions III*. Paris: Gallimard, 1966. Presentemente em *Questions III et IV*. Paris: Gallimard, Tel, 1990.

Der Satz vom Grund. Pfullingen: Günther Neske Verlag, 8. ed., 1997 [1957]. Trad. André Préau. *Le Principe de raison*. Paris: Gallimard, 1962.

Nietzsche I e *II*. Pfullingen: Günther Neske Verlag, 5. ed., 1989 [1961]. Trad. Pierre Klossowski. *Nietzsche I* et *II*. Paris: Gallimard, 1971.

Zeit und Sein. Tübingen: Max Niemeyer Verlag, 1969. Trad. Jean Beaufret *et al*. *Temps et être, Questions IV*. Paris: Gallimard, 1976. Presentemente em *Questions III et IV*. Paris: Gallimard, Tel, 1990.

CASSIRER, Ernst; HEIDEGGER, Martin. *Débat sur le kantisme et la philosophie (Davos, mars 1929) et autres textes de 1929-1931*, extraídos de diversas revistas e publicações, apresentados e traduzidos por Pierre Aubenque *et al*. Paris: Beauchesne, 1972.

DASTUR, Françoise. *Heidegger et la question du temps*. Paris: PUF, 1990.

FRANCK, Didier. *Heidegger et le problème de l'espace*. Paris: Minuit, 1986.

______. *Heidegger et le christianisme. L'explication silencieuse*. Paris: PUF, 2004.

Bibliografia complementar para cada parte

Primeira parte

ALTHUSSER, Louis. "l'objet du "Capital". *In*: ALTHUSSER, L. *et al*. *Lire le Capital*. Paris: François Maspero, 1965, 3. ed.; Paris: PUF, 1996.

ARISTÓTELES. *La Métaphysique*. TRICOT, J. (trad.). Paris: Vrin, 1986.

______. *Les Politiques*. PELLEGRIN, P. (trad.). Paris: Flammarion, 1990.

BENDSZEIT, K. "Grund". *In*: RITTER, J. (dir.). *Historisches Wörterbuch der Philosophie*. t. III, Bâle/Stuttgart: Schwabe & co., 1974.

BRUNELLO, B. "Fundamento". *In*: AAVV, *Enciclopedia filosofica*. t. III, Roma: Edipem, 1979.

CANGUILHEM, Georges. "Rapport de M. Canguilhem sur le manuscrit déposé par M. Michel Foucault, directeur de l'Institut français de Hambourg, en vue de l'obtention du permis d'imprimer comme thèse principale de doctorat ès lettres" (1960). *In*: ÉRIBON, D. *Michel Foucault*. Paris: Flammarion, 1991, p. 358-361.

CERTEAU, Michel de. "Le soleil noir du langage: Michel Foucault" (1967). *Histoire et psychanalyse. Entre science et fiction*. Paris: Gallimard, 2002, p. 152-173.

GEBAUER, Gunter *et al. Historische Anthropologie. Zum Problem der Humanwissenschaften heute oder Versuche einer Neubegründung*. Reinbek bei Hamburg: Rowohlt, 1989.

GREIMAS, Algirdas Julien. "Sur l'histoire événementielle et l'histoire fondamentale". *In*: KOSELLECK, R.; STEMPEL, W.-D. (dir.). *Geschichte – Ereignis und Erzählung*. München: Wilhelm Fink Verlag, 1973, p. 139-153.

HEIDRICH, P. "Abgrund." *In:* RITTER, J. (dir.). *Historisches Wörterbuch der Philosophie*. t. I, Bâle/ Stuttgart: Schwabe & Co., 1971.

LÉVI-STRAUSS, Claude. *Anthropologie structurale*. t. I, Paris: Plon, 1958. (presentemente em Agora)

OSIER, J.-P. "Fondement." *In*: AUROUX, S. (dir.). *Les Notions philosophiques II – Dictionnaire*. t. I, Paris: PUF, 1990.

SCHMID, W. *Auf der Suche nach einer neuen Lebenskunst. Die Frage nach dem Grund und die Neubegründung der Ethik bei Foucault*. Frankfurt am Main: Suhrkamp Verlag, 1991.

Segunda parte

AGAMBEN, Giorgio. *Homo sacer, I: Le Pouvoir souverain et la vie nue*. RAIOLA, Marilène (trad.). Paris: Seuil, 1997.

BALIBAR, Étienne. "Exclusion ou lutte de classes?" *Les Frontières de la démocratie*. Paris: la Découverte, 1992, p. 191-205.

______. "Avant-propos". *Droit de cité*. Paris: Ed. de l'Aube, 1998, p. 5-16.

BOURDIEU, Pierre. *Les Règles de l'art. Genèse et structure du champ littéraire*. Paris: Seuil, 1992.

CAPDEVILA, Nestor. "utopie ou idéologie." *L'Homme et la société*, n. 136-137, abr.-set. 2000, p. 77-93.

CERTEAU, Michel de. GIARD, L. (trad.). "Microtechniques et discours panoptique: un quiproquo." *In*: CERTEAU, M. de. *Histoire et psychanalyse. Entre science et fiction*. Paris: Gallimard, 2002, p. 174-187.

DEKENS, Olivier. *L'épaisseur humaine. Foucault et l'archéologie de l'homme moderne*. Paris: Kimé, 2000.

DERRIDA, Jacques. "Cogito et histoire de la folie." *L'écriture et la différence*. Paris: Seuil, 1967, p. 51-97.

______. "'Être juste avec Freud'. L'histoire de la folie à l'Âge classique et la psychanalyse." *In*: AAVV, *Penser la folie. Essais sur Michel Foucault*. Paris: Galilée, 1992, p. 139-195.

GROS, Frédéric. *Foucault et la folie*. Paris: PUF, 1997.

JAY, Martin. "In the Empire of the Gaze: Foucault and the Denigration of Vision in twentieth-century French Thought." *In*: HOY, D. C. (dir.). *Foucault. A Critical reader*. Oxford (UK)/Cambridge (USA): Basil Blackwell, 1986, p. 175-204.

JULIUS, Nikolaus Heinrich. *Leçons sur les prisons présentées en forme de cours au public de Berlin, en l'année 1827*. LAGARMITTE, H. (trad.). 2 tomos. Paris: F. G. Levrault, 1831.

KOSELLECK, Reinhart. "le concept d'histoire." *L'expérience de l'histoire*. Paris: Gallimard/Seuil, 1997, p. 15-99.

LEBRUN, Gérard. "Note sur la phénoménologie dans *Les Mots et les Choses*." *In*: AAVV, *Michel Foucault philosophe. Rencontre internationale Paris, 9, 10, 11 janvier 1988*. Paris: Seuil, 1989, p. 33-53.

MACHEREY, Pierre. "Aux sources de "l'Histoire de la folie": une rectification et ses limites." *Critique*, n. 471-472, 1986, p. 753-774.

______. "Pour une histoire naturelle des normes." *In*: AAVV, *Michel Foucault philosophe. Rencontre internationale Paris, 9, 10, 11 janvier 1988*. Paris: Seuil, 1989, p. 203-221.

MONOD, Jean-claude. "Structure, spatialisation et archéologie, ou: "l'époque de l'histoire" peut-elle finir?" *In*: BENOIST, J.; MERLINI, F. (dir.). *Historicité et spatialité*. Paris: Vrin, 2001, p. 56-76.

RANCIÈRE, Jacques. "Sens et usages de l'utopie." *In*: RIOT-SARCEY, M. (dir.). *L'utopie en questions*. Saint-Denis: Presses Universitaires de Vincennes, 2001, p. 65-78.

SCHWARTE, Ludger. "Foucault: l'esthétique du dehors." *Chimères*, n. 54-55, outono 2004, p. 19-32.

ZOURABICHVILI, François. *Deleuze. Une philosophie de l'événement*. Paris: PUF, 1994.

Terceira parte

CARSE, James P. *Finite and Infinite Games*. Nova Iorque: Macmillan Publishing company, 1986. PETITDEMANGE, G. (trad.). *Jeux finis, jeux infinis. Le pari métaphysique du joueur*. Paris: Seuil, 1988.

DAVIDSON, Arnold I. "Ethics as ascetics: Foucault, the History of Ethics, and ancient Thought." *In*: GUTTING, G. (dir.). *The Cambridge Companion to Foucault*. Cambridge, MA: Cambridge University Press, 1994, p. 115-140.

DESCOMBES, Vincent. *Le Complément de sujet. Enquête sur le fait d'agir de soi-même*. Paris: Gallimard, 2004: ch. XXXI-XXXII, p. 250-268.

DUFLO, Colas. *Jouer et philosopher*. Paris: PUF, 1997.

HADOT, Pierre. *Exercices spirituels et philosophie antique*. Paris: Etudes augustiniennes, 1987.

_____. "Réflexions sur la notion de culture de soi." *In*: AAVV, *Michel Foucault philosophe. Rencontre internationale Paris, 9, 10, 11 janvier 1988*. Paris: Seuil, p. 261-270.

_____. *Qu'est-ce que la philosophie antique?* Paris: Gallimard, 1995.

HILEY, David R. "Knowledge and Power." *Philosophy in Question. Essays on a Pyrrhonian Theme*. Chicago e Londres: University of Chicago Press, 1988, p. 86-114.

LEBRUN, Gérard. *Pascal. A doutrina das figuras*. Fortaleza (Brasil): Imprensa universitária do Ceará, 1962.

PASCAL, Blaise. *Pensées, in* Pascal, *Œuvres complètes* (éd. M. le Guern). t. II, Paris: Gallimard, 2000, p. 541-1091.

RORTY, Richard. "Identité morale et autonomie privée." *In*: AAVV, *Michel Foucault philosophe*. Paris: Seuil, 1989, p. 385-393.

VEYNE, Paul. "La médication interminable." *In*: SÉNÈQUE, *De la tranquillité de l'âme*. Paris: Rivages, 1988, p. 7-62.

_____. "Michel Foucaults Denken." *In*: HONNETH, Axel; SAAR, Martin (dir.). *Michel Foucault. Zwischenbilanz einer Rezeption. Frankfurter Foucault-Konferenz 2001*. Frankfurt am Main: Suhrkamp Verlag, 2003, p. 27-51.

Índice dos nomes próprios e das noções

Só mencionamos aqui os conceitos ou os temas que não figuram expressamente nos títulos dos capítulos ou dos parágrafos ou no sumário geral. Não mencionamos os nomes dos tradutores.

Índice das obras de Foucault

Esta obra foi composta em sistema CTcP
Capa: Supremo 250 g – Miolo: Pólen Natural 70 g
Impressão e acabamento
Gráfica Santuário